Jessica Benjatschek

*Freiheit, Wind und Mut*

JESSICA BENJATSCHEK

# Freiheit, Wind und Mut

WIE ICH AUF HOHER SEE ZU INNERER STÄRKE FAND

Mit 47 farbigen Abbildungen, drei Infografiken
und sechs Illustrationen

MALIK

Mehr über unsere Autorinnen, Autoren und Bücher:
*www.malik.de*

Wenn Ihnen dieses Buch gefallen hat, schreiben Sie uns unter Nennung des Titels »Freiheit, Wind und Mut« an *empfehlungen@piper.de*, und wir empfehlen Ihnen gerne vergleichbare Bücher.

Die im Buch dargestellten Erlebnisse, Dialoge und Personen basieren auf Erinnerungen und können von den Erinnerungen anderer Personen abweichen. Einige Namen und Merkmale einzelner Personen wurden zum Schutz der Privatsphäre geändert.



Unser Versprechen für mehr Nachhaltigkeit
• Klimaneutrales Produkt
• FSC®-zertifiziertes Papier
• Hergestellt in Europa

FSC www.fsc.org MIX Papier | Fördert gute Waldnutzung FSC® C083411

ISBN 978-3-89029-588-6

Alle Illustrationen, Infografiken und Icons: Jessica Benjatschek
Bildteilfotos: Michaela Christ (S. 1, 20 o.), Anke Schreiber-Fischer (S. 2 beide, 4 o.r., 6 o.l. und u., 8, 11 o.r., 14 u. beide, 19 u., 21, 22 u.r. ), Jessica Benjatschek (S. 3, 4 o.l., 5, 6 o.r., 7 u., 10 u.r., 11 o.l, 20 u., 22 u.l., 23 o.r.), Anja Gessenhardt (S. 4 u., 7 o., 9 alle, 11 u., 12/13, 15 o., 16 o., 18, 22 o., 24 beide), Karoline Karohs (S. 10 o., 14 o.), Jana Gliet (S. 10 u.l.), Irma Sophie Entenmann (15 u., 16 u., 17 beide, 19 o., 23 o.r und u.)
Satz: Satz für Satz, Wangen im Allgäu
Gesetzt aus der Scala und der Arsilon
Litho: Lorenz & Zeller, Inning am Ammersee
Druck und Bindung: CPI books GmbH, Leck
Printed in the EU

*Für jene, die den Stürmen ihres Lebens*
*entschlossen entgegentreten, selbst wenn sie sich dabei*
*winzig vorkommen. Möget ihr immer daran erinnert werden,*
*dass alle von uns, egal, wie klein wir uns fühlen,*
*eine unermessliche Größe und Bedeutung in sich tragen.*
*Und zwar unabhängig von äußeren Umständen.*

# Inhaltsverzeichnis

# Der Ruf des Atlantiks

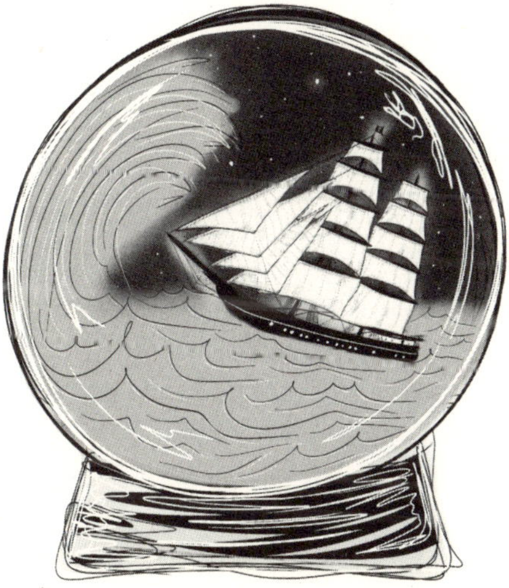

# Als Nichtseglerin aufs Meer

Auf dem Meer leuchten die Sterne so hell, wie ich es selten zuvor erlebt habe. Es ist Neumond, und lediglich ein in der Ferne blinkender Leuchtturm sorgt für etwas Lichtverschmutzung in der nächtlichen Dunkelheit. Ich halte Wache, zusammen mit vierzehn anderen Frauen, während der Rest der Crew schläft. In unserer vierstündigen Schicht tragen wir die Verantwortung für das Segelschiff. Das macht mich ganz nervös, weil ich noch keine Ahnung habe, was ich hier überhaupt genau mache und was meine Aufgaben sind. Aber wenn ich in die Sterne schaue, die so schön funkeln, spüre ich in mir eine tiefe Ruhe.

Plötzlich ziehen am Horizont Wolken auf. Der Himmel flackert. Es blitzt, aber es donnert nicht. »Das ist Wetterleuchten«, erklärt Conni, unsere Kapitänin. Wenn sich Gewitterzellen entladen, entstehen Fallwinde, die sich sternförmig über die Ostsee ausbreiten. Durch die Winddreher müssen wir ständig die Segel neu ausrichten – brassen –, um auf Kurs zu bleiben. Dafür ziehe ich mit meinem ganzen Körpergewicht am Seil. Meine Handflächen fühlen sich mit jedem Mal wunder an. In den kurzen Pausen bis zur nächsten Böe bestaunen alle schweigend den Nachthimmel. Ich sehe drei Sternschnuppen, aber immer wenn ich mir etwas wünschen will, heißt es wieder: »An die Brassen!«

Das erste Mal überhaupt segle ich auf einem Traditionssegelschiff, der Brigg *Roald Amundsen*: vier Tage auf der Ostsee von Rostock nach Sassnitz, nur mit Frauen. Wir haben mehrere Mutter-Tochter-Gespanne und ein paar beste Freundinnen, die nur dabei sind, weil sie einen Eindruck davon bekommen möchten, warum ihre Liebsten ihr Herz an die See verloren haben, zu der sie selbst, so wie ich, nur wenig Bezug haben. Für mich beginnt diese Erfahrung nämlich eher holprig.

Im Schnelldurchlauf bekommen meine Wachkameradinnen und ich erklärt, was wir wissen müssen. Da wären also die zwei hohen Masten und der Klüverbaum, ein Rundholz, das wie eine Speerspitze weit über das Schiff hinausragt. So weit komme ich noch mit. Dann aber wird es komplizierter. Um die Position der Segel zu verändern, muss ich alle 130 Tampen, so heißen die Enden der Seile, richtig zuordnen können. Die Seefahrtsbezeichnungen finde ich dabei einfach nur verwirrend. Es kommt mir vor, als würde auf diesem Schiff eine andere Sprache gesprochen werden, die ich nicht im Geringsten verstehe. Aber ich höre das ja auch alles zum ersten Mal. »Seht ihr die Toppnanten?«, fragt Sandra, unsere Wachleiterin, während wir ihr wie Schafe über Deck nachlaufen. »Ähm, wohin sollen wir gucken?«, flüstert Liz. »Habe ich mich auch gefragt«, antworten Marie und ich im Chor. Und ich bin so erleichtert, dass nicht nur ich mich so komplett lost fühle. Bisher ist mein einziges Erfolgserlebnis, dass ich Backbord und Steuerbord besser auseinanderhalten kann als links und rechts.

Ich habe überhaupt keinen Bezug zum Segeln. Zwar bin ich in Mecklenburg-Vorpommern aufgewachsen und habe als Kind viele Sommerferien an der Ostsee verbracht, allerdings eher am Strand oder auf dem Campingplatz. Meine Großeltern haben mich ein paarmal auf ihrem Motorboot mitgenommen, um auf Flüssen, Kanälen und Wasserstraßen zu schippern. Wenn wir in einer Schleuse waren, war das immer das Highlight für mich. Aber das ist mit Segeln auf traditionellen Segelschiffen nicht vergleichbar. Selbst auf einer Jacht zu segeln, soll laut den anderen Crewmitgliedern nicht wirklich vergleichbar sein. Aber wie bin ich überhaupt hier gelandet?

Durch einen großen Zufall. Ich habe mich nach meinem Volontariat beim Frauenmagazin *Emotion* gerade erst als Journalistin selbstständig gemacht und meiner ehemaligen Chefin geschrieben, dass ich gerne auch als Freie wieder für sie arbeiten würde. Ihre Antwort: »Hättest du eventuell Zeit und Lust, für uns ziemlich kurzfristig im August auf einen Segeltörn zu gehen?« Dass ich noch nie zuvor segeln war, fände sie besonders spannend, und ich habe immer Lust auf neue Erfahrungen, bei denen ich vielleicht auch neue Seiten an mir entdecken kann.

*Emotion* will Frauen dazu ermutigen, ihren ganz eigenen Weg zu gehen. Eine Vision, mit der ich mich voll und ganz identifizieren kann. Mein Weg in den Journalismus ist alles andere als geradlinig. Zwar bin ich direkt nach dem Abi nach Hamburg gezogen, um an einer privaten Hochschule Journalistik zu studieren, doch brach ich das Studium dort trotz meines Stipendiums ab. Es fühlte sich einfach nicht stimmig an. Ich war unglücklich mit der Lehrweise und hatte den Eindruck, nur meine Zeit abzusitzen. Ein Journalistikstudium kann ein Weg in den Journalismus sein, aber es war nicht meiner. Auch wenn Kommiliton:innen die Sorge äußerten, dass ich aufgrund meiner Entscheidung wohl nie wieder Fuß im Journalismus fassen würde. Ich beschloss, erst mal Kulturanthropologie und im Nebenfach Religionswissenschaften zu studieren. Einfach aus der Neugierde heraus, ohne auch nur eine Vorstellung davon zu haben, was ich beruflich damit am Ende anfangen werde.

Im Pflichtpraktikum wollte ich dem Journalismus noch eine Chance geben. Herausfinden, ob ich damals mit meinem Traum, Journalistin zu werden, so falschlag oder ob es nicht doch etwas für mich ist.

Ich landete beim *Emotion*-Magazin, wo ich am ersten Tag komplett unerwartet auf eine ehemalige Kommilitonin traf, die meine Entscheidung damals nicht verurteilt hatte und sich freute, dass unsere Wege sich erneut kreuzten. Nach dem Praktikum, ohne das ich wohl nie in die U-Bahn gestiegen wäre, in der ich meinen Mann kennenlernte, wurde mir eine Stelle als studentische Aushilfe angeboten und schließlich auch die Ausbildung zur Redakteurin: ein Volontariat. Schnell durfte ich komplett eigenverantwortlich arbeiten, in meinem Tempo wachsen und mich ausprobieren. Besonders Themen, in denen es auf Feinfühligkeit und Empathie ankommt, landeten häufig auf meinem Tisch.

Am liebsten schreibe ich über Themen, in denen es um Schicksale und Menschen geht, über Themen, die aufrütteln, aber auch Hoffnung machen. Vermittlerin zwischen zwei Welten zu sein oder denen Gehör zu verschaffen, die sonst selten gehört werden, treibt mich an. Aber auch meine Neugierde, selbst neue Erfahrungen zu machen und die Welt um mich herum besser zu verstehen, in der es immer unterschiedliche Perspektiven und Lebensrealitäten gibt.

Und da bin ich also, im Auftrag von *Emotion*, um als Nichtseglerin darüber zu berichten, wie es so ist, auf einem traditionellen Segelschiff. Nur unter Frauen.

Auf dem Schiff merke ich schnell, dass diese Segelerfahrung wie ein Brennglas auf meine Schwachpunkte wirkt: Ich bin ungeduldig und kann schlecht akzeptieren, etwas nicht sofort zu verstehen. Dabei muss ich das gar nicht bis ins Detail, auf diesem Törn werden keine Vorkenntnisse erwartet. Hier an Bord heißt es, dass Neugierde viel wichtiger sei. Die alte Brigg ist eine Art Segelschulschiff, das vom Verein »LebenLernen auf Segelschiffen e. V.« betrieben wird. Wir sollen nur gut zuhören, dann einfach machen. »Entspannt euch!«, hören wir immer wieder von den erfahreneren Seglerinnen, die sich alle gut in uns Neulinge hineinversetzen können und zugeben, dass sie nach Monaten auf dem Festland auch immer etwas Zeit bräuchten, um wieder reinzukommen und sich zurechtzufinden.

»Backbord-Gordinge bereit machen!«, ruft Conni, unsere Kapitänin. Ich halte den richtigen Tampen fest, sodass dieses Seil mir nicht mehr entwischen kann, und antworte unsicher: »Backbord-Gordinge sind klar?« Unsere Kapitänin sagt: »Wisst ihr was? In der Stimme kann man jede Unsicherheit und alle Selbstzweifel heraushören, die man im Laufe des Lebens angehäuft hat.« Diese Lektion will ich unbedingt mitnehmen. Ich habe mir angewöhnt, manchmal leiser und zurückhaltender zu sein, weil ich nicht auffallen oder herausstechen möchte. Hier kann ich wieder lernen, laut, bestimmt und selbstbewusst zu sein.

Die Frauen aus der Stammcrew erzählen mir, was sie an ihrem Hobby so sehr begeistert. Anna zum Beispiel ist Rechtsanwältin und segelt seit zehn Jahren, weil sie es genießt, einfach nur Anweisungen zu befolgen, ohne groß darüber nachdenken zu müssen. Das Schiff ist ihre Abkürzung ins Hier und Jetzt. Auch mir fällt auf, dass ich, seit ich an Bord bin, an nichts anderes denke. Dabei checke ich sonst selbst sonntagabends um 22 Uhr noch Mails. Das alles spielt hier keine Rolle. Ich komme einfach nicht dazu. Weil ich mich in dieser für mich neuen Welt erst mal zurechtfinden muss. Und weil ich den ganzen Tag oben an Deck beschäftigt bin und überall mit anpacke, wo eine helfende Hand gebraucht wird. Selbst wenn ich gerade keine Wache habe und mich eigentlich ausruhen könnte.

Zwischendurch übe ich Knoten und versuche beim »Klardeck machen« die Tampen so aufzuwickeln, dass sie keine Achten bilden. Ein bisschen stolz bin ich schon, wie ordentlich ich das mache, bis die Kapitänin zu mir sagt: »Das sieht schön aus, muss im Ernstfall aber dreimal schneller gehen.«

Zum Glück lautet ein Grundsatz an Bord: »Jede in ihrem Tempo.« Und ein anderer: »Alles kann, nichts muss.« Das hilft mir, als ich mir nicht zutraue, bei Regen den 36 Meter hohen Mast hinaufzuklettern, um das Segel einzupacken. Erst bin ich enttäuscht, weil ich nur bis zur ersten Saling in zwölf Meter Höhe komme, doch meine Mitseglerinnen überzeugen mich, dass es viel mutiger ist, sich einzugestehen, wenn man an seine Grenzen stößt.

Im Laufe der viertägigen Reise verschiebe ich meine Grenzen immer mehr. Ich werde routinierter und schneller. Auch mit den Segelbegriffen klappt es besser. Und ich traue mich, die Segel auf dem Klüverbaum zusammenzupacken. Dafür stehe ich auf einem dünnen Tau mit einem Sicherheitsnetz darunter über dem offenen Meer und lasse den Blick schweifen. In der Abendsonne schimmern die Kreidefelsen orange-gold, ein Moment, der sich tief in mir einprägt.

Zur passionierten Seglerin hat mich der Törn nicht gemacht. Doch ich bin begeistert von den Frauen. In den wenigen Tagen sind wir eine richtige Gemeinschaft geworden. Ich habe mich in der Crew sofort willkommen gefühlt. Gerade als ich dachte: So langsam kenne ich mich hier aus, ist es auch schon wieder vorbei.

Bei der Verabschiedung laufen bei mir die Tränen. Werde ich einige der Frauen noch einmal wiedersehen, die in ganz Deutschland, Norwegen und der Schweiz verteilt leben?

Immer wieder denke ich daran, wie es wohl wäre, länger auf dem Schiff unterwegs zu sein. Was würde das mit mir machen? Werde ich dieselben positiven Effekte spüren? Also entspannter, gelassener, vor allem wohlwollender mit mir selbst sein, besonders dann, wenn meine innere Antreiberin mich stresst? In Tagträumen zieht es mich immer wieder raus aufs Meer. Die Sehnsucht wird stärker, aufs Schiff zurückzukehren.

# Gelegenheiten, die sich nur einmal bieten

März 2022: »Hey, Verena, mittlerweile ist unser Ostseetörn ja schon eine Weile her. Ich überlege die ganze Zeit, ob ich noch mal einen Törn mitmache. Du auch?«

»Echt witzig, dass du das gerade ansprichst. Hast du von der geplanten Atlantiküberquerung gehört?«

»Nee, wie jetzt?«

»Diesen Winter wird es auf der *Roald* zum ersten Mal eine Atlantiküberquerung nur mit Frauen geben!«, sagt Verena begeistert. »Von Teneriffa bis Martinique, vier Wochen sind geplant.«

»Okay, ich bin dabei!«

»Ja? Echt?«

»Auf jeden Fall, da muss ich gar nicht drüber nachdenken. Das kann ich mir gar nicht entgehen lassen.«

»Ach, das wird toll! Ruf doch mal Klara an, vielleicht kann sie einen Platz für dich freihalten.« Das mache ich auch, direkt nachdem wir aufgelegt haben.

»Na klar reserviere ich dir einen Platz«, sagt Klara. »Wie schön, dass du auch dabei bist. Meine Mutter und ich segeln auch wieder mit. Conni, Kathrin und Meike auch, soweit ich weiß.«

»Das wird ja immer besser!«

»Vermutlich ist es sogar weltweit das erste Mal, dass eine Crew nur mit Frauen den Atlantik auf einem traditionellen Segelschiff dieser Größenordnung überqueren wird.«

Ich erkenne mich selbst kaum wieder, wie schnell ich diese Entscheidung getroffen habe. Obwohl ich sonst immer das Bedürfnis habe, jede Ausgabe von dreißig oder mehr Euro mindestens eine Nacht zu überdenken. Das geht sonst nie aus der Laune heraus.

Irgendwie kommt mir diese Möglichkeit wie ein Wink des Schicksals vor, wie: »Du wolltest wissen, wie es ist, länger auf einem Segelschiff zu sein? Da findest du deine Antworten.« Vier Wochen. Auf hoher See. Ohne Kontakt zur Außenwelt. Nur wir Frauen, das Schiff, das Meer, der Wind und der Himmel.

Euphorisch berichte ich meinem Mann davon. Michi glaubt mir erst mal gar nicht, dass ich schon zugesagt habe. »Na ja, bis zum Winter ist ja noch etwas Zeit.« Meint er, dass ich doch noch kneifen könnte? Er weiß doch, wie stur ich bin, wenn ich erst mal eine Entscheidung getroffen habe. Nein, ich glaube, er scheint viel mehr erleichtert, dass ich noch genügend Zeit habe, mich auf den Törn einzustellen. Wie ich mich darauf vorbereiten möchte, will er wissen. Aber kann ich mich auf so ein Abenteuer überhaupt vorbereiten? Klara sagt, dass es auch bei diesem Törn nicht so wichtig ist, viel Erfahrung mitzubringen, hat mir aber auch angeboten, dass ich auf der Ostsee ja auch noch mal bei einem Törn dabei sein könnte. Nur höre ich immer wieder von erfahrenen Ostsee-Segler:innen, dass auch sie noch nie ein Unwetter auf See erlebt haben. Klar ist auch, dass eine Atlantiküberquerung anders ist als ein kurzer Törn auf der Ostsee. Aber das spielt gerade überhaupt keine Rolle für mich.

Segelvokabeln kann ich bestimmt in der Zwischenzeit lernen, im Bordhandbuch lesen, Knoten üben und den Sommer über den Gartenschlauch jedes Mal ein bisschen schneller und ordentlicher aufwickeln.

Wenn ich eines weiß, dann, dass ich mir in Zukunft keine Selbstvorwürfe machen möchte, die mit hätte, wäre oder könnte beginnen. Manche Gelegenheiten ergeben sich nur einmal im Leben. Diese ist eine davon. Die Erfahrungen, die ich machen werde, das weiß ich schon heute, werde ich nie vergessen. Auch wenn ich mich unterwegs doch nicht wohlfühlen sollte, habe ich es immerhin ausprobiert und danach zumindest Klarheit, anstatt mich weiterhin zu fragen, wie das wohl gewesen wäre.

Das bedeutet aber nicht, dass ich nicht auch verunsichert bin. Michi schaut mich noch einen Moment prüfend an. Dann lachen wir, und er nimmt mich in den Arm.

»Michi?«

»Ja?«

»Angst macht es mir aber auch.«

»Ach ja?«

»O Gott! Was mache ich denn?«

Immerhin habe ich nicht die geringste Ahnung, was mich erwartet. Meine Vorstellungskraft kommt an ihre Grenzen: keine Bilder im Kopf, keine Assoziationen, keine Ahnung. Das macht mir Angst. Und zwar so richtig. Es ist überhaupt nicht greifbar, wovor genau ich mich fürchte, sondern einfach ein Gefühl. Als würden Millionen kleine Spinnen von meinen Beinen bis hoch zum Hals krabbeln. Nur ist Angst nicht auch eine ganz natürliche Reaktion auf etwas vollkommen Unbekanntes? Ich sollte ihr nicht zu viel Beachtung schenken. Bis dahin, rede ich mir ein, muss ich loslassen. Vor allem mein Bedürfnis nach Kontrolle: Ich muss aushalten, nicht zu wissen, was auf mich zukommt, bis es so weit ist.

Wenn im Herbst die neue Staffel »The Crown« auf Netflix erscheint, so nehme ich mir vor, werde ich mit der Reisevorbereitung beginnen. Warum ausgerechnet eine Serie über das englische Königshaus? Einfach so. Weil ich gespannt bin, wie

Diana, die Princess of Wales, dargestellt wird, mich darauf freue und hoffe, so der Nervosität in Bezug auf die Reise etwas entgegensetzen zu können. Und weil ich den Zeitpunkt noch etwas hinauszögern möchte, bis ich mir eingestehen muss, dass es jetzt wirklich ernst wird. Denn ich rede mir ein, dass ich dann immer noch zwei Monate habe, um mich auf mein großes Abenteuer vorzubereiten und meine Ausrüstung zu besorgen.

Der Sommer vergeht allerdings schneller als gedacht. Die neue Staffel ist längst angelaufen, nur habe ich zu viele Aufträge angenommen, die ich bis zu meiner Abreise abarbeiten muss. Ich habe in die Serie noch nicht mal reingeschaut, und wir sind schon fast im Dezember. Jetzt tickt die Uhr aber wirklich! Und meine Ängste schießen hoch wie ein Ball, den ich nicht länger unter Wasser drücken kann. Ich bin nervös und angespannt. Vielleicht auch, weil alle, denen ich von meiner Reise erzähle, noch mal nachhaken: »Das ist ein Scherz, oder? Du machst das? Das würde ich mich nicht trauen.« Und wenn ich sage, dass wir nur unter Frauen sein werden, überrascht mich doch, dass mich mehr als nur ein Bekannter korrigieren wollte:

»Na, aber ihr habt doch noch den Kapitän.«

»Nein. Wir haben eine Kapitänin!«

Alle prophezeien mir, dass es sicher anstrengend wird bei so vielen Frauen auf engem Raum über so einen langen Zeitraum. Und keine kann weg oder zwischendurch abbrechen. Mir wird allmählich klar, dass diese Erfahrung ebenso grandios werden könnte wie furchtbar. Kann ja sein, dass wir uns nicht so gut verstehen, es richtig Streit gibt, sich Cliquen bilden oder manche von uns – vielleicht ja sogar ich – ausgeschlossen werden. Wer weiß das schon?

Ich bin überhaupt nicht menschenscheu – im Gegenteil, ich genieße es sehr, unter Leuten zu sein. Kraft schöpfe ich allerdings eher im Alleinsein. Das könnte eine Herausforderung für mich werden. Kann ich mich überhaupt weiterhin vegan ernähren? Auf dem Schiff kocht ja nicht jede für sich. Und wie gefährlich ist dieses Abenteuer überhaupt? Was passiert, wenn es einen medizinischen Notfall an Bord geben sollte? Natürlich google ich sofort, ob es Vorzeichen für eine Blinddarmentzündung gibt. Gehe ich zu naiv an die Sache heran? Ich weiß nicht mal, wie es ist, bei Sturm oder Unwetter auf dem offenen Meer zu sein. Mitten auf dem Atlantik sind wir ausgeliefert. Vermutlich gibt es eine Million Szenarien, was passieren könnte – gute wie schlechte. Aber ist es nicht auch die Ungewissheit, die ein richtiges Abenteuer ausmacht?

»Hast du dir jetzt eine Packliste geschrieben?«, fragt Michi.

»Mach ich noch«, antworte ich schon seit Wochen.

»Viel Zeit bleibt dir nicht mehr!«, warnt er zu Recht. Um das Risiko, kurz vor Abflug noch krank zu werden, zu minimieren, laden wir die ganze Familie bereits am ersten Advent zu einem vorgezogenen Weihnachtsfest ein, dann habe ich noch eineinhalb Wochen für die letzten Anschaffungen für die Reise, und dann verbarrikadieren Michi und ich uns bis zum zweiten Weihnachtsfeiertag zu Hause. Noch nie habe ich für so viele Menschen ein Drei-Gänge-Menü gekocht, aber was warm sein sollte, wurde warm serviert. Es war das gemütlichste Weihnachtsfest überhaupt. Vielleicht auch, weil niemand große Erwartungen an den Tag hatte.

Jetzt denke ich mir, vielleicht ist es auch vor dem Törn die beste Voraussetzung für mich, überhaupt keine Erwartungen zu haben. Vermutlich werde ich dann zwar manchmal überrascht, aber ich kann eben nicht enttäuscht werden.

Der Abschied von meiner Familie und meinen Freund:innen berührt mich sehr, wenn er auch etwas schräg ist. Es fühlt sich an, als würden alle noch ein paar letzte Worte an mich richten, sie erzählen Anekdoten, überhäufen mich mit Schutzengeln, Talismanen und Glücksbringern und sagen mir noch einmal, wie viel ich ihnen bedeute. Und ich habe immer wieder den Drang zu betonen: »Ja, aber ich komme doch wieder?!« Ich bin so dankbar für die vielen Herzensmenschen um mich herum und frage mich, was ich während meiner Abwesenheit in ihrem Leben wohl verpasse.

# Hauptsache, die Yogamatte ist dabei

Zum Glück habe ich die Essensfrage schon klären können. Unsere Smut, die Schiffsköchin, hat mich von sich aus angerufen, um noch einmal nachzufragen, welche Lebensmittel ich nicht esse, und mir versichert, dass meine vegane Ernährung kein Problem sei. »Das bekommen wir schon hin.« Nur nachmittags, wenn es Kuchen gibt, würde ich leer ausgehen. Kein Problem, ich bin trotzdem erleichtert.

Außerdem frage ich in meinem Freundes-, Familien- und Bekanntenkreis alle mit Segelerfahrung nach ihrem Rat für meine Atlantiküberquerung. »Gibt es etwas, worauf ich mich vorbereiten kann und sollte?« Nicht wirklich. Alle sprechen nur über Seekrankheit, etwa, dass ich mir einen Fixpunkt an Land suchen soll, solange es noch in Sicht ist, oder Snacks einpacken, die ich trotz Übelkeit vermutlich gerne essen würde. Aber ich bin sicher, dass ich nicht seekrank werde. Wenn ich auf einer Fähre auf der Ostsee bin oder beim Autofahren lese und hinten sitze, wird mir auch nicht schlecht. Nicht ansatzweise.

Ich habe aber schon den Eindruck, dass ich etwas brauche, um mich mental besser auf die Zeit auf dem Atlantik vorzubereiten, und schaue mir daraufhin YouTube-Videos von Monsterwellen an. Dank des Algorithmus sehe ich diese Clips nun täglich. Auch mein Feed auf Facebook und Instagram wird regelrecht überschwemmt. Dadurch rede ich mir ein, bei hohem Wellengang auf einem Schiff zu sein, müsse sich anfühlen wie der kurze Moment der Schwerelosigkeit in einer Achterbahnfahrt, vielleicht aber auch wie eine endlos lange Fahrt mit der »Wilden Maus«. Aus irgendeinem Grund kehrt ausgerechnet beim Anblick der Monsterwellen die Vorfreude auf die Reise zurück. Das Kribbeln in meinem Bauch fühlt sich jedenfalls angenehm an.

Mittlerweile hat der Verein eine Packliste geschickt, die mit unserer Kapitänin abgesprochen wurde, die den Atlantik bereits einige Male überquert hat. Darin steht etwa der Hinweis, dass an Bord auch die Möglichkeit bestünde, einmal Wäsche zu waschen. Viel ist das ja nicht. Ich bestelle sofort ein paar Schlüpfer. Es gibt auch eine Liste an Dingen, die wir nicht brauchen, etwa einen Koffer, aus Platzgründen, weil er viel zu sperrig in den Kammern wäre. Oder einen Schlafsack, weil es richtige Bettwäsche gibt. Zu Hause bleiben soll auch eine Stirn- oder Taschenlampe, weil unsere Augen sich an die Dunkelheit gewöhnen und so ein Lichtkegel die Crew, die gerade an Deck ist, eher stört. Handschuhe brauchen wir nicht, da es wichtig ist, den Tampen in der Hand zu spüren, um das Verletzungsrisiko zu verringern. Auch den Wecker sollen wir zu Hause lassen, aus Rücksicht. Vom ersten Törn weiß ich, dass es im Drei-Wach-System immer Menschen gibt, die gerade schlafen oder sich ausruhen. Die Wache, die den Schiffsbetrieb am Laufen hält, weckt dann die nächste Wache und geht dafür von Koje zu Koje.

Ich brauche noch Regenkleidung und robuste Hosen, am besten mit vielen Taschen. Da ich nur Dinge kaufe, von denen ich überzeugt bin, dass ich sie auch in fünf bis zehn Jahren noch sinnvoll finde, bestelle ich die fehlenden Klamotten bei einem Hersteller für Arbeitsbekleidung. Außerdem finde ich professionelle Segelkleidung ziemlich teuer, dafür, dass ich ja immer noch nicht weiß, ob Segeln etwas ist, was ich in Zukunft häufiger machen werde. So kann ich die Klamotten beispielsweise tragen, wenn ich mit meiner Hündin durch Wald und Wiese streife, bei einem ehrenamtlichen Arbeitseinsatz für den Naturschutz aktiv bin und mit meiner örtlichen Naturschutzvereinsgruppe zum Beispiel Moore renaturiere, oder wenn Michi und ich in Zukunft hoffentlich ein Haus sanieren werden. Zum Glück kommt mein Paket noch eine Woche vor Abflug an. Manchmal bin ich über mich selbst verwundert, wie locker ich bleiben kann, wenn die Zeit immer knapper wird.

Neben der Packliste hat Klara vom Schiffsverein uns Seefrauen eine freiwillige Adressliste geschickt, woraufhin ein paar von uns sich kurz vor Weihnachten zu einem digitalen Treffen verabreden. Wir alle sind neugierig, mit wem wir demnächst sehr viel Zeit verbringen werden. Ich finde alle vom ersten Eindruck her sympathisch. Bei unserem ersten Kennenlernen erzählen ganz viele, dass sie sehr naturverbunden sind, und mehrere haben einen Hund. Ich freue mich über ein paar Gemeinsamkeiten. Was die Segelerfahrung auf einem traditionellen Segelschiff betrifft, da bin ausgerechnet ich die Erfahrenste aus unserer Runde. Einige möchten noch ein paar Fragen loswerden:

»Wie viele Bücher werdet ihr eigentlich mitnehmen?«, fragt Sophie in die Runde.

»Ich weiß noch nicht genau, welche, aber es werden viele sein«, sagt Diana. »Wir werden ja auch sehr viel Zeit zum Lesen haben.«

»Meinst du wirklich?«, frage ich. »Beim Segeln auf der Ostsee hatte ich eher den Eindruck, dass es sehr wenig Freizeit gab. Da war immer was zu tun.«

»Na ja, übertrieben gesagt setzen wir die Segel, wenn wir losfahren, und holen sie wieder ein, wenn wir angekommen sind«, sagt Diana. »Wir segeln doch immer in die gleiche Richtung.«

Ich stelle mich eher darauf ein, dass es stressig wird. Doch was ist, wenn Diana recht hat? Wenn wir wirklich nur ab und an die Segel neu ausrichten müssen, und das war es dann. Bin ich auch für Langeweile gerüstet, ohne dabei allein sein zu können? In unserem Gruppenchat posten zwei Frauen, dass sie regelmäßig Yoga machen und dass alle, die Interesse daran hätten, unbedingt ihre Matten mitnehmen sollen. Und dann wird meine Suche nach der perfekten Yogamatte zur größten Ablenkungsquelle überhaupt gegen die auftauchenden Sorgen, mit Langeweile während des Törns womöglich nicht gut zurechtzukommen. Als wäre es in der Reisevorbereitung gerade das Allerwichtigste. Ich durchforste stundenlang das Internet, weil ich nach einer Korkmatte suche, die so hauchdünn ist, dass sie sich falten lässt, und finde tatsächlich eine, die nur einen Millimeter dick ist und 845 Gramm wiegt. Falls wir bei diesem Törn wirklich wenig zu tun haben sollten, wäre das doch eine gute Beschäftigung.

An Heiligabend krame ich meine alte Adidas-Reisetasche raus, die ich mir mit sechzehn zu Weihnachten gewünscht habe. Damals war diese Tasche ein Freiheitssymbol für mich, denn am liebsten war ich jedes Wochenende unterwegs. Ich komme aus einem 300-Seelen-Dorf in Mecklenburg-Vorpommern. Unser Haus stand sogar noch hinterm Ortsausgangsschild, irgendwo im Nirgendwo an einer Straße mit ein paar Häusern, zwischen Bach, Wald und Feld. Der letzte Bus Richtung Bahnhof fuhr im Winter um 17:30 Uhr. Freitags nach der Schule bin ich deswegen meist direkt zu meinem damaligen Freund nach Schwerin gefahren und von dort aus nach Rostock oder Hamburg auf viele Metalkonzerte. Der Buchstabenaufdruck auf der Tasche blättert schon ein wenig ab, und die Bodenverstärkung hat einen Riss, aber da ich sie auf der Reise ja nicht täglich tragen werde, macht mir das nichts aus.

## Packliste

- 1 Fleecejacke
- 1 Regenjacke
- 1 Regenhose
- 2 lange Hosen (eine robust, die andere aus dünnem Stoff)
- 2 kurze Hosen
- 1 Leggins
- 1 Longsleeve
- 4 T-Shirts (Merino)
- 8 schnell trocknende Sport-Unterhosen
- 1 Periodenunterwäsche
- 1 lange Unterhose
- 4 Paar Socken
- 1 Bikini
- 1 kleines Mikrofaserhandtuch
- 1 großes Mikrofaserhandtuch
- 1 Paar Badelatschen mit Gummisohle
- 1 Paar Wanderschuhe
- 1 Sonnenhut
- 1 Sonnenbrille mit Brillenband
- 1-Liter-Trinkflasche
- Waschtasche: je 1 Sonnencreme, Gesichtscreme, Lippenpflege, Deo, festes Shampoo und feste Seife, Zahnpasta und Zahnbürste
- Apotheke: 4 Kopfschmerztabletten, 3 Schmerztabletten gegen Menstruationsbeschwerden, 1 Blister Kohletabletten, 5 Aspirin-Komplex, 1 Insektenstich-Pen, 1 Tube Aloe-Vera-Gel, 1 Dose Vitamin-C-Brausetabletten, 1 Impfpass
- Luxus: je 1 Yogamatte, Kapodaster (auf dem Schiff gibt es eine Gitarre, und damit kann ich die Tonhöhe anpassen), Kindle, Notizbuch, Stift, Minifernglas, Powerbank mit Ladekabel, Smartphone und Glücksbringer
- Essen: 20 vegane Proteinriegel, 1 vegane Schokoladencreme, 1 Erdnussbutter, 1 Tüte Salbeibonbons

Einen Tag bevor ich nach Teneriffa fliege, wo die *Roald Amundsen* auf mich wartet, steht Michi in der Küche und bereitet uns an diesem ersten Weihnachtstag ein schönes Festessen zu. Während es im ganzen Haus nach Rotkohl duftet, sitze ich an meiner Steuererklärung. Was auch sonst, einen Tag bevor das Abenteuer losgeht? Wie gut, dass Michi kocht und mir so den Rücken frei hält! Am Abend bin ich zufrieden, dass ich alles abgeschlossen habe, was ich vor der Reise fertig kriegen wollte. Noch nie zuvor hatte ich so ein starkes Bedürfnis danach, das Jahr so ordentlich abzuschließen. Ich sortiere, räume auf, richte mir sogar eine Abwesenheitsnotiz ein, was ich sonst als Selbstständige so gut wie nie mache. Wenn ich erst mal auf hoher See bin, kann ich ja nichts machen, und niemand kann mich erreichen. Vielleicht bin ich auch so energisch dabei, meine To-do-Liste abzuarbeiten, weil es mich ablenkt und ich darüber Kontrolle habe. Auf die Abwesenheit am Schreibtisch kann ich mich zumindest vorbereiten.

Hier, im Norden Hamburgs, weht abends ein eisiger Wind, aber wir kuscheln uns in unserem kleinen Häuschen vor den Kamin. In meinen Gedanken gibt es gerade nur Michi und unsere Labradorhündin Tilda. Sie werden mir so fehlen. Tilda ist gerade mal ein Jahr alt, mitten in der Pubertät, und ich bin ihre Hauptbezugsperson. Da ich meist aus dem Homeoffice arbeite, ist sie es gewohnt, dass ich immer bei ihr bin. Wie wird es ihr überhaupt damit gehen, wenn ich so lange weg bin?

# Teneriffa

Um 5 Uhr morgens klingelt mein Wecker. Die Tasche ist schon gepackt, ich mache mich frisch, ziehe mich an und stehe vierzig Minuten später am Hamburger Flughafen an der Gepäckabgabe. Michi begleitet mich. Wenn ich aufgeregt oder ängstlich bin, bleibt er ruhig. Bin ich zu emotional, ist er rational. Er schafft es immer wieder, mich auf eine sehr einfühlsame Art und Weise auf den Boden der Tatsachen zurückzuholen. Und das ist genau das, was ich jetzt gerade brauche. Ich kann es gar nicht glauben, dass es wirklich so weit ist, dass die anderen Frauen und ich morgen in See stechen werden und ich kurz darauf wochenlang gar nichts von meinem Mann hören werde. Das ist so absurd. Die letzten Monate war dieses Abenteuer einfach nur surreal. Jetzt ist es zum Greifen nah. Ich bin so aufgeregt, dass mir schlecht wird.

Noch nie hatten Michi und ich so lange keinen Kontakt. Ich verreise gern allein, gehe manchmal über mehrere Tage oder auch mal Wochen solo wandern. Klar hören wir dann auch mal eine Zeit lang nichts oder nur sehr wenig voneinander, aber ich wusste immer, dass wir uns gegenseitig erreichen können, wenn etwas Wichtiges ist. Aus einem Notfall heraus habe ich mich noch nie gemeldet, meistens rufe ich Michi nur an, um meine Begeisterung mit ihm zu teilen. Dann erzähle ich ihm etwa davon, dass ich gerade einem Fuchs begegnet bin, eine Schwarzspecht-Familie aus nächster Nähe beobachten konnte, oder aber ich beschreibe ihm einen Wegabschnitt, den ich besonders schön fand. Alle Fotos, die ich gemacht habe, erzählen eine Geschichte, die ich mit ihm teilen möchte.

Jetzt wird es anders sein. Ob im Notfall oder aus Begeisterung, ich werde mich nicht melden können. Und er sich auch nicht. Weil es bereits wenige Seemeilen hinter den Molen weder Handy- noch Internetempfang gibt. Nicht zu wissen, wie es Michi, unserer Hündin, meiner Familie und meinen Freund:innen geht, was sie besorgt oder worüber sie vielleicht gern mit mir sprechen würden, nimmt mich mehr mit, als ich zugeben möchte.

Die Erfahrung, dass plötzlich alles anders sein kann, habe ich das erste Mal im Alter von sieben Jahren gemacht, als mein Papa eines Nachts wegfuhr. Da er immer schon frühmorgens zur Arbeit musste, bekam ich davon erst mal gar nichts mit. Es war ein warmer Sommertag Anfang der 2000er, meine Tante hatte mich von der Schule abgeholt und Fischstäbchen zum Mittagessen gebraten. »Mama hat noch einen Termin.« Dann sollte ich runter in den Garten gehen, zu meinen Großeltern, die im selben Haus wohnten. Als ich um die Ecke bog, war die ganze Familie bereits versammelt. Oma rannte auf mich zu, nahm meine kleinen Hände und sagte mit brüchiger Stimme: »Ach, mein Kind, ich weiß nicht, wie ich es sagen soll, dein Papa ist tot.«

Ich stand da wie versteinert, versuchte meine Mutter zwischen all den Menschen zu entdecken. Sie saß auf einem weißen Flechtstuhl auf der Terrasse, hatte meine kleine Schwester auf dem Schoß, die gerade erst dreieinhalb Jahre alt war. Meine Schwester schaute ganz ruhig umher, konnte gar nicht verstehen, dass auch sie Papa nie mehr wiedersehen wird. Mama schluchzte laut und verzog ihr Gesicht dabei, als hätte sie starke Schmerzen. Da ist die Leichtigkeit in mir erloschen wie eine Kerze im Regen.

Nach der Beerdigung sagten meine Mutter und Oma mir, dass Papa sich das Leben genommen hatte. »Du solltest es von uns erfahren.« Etwa zehn Jahre lang habe ich überhaupt nichts mehr gefühlt, was Papa betrifft: keine Trauer, keinen Schmerz, keine Wut, keine Verbundenheit. Wie sollte ich damals als Siebenjährige verstehen, warum mein Papa nicht mehr bei mir sein wollte, nicht für mich gegen die dunklen Wolken angekämpft hat. Nie wollte ich darüber sprechen. Mit niemandem. Und da ich vom Verhalten her nicht auffällig war, sprach mich auch niemand darauf an.

Wurde in den Nachrichten über Schicksalsschläge oder Familientragödien berichtet, dachte ich nicht: »So was passiert nur den anderen.« Das Schicksal hatte mich bereits eines Besseren belehrt. Auch wenn ich mein Kindheitstrauma insbesondere in den letzten Jahren aufgearbeitet habe, rechne ich auch heute immer damit, dass alles passieren kann: Gutes wie Schlechtes, tendenziell jedoch gehe ich erst mal vom Schlimmsten aus und muss mich mit der Kraft des Verstandes selbst beruhigen. Besorgt bin ich dabei eigentlich weniger um mich selbst, sondern eher um die anderen.

Als wir uns verabschieden, sagt Michi: »Ich werde besonders acht darauf geben, keine unnötigen Risiken einzugehen, weder beim Basteln in der Werkstatt noch im Straßenverkehr.« Wir lachen. Er weiß genau, was mich bedrückt. Ich ziehe meinen Ehering vom Finger und gebe ihn ihm zur sicheren Aufbewahrung. Wir beide finden, dass es viel schlimmer wäre, würde ich ihn während der Arbeiten auf dem Schiff verlieren, als dass ich ihn vorübergehend nicht trage. Dann weinen wir vor der Sicherheitskontrolle im Flughafen, bevor ich mich löse und noch einmal winke. Mein Abenteuer geht los.

Der Flug nach Teneriffa verläuft reibungslos und ohne Verspätung. Während ich auf Verena und ein paar Mitseglerinnen aus Berlin warte, die in zwei Stunden landen werden, sitze ich am zweiten Weihnachtsfeiertag im T-Shirt vor dem Eingang des

Flughafens auf einer sonnigen Bank. Mehr als einen halben Müsliriegel bekomme ich nicht runter, so schlecht ist mir. Um mich abzulenken, nehme ich ein paar Sprachmemos auf und wünsche meinen Freund:innen einen schönen Jahreswechsel, der ja kurz bevorsteht. Ich glaube, jetzt lässt der Stress endlich nach, denn ich werde richtig müde und fühle mich zugleich innerlich ganz ruhig und zufrieden. Jetzt kann nichts mehr dazwischenkommen, was meine Reise verhindert.

Auf meinem Handy leuchtet eine Nachricht von Sophie auf, die ich vor Kurzem bei unserem digitalen Treffen kennengelernt habe. Sie ist eben gelandet. Ich springe sofort auf und sehe sie schon von Weitem. Wir begrüßen uns wie alte Freundinnen. Mit einem lauten Seufzen legt sie ihren Trackingrucksack ab und erzählt mir, wie aufgeregt sie vor ihrem allerersten Törn ist.

»Wie bist du denn eigentlich auf den Atlantiktörn gestoßen?«, frage ich sie.

»Ich hatte Lust zu reisen, und der Törn wurde mir als Werbeanzeige auf Instagram angezeigt. Fand es so cool, dass nur Frauen mitsegeln, dass ich sofort gebucht habe.«

Plötzlich stehen die Berlinerinnen neben uns, Zeit zum Austauschen bleibt uns aber nicht mehr, weil unser Bus zur Hauptstadt der Insel, nach Santa Cruz, gleich abfährt. In unserem Hostel treffen wir auf Gudrun und verabreden uns zum gemeinsamen Abendessen. Beim Italiener sprechen wir über unsere Erwartungen an die Reise.

»Ich finde es so surreal, dass wir morgen schon in die Karibik aufbrechen werden.«

»Also, ich kann mir nicht vorstellen, dass wir morgen schon die Segel setzen. Es ist viel zu windig«, sagt Gudrun.

»Kann schon sein, dass wir ein, zwei Tage im Hafen bleiben. Der Verein hat ja extra ein paar Tage als Zeitpuffer eingerechnet für den Fall, dass die Wetterbedingungen nicht optimal sind«, erklärt Verena.

»Ich hoffe trotzdem, dass es morgen schon losgeht.«

Gudrun erzählt uns, warum sie die Atlantiküberquerung unter anderem machen möchte. Ihr Vater war Matrose auf der *Gorch Fock* und segelte als junger Mann auch von Teneriffa aus auf die hohe See. So eine Erfahrung – eine lange Seereise in einer Gruppe – möchte sie auch machen und freut sich auf ihr erstes Mal Segeln. Verena ist im Gegensatz zu uns sehr erfahren und hat als Fotografin verschiedene Segelprojekte begleitet, war auch schon auf einem Frachtsegelschiff in der Karibik. Gudrun zeigt uns voller Begeisterung abfotografierte Schwarz-Weiß-Fotos vom Törn ihres Vaters. Auf einem sind alle Matrosen in die Rahen geklettert. Sie sehen so winzig aus zwischen den hafenfein gepackten Segeln des Dreimasters.

Zum Abschluss machen wir auf dem Rückweg zum Hostel noch einen Zwischenstopp am Hafen und erkennen sie natürlich sofort: die Brigg *Roald Amundsen*. »Wow, die ist viel kleiner, als ich erwartet habe«, sagt Sophie, und wir alle lachen. Daran werden wir uns bestimmt schnell gewöhnen, immerhin wird dieses Schiff mit seinen knapp fünfzig Metern Länge und gut sieben Metern Breite bald unsere ganze Welt sein. Aber auch ich muss zugeben, dass sie im Hafenbecken von Santa Cruz de Tenerife aussieht wie eine Nussschale.

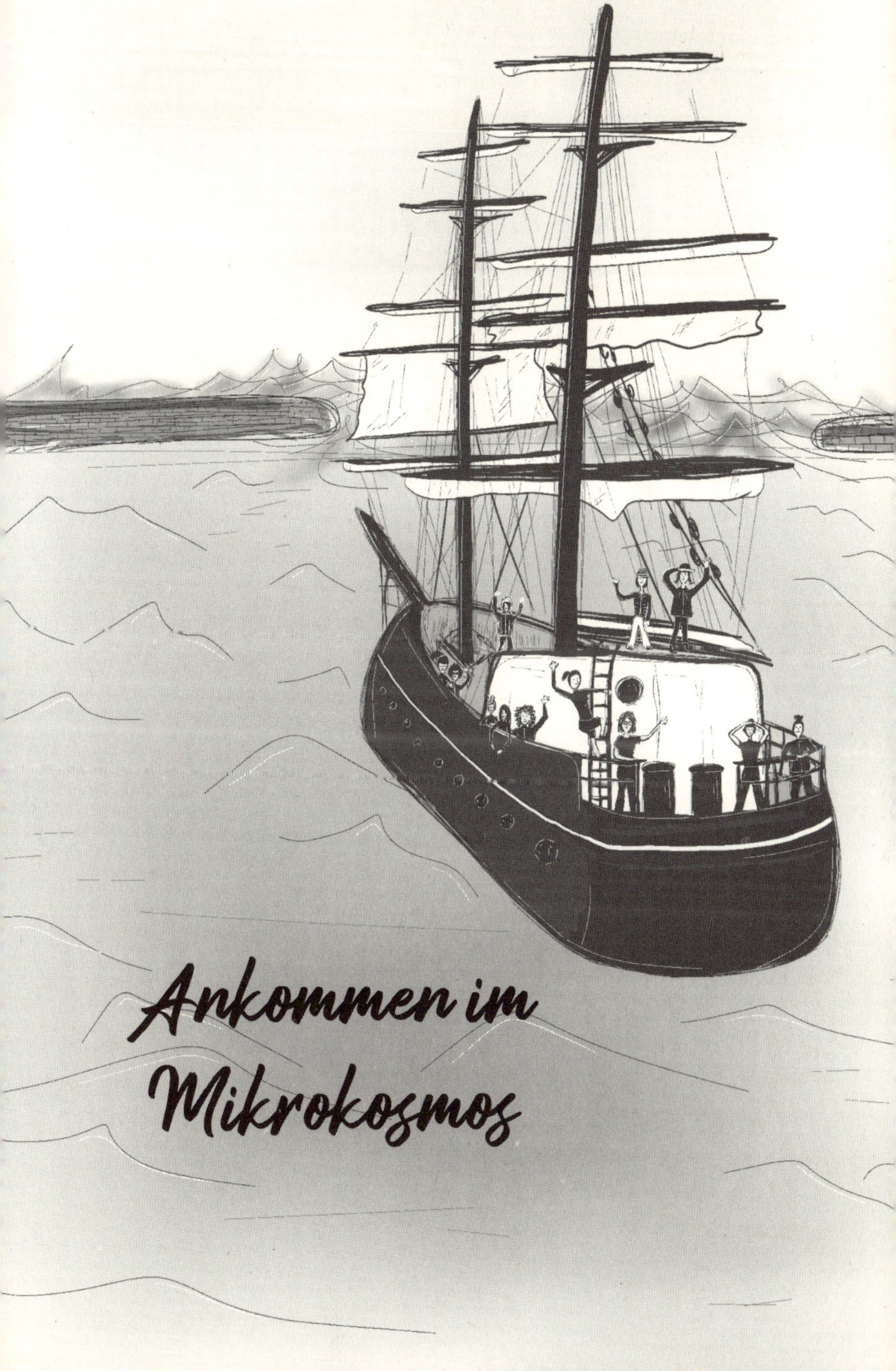
Ankommen im
Mikrokosmos

# Ich bin zurück

Um 12 Uhr dürfen wir endlich an Bord der *Roald Amundsen*. In den 1950ern wurde das Schiff laut Vereinswebsite ursprünglich als Hochseefischerei-Logger gebaut, nach Fertigstellung des Rumpfes jedoch für den Einsatz in der sogenannten »Volkspolizei See« der ehemaligen DDR ausgerüstet. Als Tanklogger versorgte es andere Schiffe und Boote der Marine und transportierte Kraftstoffe zwischen den Stützpunkten. In den Siebzigern wurde das Schiff zum Bilgenwassertransporter umgebaut, pumpte also das Wasser von Schiffen ab, das sich im untersten Teil des Schiffes, in der sogenannten Bilge, sammelt und eine Mischung aus eingedrungenem Salzwasser, Kondenswasser, Öl und Schmutz ist. Nach der Wiedervereinigung wurde das Schiff nicht mehr gebraucht und musste seinen Dienst einstellen.

Zwischen 1990 und 1993 hatte der Verein »LebenLernen auf Segelschiffen e. V.« das Schiff schließlich zur Brigg umgebaut und auf den Namen *Roald Amundsen* getauft. Seit 2016 ist der Verein »Traditionsschiffe in Fahrt e. V.« Eigentümer der *Roald Amundsen*, die seitdem vom Verein »LebenLernen auf Segelschiffen e. V.« weiterbetrieben wird. Und zwar ehrenamtlich. Benannt wurde das Schiff nach dem norwegischen Polarforscher und Entdecker Roald Amundsen, der als Erster mit seiner Crew die Nord-West-Passage durchquerte und im Dezember 1911 als erster Mensch den Südpol erreichte.

Allein in ihrem dritten Leben als Traditionssegelschiff hat die Brigg *Roald Amundsen*, die von den Vereinsmitgliedern liebevoll einfach nur die *Roald* genannt wird, bisher mehr als 440 000 Seemeilen auf dem Buckel. Das entspricht etwa zwanzig Erdumrundungen. Normalerweise veranstaltet der Verein gemischte Törns, auf denen Frauen und Männer gemeinsam segeln. Nicht nur für uns Gäste, sondern für den gesamten Verein ist dieser Törn deswegen etwas ganz Besonderes.

Es ist so windig, dass sich die *Roald* selbst im Hafenbecken schon hin und her wiegt. Die Gangway, das ist der Steg, über den wir aufs Schiff kommen, wippt etwa siebzig Zentimeter über dem Boden hoch und runter, sodass wir nur nach und nach an Bord gehen können und immer wieder den Moment genau abpassen müssen, an dem sie tief genug ist, um auf die andere Seite zum Deckshaus zu kommen. Mit meiner etwa zehn Kilo schweren Reisetasche wird der Weg über die Gangway zu einer ersten Mutprobe. Ich kann es kaum erwarten, dass dieses Abenteuer losgeht, und freue mich extrem, endlich alle anderen Seefrauen kennenzulernen. Mein Herz pocht wie verrückt, während ich versuche, das Gleichgewicht zu halten. Geschafft. Jetzt noch die angeschweißte Trittleiter hinunter zur Brücke, wo unser Gepäck gesammelt wird, bis die Schlafplätze verteilt sind. Da die letzte Stufe der Leiter und die oberste Stufe zur Brücke etwas versetzt liegen, stolpere ich einer Frau direkt in die Arme.

»Oh, pass auf.«

»Natalie?!«

»Naaaa, du auch hier? Find' ich schön!«

Auf dem Ostseetörn waren wir gemeinsam in einer Wache, und ich schätze sie sehr für ihre direkte, unverblümte Art und die Herzlichkeit, die sie gleichzeitig ausstrahlt. Sie hat mir damals gezeigt, wie ich auf dem Klüver Segel bergen, ein- und auspacken kann, denn sie hat Höhenangst und klettert nicht hoch ins Rigg, zu den Segeln an den beiden Masten.

»Ich freue mich so, dich zu sehen! Ist das auch deine erste Atlantiküberquerung?«

»Nee, das hab' ich schon paarmal gemacht, bin aber trotzdem gespannt, wie dieser Törn wird. Jetzt leg die Tasche ab und komm erst mal an.«

Ich atme tief durch und lasse meinen Blick über Deck streifen. Zwischen beiden Masten sind bereits ein paar klappbare Tische und Bänke aufgebaut. Vermutlich fürs Mittagessen. Auf hoher See werden wir wohl nicht so bequem an Deck essen können, es sei denn, wir haben Flaute. Aber das wünscht sich hier wohl keine.

Die Segel sind noch eingepackt. Besonders sorgfältig. Das muss so sein, habe ich auf der Ostsee gelernt, denn daran wird im Hafen das Ansehen eines Schiffes bemessen. Kaum vorstellbar, dass wir es hier mit mehr als 850 Quadratmetern Segelfläche zu tun haben. Um die Segel zu setzen oder zu bergen, muss ich sehr bald erneut versuchen, die 130 Tampen auseinanderzuhalten. Was meinem Perfektionismus jedoch auch sofort den Wind nimmt: Auf diesem Törn werde ich dafür genug Zeit haben.

Plötzlich steht eine Frau mit einem Klemmbrett vor mir und lächelt mit strahlenden Augen. Es ist Anke, wir haben uns gestern am Hafen schon kennengelernt. Für Vorbereitungen gehen die Stammcrewmitglieder nämlich schon einen Tag früher aufs Schiff. »Willkommen an Bord der *Roald*! Ich habe heute die Aufgabe, die Schlafplätze zu verteilen. Jessi, wo ist denn Verena, wollen wir euch beiden mal zwei Kojen suchen?«

»Ich bin hier«, sagt Verena und hebt ihren Kopf aus der Tasche, in der sie gerade etwas gesucht hat. Da wir beide nicht nur privat, sondern auch im Reportage-Auftrag des *stern*-Magazins mitsegeln, hat die Stammcrew beschlossen, uns in einer Kammer unterzubringen.

»Na, dann lasst uns mal unter Deck gehen.« Wir folgen Anke ins Deckshaus, in dem sich neben der Kombüse eine Toiletten-

und eine Duschkabine, ein Krankenzimmer mit Doppelstockbett und Apothekenschrank sowie eine kleine Kammer mit allen üblichen modernen Navigationsgeräten befinden – unsere Navi. Außerdem ist hier noch der Zugang zum Maschinenraum und schließlich zur Messe. »Da wollen wir lang.«

Die Treppe erinnert mich trotz der Handläufe eher an eine Leiter mit breiteren Sprossen. Anke dreht sich zu uns um. »Hier immer schön festhalten, das ist ganz wichtig.« Die Messe ist der Aufenthaltsort unter Deck – Wohnzimmer und Esszimmer in einem. Der Raum ist oval geschnitten, an den Wänden entlang sind Holzbänke verbaut, vor denen glänzend lasierte Holztische fest in den Boden verankert sind. An den weißen Wänden hängen unzählige Auszeichnungen, Wimpel und edel wirkende Plaketten, die die *Roald* zum Beispiel auf Hafenfesten oder Großsegler-Rennen wie den sogenannten »Tall Ships Races« erhalten hat. Außerdem gibt es zwei kleine Bücherregale mit Abenteuerlektüre, dem Bordhandbuch unseres Schiffes als Nachschlagewerk für die Segelhandgriffe und einem kleinen Lexikon sowie Fachbüchern über die Seefahrt, Astronomie und Meeresbiologie. Hier in der Messe befindet sich auch unsere Kaffee- und Teestation, das heißt: zwei Kaffeekannen und ein Behälter mit heißem Wasser, Haferdrink und Kuhmilch, Zucker sowie eine große Auswahl an Teebeuteln. Darüber sind unsere Mugs, weiße Becher aus überzogenem Stahl, mit schwarzem Rand, dem Vereinslogo und einem Henkel. Sie baumeln an nummerierten Haken, damit sie auch bei stürmischer See nicht herunterfallen.

Zur Unterhaltung hängen an der Wand links von mir zwischen den Bullaugen zwei Gitarren. Die werden sicher oft zum Einsatz kommen, Anke und ihr Mann haben sich vor dem Törn die Mühe gemacht, eine Liedersammlung speziell für unseren Seefrauentörn anzufertigen. Die 156 Seiten hat sie dann sogar noch dreimal ausgedruckt. Ich habe mir das PDF an meinen E-Reader geschickt und vorab schon einige der Songs zu Hause auf der Gitarre geübt. Wer weiß, wie viele Frauen von uns Gitarre spielen. Beim Ostseetörn konnte es niemand sonst, aber ich habe mich so unter Druck gesetzt gefühlt, aus dem Kopf irgendwelche Lieder zu spielen, die alle mitsingen können, dass ich mich nicht getraut habe. Zumal ich mir das Gitarrespielen selbst beigebracht habe und mit meinen Fähigkeiten längst nicht da angekommen bin, wo ich gerne sein würde.

Wir gehen weiter in einen langen Flur, den Tigergang, von dem wir von achtern, also der Messe aus, unter Deck auf die andere Seite des Schiffes nach vorn gelangen. Links sind viele Haken, an denen vereinzelt schon ein paar Regenjacken und Regenhosen, das sogenannte Ölzeug, hängen. Rechts sind Einbauschränke, in denen überwiegend Putzmittel, Eimer und Besen verstaut sind. Dann kommen wir zu einer Ausbuchtung, in der ein großer Gefrierschrank steht. Auf der anderen Seite sind Waschmaschine und Trockner, die allerdings nur von unserer Maschinistin bedient werden dürfen. Im Boden ist auch noch eine Luke, unter der sich eine Kammer mit viel Stauraum befindet, in der lang haltbare, abgepackte Lebensmittel gelagert werden.

Weiter geht es in den nächsten Gang, von dem links und rechts Türen zu den Kammern abgehen sowie zu zwei Toiletten und zwei Duschen. Kurz vor dem Messelogis, dem Massenschlafsaal, in dem es nicht nur Zwei-Etagen-Betten gibt, sondern auch kreuz und quer Hängematten aufgespannt sind, bleibt Anke stehen und dreht sich zu uns um. Sie deutet auf Kammer Nummer 09.

»Ich dachte mir, dass ihr vielleicht hier schlafen möchtet. Hier sind nur vier Kojen anstatt sechs in einer Kammer, da habt ihr vielleicht ein bisschen mehr Privatsphäre.« Ich hätte auch keine Probleme damit gehabt, vorn im Messelogis zu schlafen, wo der Wellengang am stärksten zu spüren ist. Die Schiffsbewegung ist vorne und hinten viel größer. Zwar wurde ich im Messelogis beim Ostseetörn oft wach, fand es aber trotzdem witzig, dass ich an einem Morgen mit stärkerem Wellengang in der Koje sogar mit dem Po ein kleines Stückchen abgehoben bin.

Wir betreten die Kammer, in der sich im Inneren und an der Außenwand je zwei Kojen befinden. Immer eine oben und eine unten. An die obere äußere Koje grenzt noch ein Bullauge. Zur Kammer gehört außerdem ein eingebautes Regal mit mehreren Fächern und zwei Steckdosen.

»Die beiden könntet ihr haben«, schlägt Anke vor und deutet auf die beiden Kojen gleich neben der Tür.

»Oh, das ist super, hier habe ich genug Platz für mein Equipment. Also ich würde gern hier schlafen«, sagt Verena und schaut sich in der Kammer um.

»Find's auch ganz gemütlich.«

»Wie schön, dann kann ich euch ja jetzt auf meinem Plan eintragen. Wer schläft denn oben?«

»Ich würde gerne oben schlafen«, sage ich.

»Super. Ach ja, kann sein, dass wir zwischendurch noch einmal alle Kojen durchtauschen. Sehen wir mal. Ich geh' wieder hoch. Sprecht mich einfach an, wenn ihr noch Fragen habt.«

Verena geht mit, holt ihr Gepäck, aber ich möchte noch einen kurzen Moment hierbleiben. Das brauche ich gerade, um wirklich zu realisieren, dass ich zurück bin. Nichts kommt mir fremd vor. Im Gegenteil. Alles ist vertraut. Weil alles exakt so aussieht wie beim letzten Mal. Es ist ein klein wenig stickiger, aber nicht muffig. Ich mag den holzigen Geruch, den blechernen Klang der Wellen, die außen an der Schiffshaut aus Metall brechen.

Wirklich schön, zurück zu sein. Jetzt hole auch ich schnell meine Sachen, packe schon mal aus und hänge meine Waschtasche an den Haken neben meiner Koje. Über allen Kojen sind zwei dünne Juteleinen gespannt, an denen wir Klamotten zum Trocknen aufhängen können oder eben ein Handtuch, um beim Schlafen ein bisschen mehr Privatsphäre zu haben. Das haben letztes Mal jedenfalls fast alle so gemacht.

Dann läutet die Schiffsglocke. Es gibt Mittagessen: Auf zur Essensausgabe im Quergang des Deckshauses, direkt vor der Kombüse. Es gibt dort eine Art Durchreiche, die wie ein Fenster über zwei Flügeltüren geöffnet wird. Juhu, es gibt Nudeln mit Tomatensoße. Das war auch auf meinem ersten Törn das allererste Gericht. Ich freue mich, endlich Appetit zu haben. In den letzten 24 Stunden habe ich kaum gegessen, und auch heute Morgen war mir schlecht. Aber ich merke auch, dass die Aufregung weniger wird.

Während wir essen, kommen auch die letzten Frauen an. Manche haben sich für die Anreise ganz bewusst gegen das Flugzeug entschieden. Sie haben an Weihnachten den Zug bis nach Huelva in Südspanien genommen und haben Teneriffa dann mit der Fähre über Lanzarote und Gran Canaria erreicht. Ein paar andere Frauen sind bereits in Eckernförde oder Frankreich an Bord der *Roald* gegangen, haben an den vorigen Törns teilgenommen und konnten so aufs Fliegen verzichten. Auch ich habe überlegt, ob ich nicht nachhaltiger reisen könnte, sonst mache ich das ja auch meistens, wollte Weihnachten aber gern zu Hause verbringen, und deutlich teurer wäre die Anreise auch geworden. Ein schlechtes Gewissen habe ich trotzdem, nur muss jede von uns manchmal eben auch Prioritäten setzen.

Wir sind vollzählig: 47 Seefrauen. Nicht nur Kapitänin Conni, Klara, ihre Mutter Anna und Natalie sind dabei, auch einige andere mir vom Ostseetörn her bekannte Gesichter, über die ich mich besonders freue: Kathrin, Barbara, Sascha, Meike und Alicia. Alicia ist 21 und konnte mir auf der Ostsee am besten übersetzen, was mit dem Segelvokabular gemeint ist. Eigentlich wollte sie als Toppsgastin mitfahren, also als Leitung der Wache, doch da sie sich beim vorigen Törn, dem Weihnachtstörn, in die Hand geschnitten hat, fährt sie als Steuerfrau-Anwärterin mit, und Anke ist an ihre Stelle gerückt. So viele bekannte Gesichter zu sehen, freut mich total, auch wenn ich unbedingt aufhören will, alles mit meinem ersten Törn zu vergleichen.

Als Crew sind wir eine bunt gemischte Truppe. Die Jüngsten sind neunzehn und gerade mit der Schule fertig, die Älteste ist 67 und kürzlich in den Ruhestand gegangen. Dazwischen sind alle Altersspannen ausgewogen vertreten. Das überrascht mich. Ich habe mich im Vorfeld schon gefragt, in welcher Lebensphase die Frauen stecken, die sich mindestens vier, fünf Wochen für dieses Abenteuer freinehmen können. Ich hatte schon vermutet, überwiegend mit Rentnerinnen unterwegs zu sein und dass höchstens manche der Stammcrewmitglieder näher an meinem Alter dran sind.

Viele wünschen sich Abstand zum Alltag, um herauszufinden, wie es weitergehen soll mit ihrem Leben. Für Emilia ist der Törn etwa die Belohnung für die ganzen Strapazen im Abitur, das Geld für den Törn hat sie lange zusammengespart. Sie will, wie fast alle anderen jungen Frauen, im Anschluss weiterreisen und freut sich, zumindest einen Langstreckenflug einsparen zu können. Nachhaltiger reisen als auf einem traditionellen Segelschiff geht kaum.

Der Rest hat sich Urlaub genommen, macht ein Sabbatical oder bummelt Überstunden ab. Einmal den Atlantik zu überqueren, scheint für viele ein Lebenstraum zu sein. »Ich habe mir sofort einen Platz reserviert, als ich davon gehört habe.«

Das sagen hier alle. Ich freue mich schon, mehr über das Warum meiner Mitseglerinnen zu erfahren. Zumal ich das Gefühl habe, dass viele unterschiedliche Lebensrealitäten zusammenkommen. Manche sind single, andere verheiratet, in einer offenen oder geschlossenen Beziehung. Unter uns sind Alleinerziehende, Frauen, die in einer Patchwork-Familie leben, aber auch viele Frauen ohne Kinder. Einige leben inmitten der Natur, während andere die pulsierende Großstadt vorziehen. Wir leben in ganz Deutschland verteilt, und eine Mitseglerin ist sogar aus Rom angereist.

Mit an Bord sind zum Beispiel mehrere Pädagoginnen, Juristinnen und Tierärztinnen, je eine Zahnärztin, Pastorin, Sekretärin, Meeresbiologin, Ingenieurin, Tischlerin, Nachhaltigkeitsmanagerin, Philosophin, Schäferin, Chemikerin, Artistin und eine Krankenpflegerin, die auf der Intensivstation arbeitet. Viele sind angestellt, manche selbstständig. Auffallend viele arbeiten eher in Bürojobs und haben wenig körperliche Anstrengung im Arbeitsalltag.

Manche von uns kennen sich mit dem Segeln aus, weil sie sich ehrenamtlich als Stammcrewmitglied auf der *Roald* oder auch auf anderen Traditionsschiffen engagieren oder weil sie selbst mit der Jacht oder einer Jolle rausfahren. Auch in der Berufsschifffahrt sind einige tätig. Etwa die Hälfte von uns 27 Trainees hat jedoch gar keine Vorerfahrung oder, so wie ich, nur wenig. Aber ich weiß ja bereits, dass hier allein die Bereitschaft zählt, Neues lernen zu wollen und sich als Teil der Crew einzubringen.

Die zwanzig Stammcrewmitglieder tragen mehr Verantwortung. Durch ihre langjährige Erfahrung und Prüfungen haben sie unterschiedliche Ränge erreicht und nehmen regelmäßig an speziellen Ausbildungstörns teil, um sich fort- und weiterzubilden. Zur Stammcrew gehören neben unserer Kapitänin die Steuerfrauen, Toppsgastinnen, Deckshands sowie die Anwärterinnen dieser Positionen, die Maschinistin und unsere Schiffsköchin, die von allen Smut genannt wird.

Ich bin überrascht, als ich höre, mit welchen Tricks sich die Stammcrew bei Schiffsvermissung auf dem Trockenen behilft: mit einem Gläschen oder Döschen mit einem in Labsal getränkten Stofffetzen. Der Geruch des Gemisches aus Leinöl und Holzteer, mit dem manche Taue der Takelage zur Konservierung bestrichen werden und der so typisch an Deck ist, teleportiere sie jederzeit für einen kleinen Moment zurück aufs Schiff.

Jetzt, direkt nach dem Essen, gibt es endlich die erste Ansprache unserer Kapitänin. Wir stellen uns im Halbkreis auf, Conni und Meike, unsere erste Steuerfrau, stehen in der Mitte. Ich kann gar nicht verstehen, was Conni sagt, denn der Wind pfeift uns um die Ohren.

»Conni ist heiser«, sagt Meike. Ah, deswegen stehen beide vor uns, sie ist heute Connis menschliches Megafon. Die wichtigsten Botschaften zuerst.

»Grundsätzlich gilt: Wenn eine von euch Unklarheiten hat, sollte sie das ansprechen. Nur dann können wir helfen. Niemand kann in euren Kopf schauen und wissen, was in euch vorgeht. Redet einfach geradeaus.« Conni sagt, Frauen würden häufig nicht direkt sagen, was sie brauchen.

»Denkt daran, ihr seid nicht hier, um euch klein zu machen, sondern ihr seid hier, um zu wachsen.« Alle klatschen und jubeln.

»Bevor wir die Wachen einteilen, noch ein paar organisatorische Dinge, weil gleich noch ein paar Frauen aus der Stammcrew losfahren, um den Kiosk für die Reise aufzufüllen. Wer trinkt Cola?«

Ich melde mich, wie auch etwa die Hälfte unserer Crew. »Und wie oft? So etwa fünf Dosen pro Kopf?«

»Also ich würde gerne täglich eine Dose kaufen«, platzt es aus mir heraus. Ich muss dabei über mich selbst lachen, weil ich mich sofort als Colajunkie entlarve. Ein Laster, auf das ich alles andere als stolz bin. Deswegen schiebe ich hinterher, »zur Not sonst jeden zweiten?«.

»Ich würde auch gern fast täglich Cola trinken!«, ruft Pauline.

»Okay, alles klar. Und alkoholfreies Bier?« Fast alle Hände gehen nach oben, da bin ich raus.

»Jeden dritten Tag ungefähr?«

»Jo, passt.«

»Gibt es bis hierhin noch Fragen?« Conni und Meike mustern uns. Niemand sagt etwas.

»Wann segeln wir los?«, fragt eine Mitseglerin.

»Wir segeln morgen los. Morgen gegen Mittag.« Dann sei es nicht mehr so stürmisch und die Stammcrew könne die letzten Einkäufe ganz in Ruhe erledigen. Ist wahrscheinlich besser so. Enttäuscht bin ich trotzdem ein bisschen. Ich will endlich los.

Weiter geht es mit der Wacheinteilung. Wir dürfen selbst entscheiden, zu welchen Tages- und Nachtzeiten wir für die nächsten Wochen dafür zuständig sein möchten, den Schiffsbetrieb aufrechtzuerhalten, etwa das Schiff auf Kurs zu halten. Dann weiß ich endlich, mit welchen Frauen ich die meiste Zeit verbringen werde. Erst mal werden die drei Toppsgastinnen vorgestellt, die die jeweiligen Wachgruppen anleiten, an Deck das Kommando haben und uns Trainees, Deckhands und alle, die sich unterwegs dafür entscheiden, Deckshand-Anwärterinnen zu werden, schulen. Sie bringen uns also alles bei, was wir wissen müssen: Karo, Anke und Julia.

Karo leitet die Wache I, von 0 bis 4 Uhr und von 12 bis 16 Uhr. Zu diesen Zeiten ist es am ruhigsten, weil nachts alle anderen Wachen schlafen und sich die meisten nach dem Mittagessen ausruhen. Ich weiß noch nicht genau, was ich will.

Toppsgastin der Wache II ist Anke, hier geht es um die Zeit von 4 bis 8 Uhr und von 16 bis 20 Uhr. In dieser Wache würde ich also jeden Sonnenaufgang und jeden Sonnenuntergang miterleben. Im Alltag bekomme ich den Sonnenaufgang nie mit, weil ich definitiv eine Nachteule bin und durch die Selbstständigkeit nicht dazu gezwungen werde, morgens vor 9 Uhr aufzustehen. Aber um 3:30 Uhr für die Wache geweckt zu werden, könnte hart sein, weil ich da ja sonst gerade erst in den Tiefschlaf komme.

Julia ist für Wache III zuständig, von 8 bis 12 Uhr und von 20 Uhr bis Mitternacht. Ihre Wachzeiten passen am ehesten zum Biorhythmus, den die meisten von uns haben. Außerdem hat diese Wache am meisten Tageslicht. Auf der Ostsee war ich aber schon in dieser Wache und würde allein aus diesem Grund gerne eine neue kennenlernen: Ankes Wache.

Conni und Meike gehen alle drei Gruppen nacheinander durch. Das Ergebnis überrascht mich. Die meisten Frauen wollen in die 0-bis-4-Uhr-Wache. Die 8-bis-12-Uhr-Wache, die laut Stammcrew ansonsten wohl immer extrem beliebt sei, hat die wenigsten Mitglieder. Ob sie sich sorgen, dass ihnen die Gruppendynamik zu viel wird? »Wir fahren jetzt erst mal in dieser Wacheinteilung und sehen dann weiter, ob wir nicht doch mit den Wachzeiten rotieren oder es die Möglichkeit gibt, die Wachen noch einmal zu wechseln. Euer Entschluss muss deswegen noch nicht endgültig sein«, sagt die Schiffsführung. Dann stellen sich doch noch ein paar Frauen aus Wache I um, und alle Wachen sind ausgewogen verteilt.

In der Anke-Wache ist Kathrin unsere Steuerfrau und Alicia Steuerfrau-Anwärterin. Die beiden sind während unserer Wache unter anderem dafür verantwortlich, den Kurs zu bestimmen, sowie Wetterveränderungen und den Schiffsverkehr im Blick zu behalten. Pauline und Klara segeln als Deckshands mit und unterstützen Anke und den Rest unserer Wache durch ihre Erfahrungen bei allen Arbeiten auf dem Schiff. Als Trainees segeln Konny, eine sehr gute Freundin von Steuerfrau Kathrin, und Antoinette, die ebenfalls von Kathrin auf den Törn aufmerksam gemacht wurde, mit. Außerdem sind Maren und Anja in der Wache, die beide vor einigen Jahren schon einmal auf der *Roald* mitgesegelt sind, und Karin, unser ältestes Crewmitglied. Emilia und Nora sind beide neunzehn und kommen aus Berlin. Seit die freiwillige Mail- und Adressliste rumgeschickt wurde, haben die beiden sich bereits mehrmals getroffen und angefreundet. Lydia war vor fünf Jahren ganze sieben Monate auf der *Roald* und hat den Atlantik überquert, weil sie am Projekt »High Seas High School« teilgenommen hat, bei dem Schüler:innen der zehnten und elften Klassen den Unterrichtsstoff in einer Art »Schule unter Segeln« lernen. Und dann sind Verena und ich noch mit dabei.

Ich freue mich sehr, diese Frauen über die nächsten Wochen besser kennenzulernen, und ich bin gespannt, ob es überhaupt eine Rolle spielen wird, dass wir die Wache mit der größten Altersspanne sind und verschiedene Generationen zusammenkommen.

Zum Abschluss unseres ersten All-Hands, einer Zusammenkunft der gesamten Crew an Deck, erklärt Meike in einer umfassenden Sicherheitseinweisung, wie wir unsere orangenen Auftriebswesten anlegen können, und schildert, was wir im Notfall bei einem Sprung ins Wasser beachten müssten, um uns durch den Auftrieb der Weste nicht das Genick zu brechen. Dann tauschen wir jeweils unseren Reisepass vorübergehend gegen Klettergurte ein und bekommen eine Klettereinweisung von unserer Toppsgastin. Anke geht mit unserer Wache an die Backbordseite des Vortopps, also des vorderen Mastes. Jetzt dürfen wir nacheinander hinaufklettern. Ich will einfach ausprobieren, wie weit ich komme. Meine Hände kribbeln und ich bin total angespannt. Sollte ich fallen, dann würde ich aufs Deck knallen oder bestenfalls im Wasser landen. Nur auf Höhe der Salinge können wir uns für ein kurzes Stück der Kletterpartie sichern. Die erste befindet sich auf etwa zwölf Metern Höhe. Alle Kletterei zwischen den Salingen erfolgt frei. Wir Trainees müssen auch gar nicht klettern, doch ich will diese Erfahrung auf keinen Fall missen. Wo bleibt denn sonst das Abenteuer?

Zwei Meter vor der ersten Saling muss ich mit dem Weiterklettern kurz warten, bis Emilias Füße weit genug von meinem Kopf entfernt sind. Ich bin die Letzte in der Reihe und schaue zu den anderen hinauf, da wird mir schwindelig. Ich kralle mich an den Wanten fest, indem ich einen Arm durch die Webeleinen stecke und eine andere senkrecht gespannte Leine festhalte. So sollen wir es machen, wenn wir eine Pause brauchen, das hat Anke uns erklärt. Anke und Emilia sind jetzt beide oben auf der ersten Saling angekommen.

»Jessi, kommst du?«

»Nee, ich glaub', ich dreh wieder um.«

»Mach das. Aber langsam, ja?«

»Klar.« Fühlt sich ein bisschen an wie ein Walk of Shame. Jetzt jedenfalls, wo meine Füße wieder auf dem Holzdeck stehen, ist das Schwindelgefühl verflogen. Anke klettert auch wieder runter:

»Wir haben genug Zeit. Dann kletterst du halt wann anders noch mal, kannst immer Bescheid sagen, wenn du möchtest.«

»Ach, mir war schwindelig.« Ich habe bisher kaum Wasser getrunken, habe es schlichtweg vergessen. »Und dann ist mir der Gedanke durch den Kopf gegangen, ob man beim Klettern eigentlich bewusstlos werden kann.« Typisch für mich, total übertrieben dieses Szenario. Ich lache und will mich sofort rausreden, um diesen beiläufigen Gedanken bloß nicht allzu ernst zu nehmen. »Bestimmt ist der Körper so sehr unter Adrenalin beim Klettern, dass das gar nicht möglich ist.«

»O doch, das geht«, sagt Anke. »Ich kenne eine, der das auf dem Spielplatz mal passiert ist, als sie gerade auf dem Klettergerüst war.«

Darüber will ich nicht nachdenken und beobachte, wie Anja und Pauline wieder herunterklettern, die mindestens bis zur zweiten Saling geklettert sind. Unten angekommen, fragt Pauline, ob noch jemand hochwill.

»Ja, ich.« Zweiter Anlauf. Um es mir selbst zu beweisen. Das Schiff bewegt sich ja schon hier im Hafen kräftig hin und her, und die Masten schwanken, je weiter man hinaufkommt, umso stärker. Das wird auf hoher See sicher nicht leichter werden, daher will ich mich lieber jetzt gleich überwinden, ein Stückchen höher zu klettern oder zumindest so weit wie bei meinem ersten Törn, bevor die Hürde zu groß wird und ich mich womöglich gar nicht mehr hinauftraue. Das Schwindelgefühl bleibt aus. Jeden Schritt und Griff wähle ich mit Bedacht und bin im Nu bei der ersten Saling angekommen und klettere sofort wieder hinunter.

Wie blöd von mir, denke ich im Nachhinein, dass ich nicht einen kurzen Blick über die Mole, eine hohe Mauer, die als Wellenbrecher dient, aufs offene Meer geworfen habe. Aber diesen Monofokus, dass ich mich voll und ganz nur auf eine bestimmte Handlung konzentriere, kenne ich vom Ostseetörn. Auf dem Schiff, diesem ganz eigenen Mikrokosmos, ankommen, ist das Motto des restlichen Tages.

Bei Anbruch der Nacht werden die letzten Lebensmittel seefest verstaut: Hunderte Eier sollen den Wellengang unversehrt überstehen. »Das ist wie Tetris spielen«, sagen Nicki, Mona, Karo und Laura, die gemeinsam mit einigen anderen Helferinnen diese Herausforderung angenommen haben. Und dann bekommen wir alle die Chance, ein letztes Mal an Land zu gehen, noch mal festen Boden unter den Füßen zu spüren oder mit unseren Lieblingsmenschen zu telefonieren.

Ein paar Frauen spazieren durch die Altstadt von Santa Cruz de Tenerife, die direkt an den alten Fischereihafen grenzt, und schlendern über den Weihnachtsmarkt. Nora will joggen. Sie spielt leidenschaftlich gern Fußball und trainiert außerdem eine Jugendmannschaft. »Ich will einfach rennen. So richtig. Das kann ich die nächsten Wochen ja nicht, und es ist wirklich etwas, was ich brauche, um mich gut zu fühlen.« Ich verstehe das. So geht es mir mit dem Alleinsein. Ich habe oft das Gefühl, dass ich alle Eindrücke aufsauge wie ein Schwamm und nach Tagen, in denen ich besonders viel erlebe, erst mal Zeit für mich brauche, um alle Eindrücke zu verarbeiten und wieder in meine Mitte zu finden. Ich bin gespannt, ob und wie schnell wir neue Strategien für uns finden.

Ich rufe Michi an. Er erzählt mir, dass Tilda bei meinen Schwiegereltern auf ein Lammfell hinterm Weihnachtsbaum gepinkelt hat. Dabei kann ich an einer Hand abzählen, wie oft sie in dem einen Jahr, das sie heute auf den Tag genau bei uns ist, ins Haus gemacht hat. Mit zwölf Wochen ist sie damals quasi stubenrein bei uns eingezogen. Macht es ihr etwa doch mehr aus, dass ich weg bin, als wir dachten? Ich möchte gar nicht auflegen, Michi und Tilda fehlen mir jetzt schon.

# Leinen los

»Jessi?«

»Aaaaaahh!« Da steht jemand an meiner Koje! Ich erschrecke mich total.

»Klara?« Mein Herz pocht wie verrückt, und ich muss erst mal kurz klarkommen, weil ich wohl gerade noch im Tiefschlaf war. Normalerweise ertönt mein Handywecker, wenn ich aufstehen muss. Aber Wecker sind hier ja strengstens verboten. Hoffentlich sind Verena, Ulrike und Birgitt jetzt nicht aufgewacht.

»Jessi, es ist 5:45 Uhr, du bist heute in der Vormittags-Backschaft eingeteilt. Um 6 Uhr trefft ihr euch in der Kombüse.« Birgitt anscheinend auch, denn jetzt weckt Klara auch sie.

Zu Hause hätte ich meinen Wecker so früh gestellt, dass ich mindestens noch dreimal auf »Schlummern« drücken könnte. Jetzt habe ich nur fünfzehn Minuten, um mich frisch zu machen und anzuziehen. Allein dieser Zeitdruck führt dazu, dass ich sofort hellwach bin. Wie komme ich am besten leise aus meiner Koje? An *Tag 2* auf der *Roald* bin ich da noch etwas unroutiniert. Ich halte mich mit einer Hand an der Bettkante fest und stütze mich mit der anderen am Regal vor mir ab. Jetzt muss ich nur noch mein rechtes Bein mit einem großen Ausfallschritt leicht gegen eines der oberen Regalbretter stützen und mein anderes Bein zu Boden befördern. Puh, gar nicht so leicht. Im Dunkeln suche ich nach meiner Kleidung und greife einfach tastend nach einem Oberteil, einer Hose und Unterwäsche, die ich jeweils in Packtaschen verstaut habe.

Um 5:55 Uhr stehe ich tatsächlich überpünktlich vor der Kombüse, einem Raum voller Edelstahl. Hier gibt es eine Spüle mit zwei Becken, mehrere Arbeitsflächen, einen Herd mit Ofen in der Mitte des Raumes und ganz viel Stauraum. Die Türen lassen sich aufschieben, dafür muss man aber einen Riegel entsichern. Drei Bullaugen gibt es hier auch, aber es ist draußen so stockduster, dass wir ohnehin noch nichts sehen können.

Alle werden im Laufe des Törns mehrmals für den Kombüsendienst eingeteilt und in diesem Zeitraum vom normalen Wachdienst freigestellt. Für mich und Laura aus der Karo-Wache steht erst mal an, das Frühstück vorzubereiten, während Birgitt die Tische unten in der Messe eindeckt. Zeit zum Quatschen haben wir nicht, es geht sofort los.

»Laura, du gehst mal runter in die Kühllast und holst Obst. Orangen, Äpfel und ein paar Bananen«, sagt Smut Anna und drückt Laura einen blauen Plastikkorb mit zwei Henkeln in die Hand, die mit einem dünnen Seil zusammengebunden wurden. Laura öffnet eine Bodenluke und verschwindet über eine Leiter. Ich beuge mich nach vorne, um zu sehen, wie es in der Kühllast aussieht. Es ist eine kleine Kammer, ringsherum sind Regale und überall rote Kisten voller Obst und Gemüse. »Und du« – sie wendet sich an mich – »kannst dir schon mal ein Messer aus der Schublade vor dir und ein Schneidebrett nehmen und gleich den Obstsalat machen, wenn Laura wieder oben ist.« Das grüne oder gelbe, denn auf dem roten Brettchen werden Fleisch und Wurst geschnitten.

»Reicht das oder soll ich noch mehr Obst raussuchen?«, fragt Laura.

»Mehr, mehr! Normalerweise planen wir nur ein halbes Stück Obst pro Crewmitglied ein, aber ich habe gelernt, dass wir auf Frauentörns mit einem Stück Obst pro Kopf rechnen müssen, damit für alle genug da ist.« Der Obstsalat auf der

*Roald* ist Kult! Also schneide ich etwa zehn Kilo Obst, hauptsächlich Orangen, in mundgerechte Stücke, und am Ende ist die Haut an meinen Händen vom Orangensaft ganz verschrumpelt.

Während des Frühstücks kommt es zu ungeahnten Zwischenfällen.

»In welcher Bubble leben wir eigentlich?«, fragt Laura später, als wir anschließend gemeinsam den Abwasch machen.

»Hätte auch nicht gedacht, dass das zum Problem wird.«

»Also ich kenne kaum Leute, die ihren Kaffee noch mit Kuhmilch trinken«, sagt die 23-Jährige, die vorgestern ihre Bachelorarbeit abgeschickt hat. »Vor allem ist heute erst der zweite Tag.«

Es geht um Hafermilch. Davon haben wir zu wenig, weil in der Planung vorab nicht mitbedacht wurde, dass so viele Crewmitglieder, die weder laktoseintolerant noch vegan sind, ihren Kaffee trotzdem gern mit Hafermilch verdünnen oder ihr Müsli damit essen, einfach um tierische Lebensmittel dort zu reduzieren, wo es ihnen geschmacklich nichts ausmacht. Nun ist der Vorrat von etwa zwei Steigen Hafermilch nach dem ersten Frühstück bis auf drei Tetrapaks bereits leer. Zwei Stammcrewmitglieder sind noch einmal losgefahren und sagen bei ihrer Rückkehr scherzhaft, dass es nun in den Supermärkten der kanarischen Inselhauptstadt keine Hafermilch mehr gebe, weil sie alles aufgekauft hätten. 250 Liter – damit sollten wir auskommen, auch wenn die 1200 Liter Kuhmilch im Vergleich noch mal eine andere Hausnummer sind.

Smut Anna macht die Bluetooth-Box an, die oben auf einem Regal steht. Erst hören wir »Die Prinzen«, Laura und ich singen die Lieder laut mit. Dann macht unsere Smut kubanische Musik an und lächelt verschmitzt. »Zur Einstimmung auf unsere Reise in die Karibik.« Es ist traumhaft. Ich schaue durch das Bullauge, von hier aus haben wir einen wunderbaren Ausblick auf die Altstadt. Überall sind Palmen und im Hintergrund die Berge. Absurd, dass wir die nächsten Wochen kein Grün mehr in der Landschaft sehen. Nur noch Wellen bis zum Horizont und den weiten Himmel über uns. Bis eben habe ich noch gar nicht darüber nachgedacht, dass wir gleich, direkt nach dem Mittagessen, ins Abenteuer aufbrechen werden.

Zum Mittag gibt es einen Kartoffel-Kürbis-Auflauf mit Feta. Für mich hat Smut Anna ein bisschen von dem Gemüse zur Seite in einen Topf getan und zum Kochen gebracht, sodass ich eine Art Püree habe, das ich mit Salz, Pfeffer und Harissa würze. Einfach, aber lecker. Dann ist meine Schicht in der Kombüse schon vorbei, die Nachmittags-Backschaft übernimmt den Abwasch und kümmert sich später ums Abendessen.

Es ist immer noch stürmisch, auch wenn der Wind im Vergleich zu gestern deutlich nachgelassen hat. Barbara ist oben im Rigg und beobachtet, wie ein anderes traditionelles Segelschiff den Hafen verlässt. Unser Hafen ist nämlich der traditionell letzte Hafen, bevor es über den großen Teich geht. Als Barbara wieder unten ist, fragt Ulrike: »Und? Wie siehts aus?« Als Antwort hält Barbara ihren Unterarm parallel zum Oberkörper senkrecht hoch und neigt ihn dann von links nach rechts, als wäre er das Pendel eines Metronoms.

»So wird das bei uns auch gleich aussehen.« Sie schmunzelt und fasst sich an den Kopf.

Oje, bin ich darauf wirklich vorbereitet? Wünsche ich mir jetzt etwa doch, dass wir die Abreise noch ein wenig nach hinten verschieben? Ein bisschen. Aber vielleicht ist es ja, als würde ich ein Pflaster abziehen – ein kurzer Ruck, und schon ist alle Aufregung verflogen. Ändern kann ich die Umstände eh nicht. Deswegen rede ich mir ein, dass wir Seefrauen gleich einen gebührenden Start ins Abenteuer haben werden.

Es geht los: Ablegemanöver im All-Hands, das bedeutet, alle Wachen packen mit an. Während ich und ein paar andere Frauen die schwere Gangway einholen, passen ein paar andere die Segelstellung an. Dann wird ein Vorsegel, das von der Schiffsspitze aus gespannt ist, ausgepackt und wie auch die Untermarsen – so heißen die vorletzten Segel der beiden Masten – von oben nach unten gelesen. Jetzt nur noch das Dingi aussetzen, unser motorisiertes Beiboot, damit die Crewmitglieder, die die dicken, schweren Festmacherleinen an der Pier losmachen, nach dem Ablegen auch wieder zurück an Bord kommen. Eine Lektion gibts gleich mit, denn in der Seefahrtssprache heißt es nicht »der Pier«, sondern »die Pier«. Dabei helfen auch zwei Vereinsmitglieder, die auf dem vorigen Törn dabei waren und jetzt noch ein paar Tage Urlaub auf Teneriffa machen. Als alle Leinen los sind und der Motor angeworfen wird, winken uns die fünf Wandergesell:innen, die gemütlich an der Pier sitzen. Wow, ging das eben schnell. Ich winke auch, doch dann schaue ich nur noch in Fahrtrichtung. Abenteuer voraus!

# Delfine anlocken

Es ist ein bewegender Moment. An Deck wird es ganz ruhig, ganz andächtig. Nur der Motor brummt leise. Nicht mal eine Viertelstunde später sind wir schon auf Höhe der beiden Bohrinseln. Der Hafen von Santa Cruz de Tenerife ist einer der wenigen Häfen weltweit, in denen es möglich ist, Bohrinseln zu warten und zu reparieren. Diese riesigen Gebilde sehen beeindruckend aus. Jetzt ist es nicht mehr weit bis zu den Molen, deswegen setzen wir mit vereinten Kräften die Untermarsen, die eben im Hafenbecken ausgepackt wurden. Auch das Dingi ist längst eingeholt.

Ich sehe nicht, dass wir die Molen passiert haben, ich spüre es. Mit voller Wucht rammen Wassermassen das Schiff. Ich wanke. Gerade als ich mein Gleichgewicht wieder fange, kommt die nächste Kollision mit einer Welle von der anderen Seite. Aus dem Konzept bringen darf mich das jetzt aber nicht, denn Anke leitet mich und die anderen Frauen aus unserer Wache gerade an, das Vorsegel zu setzen. Dazu brauchen wir viele Hände. Pauline, Lydia, Anja, Konny und ich stehen nebeneinander vorm Klüverbaum am vorderen Teil des Schiffes und halten gemeinsam einen langen Tampen.

»Achtet auf einen festen Stand!«, ruft Anke, aber bei jeder Welle, die unser Schiff trifft, taumelt irgendeine von uns aus der Reihe. »Presst die Außenkanten eurer Füße aneinander, dann wird es besser.«

Wir sind bereit, jetzt heißt es »Holen!«, wir sollen am Tampen ziehen. Ganz rhythmisch klappt es nicht. Wir stehen zu eng beieinander, und ich mache andauernd einen Schritt nach hinten oder nach vorne, weil ich mich nicht halten kann. Konny, die ihren Fuß an meinen presst, rutscht auch etwas weg, was mir leidtut. Es geht immer weiter, wir ziehen und ziehen.

»Fest!«, ruft Anke. Das heißt, wir sollen kurz warten, und vielleicht wird gleich noch etwas nachjustiert. Mir ist richtig schlecht. Ernsthaft? Das kann nicht sein.

»Und weiter holen.«

Ich konzentriere mich auf den Tampen in meiner Hand und den festen Stand. Es klappt. Aber wie lange sollen wir denn noch holen?

»Super, jetzt fest und belegen.«

Ich stehe da und weiß nicht, wohin mit mir. Mir ist plötzlich eiskalt, und ich bekomme eine Gänsehaut am ganzen Körper. Kalter Schweiß sammelt sich auf meiner Stirn. »Anke? Sind wir jetzt fertig damit? Kann ich kurz weg?«

»Ja, kannst du machen. Gehts dir nicht gut?«

»Weiß nicht.« Auf dem Weg unter Deck, auf der steilen Treppe, die zum Messelogis führt, habe ich nur einen Gedanken, den ich wie ein Mantra wiederhole: Ich bin nicht seekrank! Ins Zweifeln komme ich, als ich die Bordtoilette erreiche. Jetzt, da mein Magen leer ist, wird es wieder bergauf gehen. Da bin ich mir ganz sicher.

Es schaukelt so sehr, dass ich auf dem Weg zurück zum Deck nicht geradeaus laufen kann. Ich kralle mich überall fest: am Handlauf, dann an den Hängematten im Messelogis, in denen Kohlköpfe, Melonen und Bananen lagern, am Holz der Bettkanten und schließlich den Handläufen der steilen Treppe. Hauptsache, ich falle nicht auch noch hin. Als ich oben angekommen bin, fragt eine Mitseglerin: »Na, ist es wieder besser?«

»Ja.« Doch schon im nächsten Moment überkommt mich die Übelkeit erneut. Ich will wieder zurück zur Toilette, drehe mich um.

»Nicht runter, geh zum Schanzkleid! Das machen alle, ist nicht schlimm.« Ich eile los. Das Schanzkleid ist die Schiffshaut, eine Reling sozusagen, nur nicht offen wie ein Zaun, sondern geschlossen. »Du musst nach Lee – zur windabgewandten Seite.« Ah, stimmt. Ein bekanntes Sprichwort besagt: »Spuckst du nach Lee, gehts in die See, und spuckst du nach Luv, kriegst es druff.« Etwas panisch schaue ich mich um, ich bin wohl nicht mehr so ganz Herrin meiner Sinne. Ah, da ist Nora, ihr geht es auch nicht gut. Da, wo sie steht, muss wohl Lee sein. Höchste Zeit, denn dort angekommen, muss ich mich sofort übergeben.

Hier können wir nicht bleiben. Alicia geht mit uns Richtung Deckshaus, wo die Festmacherleinen, also die dicken, schweren Seile, die unser Schiff am Hafen befestigt hatten, zu großen Türmen sauber aufgerollt wurden. Hier stehen wir den Frauen nicht im Weg, die den Schiffsbetrieb am Laufen halten.

Sie bleibt bei uns, hat die Karabiner unserer Klettergurte zur Sicherheit an Metallösen, die innen am Schanzkleid sind, eingepickt und passt auf uns auf.

Ich will Alicia etwas fragen, nur ist mein Magen so empfindlich, dass ich es nicht schaffe, einen kompletten Satz zu sprechen. Also rät sie.

»Möchtest du Wasser trinken?« Alicia reicht mir eine Flasche. Ich schüttle den Kopf, und es geht wieder los. Zum Glück hält sie mir auch regelmäßig Tücher hin, nimmt mir die alten einfach so aus der Hand, als würde sie sich kein bisschen davor ekeln.

»Wie lange?«, bringe ich endlich heraus, bis ich mich wieder abwenden muss.

»Wie lange die Seekrankheit anhält?« Ich nicke, als wäre ich endlich erlöst. Es ist alles so anstrengend, erneut muss ich mich übergeben. Alicia wartet so lange mit ihrer Antwort.

»Das ist unterschiedlich, meistens ist die Übelkeit nach drei Tagen weg.« Das sagt sie mit einem Lächeln in der Stimme.

Das kann nicht sein. Das darf es nicht. Wie soll ich so die nächsten Tage überstehen? Ich kann nicht mehr, bin verzweifelt. Obwohl mein Magen leer ist, muss ich würgen und ringe anschließend nach Luft. Ich stelle mich auf Zehenspitzen, um mich besser krümmen zu können. Die Stahlwand vor mir ist zu hoch. Alicia greift nach meiner Jacke, als hätte sie Sorge, ich würde sonst über Bord gehen.

Nachdem mir Alicia und zwischendurch auch meine Mitseglerin Michi bestimmt zum zehnten Mal Wasser angeboten haben, greife ich die bereits geöffnete Flasche, muss mich aber sofort wieder über das Schanzkleid beugen, allein bei dem Gedanken, einen Schluck daraus zu nehmen. Ich kämpfe gegen mich selbst an, zwinge mich aus Vernunft, einen Schluck zu trinken, da geht es schon wieder los. Und wieder und wieder. Mir geht es überhaupt nicht besser, sondern immer schlechter. Als könnte Alicia meine Gedanken lesen, spüre ich plötzlich ihre Hand an meiner Schulter. »Es ist okay. Dein Körper wird sich daran gewöhnen. Das Schöne ist, wenn du es überstanden hast, wird die Übelkeit ganz weg sein.« Ich möchte ihr glauben und schaue rüber zu Nora, möchte sehen, wie es ihr geht. Sie sitzt da mit angewinkelten Beinen, den Rücken an die Wand des Deckshauses gelehnt, und trinkt etwas Wasser. Ich schließe kurz die Augen, da überrollt mich auch schon die nächste Welle der Übelkeit.

Die Erschöpfung knallt ordentlich rein. Ich kann nicht anders, muss die Augen schließen und dämmere allmählich im Stehen weg. Konny erzählt mir später, sie habe mich noch irgendetwas gefragt, ich habe aber nur meinen Kopf wie ein Zombie langsam zu ihr gedreht, sei ganz blass gewesen, mit blutunterlaufenen Augen und leerem Blick, und habe dann ohne weitere Reaktion wieder aufs Meer gestarrt.

»Jessi? Jessi? Möchtest du runter in deine Koje? Ruh dich dort mal aus.« Es ist wieder Michi.

»Nein, ich (... muss mich wieder übergeben) ... ich kann nicht.«

»Wenn du liegst, wird es dir besser gehen. Glaub mir. Mir hat das auf meinem ersten Törn auch geholfen, da war ich auch richtig doll seekrank.«

»Na gut.« Aber nur unter der Bedingung, dass uns ein Eimer begleitet. Den holt sie, pickt mich aus und stützt mich, während ich meine Jacke, den Gurt, die Hose und Schuhe an Deck ausziehe, damit ich mich in der Kammer sofort hinlegen kann. Dann geht sie vor, ich hinterher. Wir gehen zur mittleren Luke auf kürzestem Weg zu meiner Kammer. Sie geht vor, ich hinterher. In meine Koje komme ich besser hinein, als ich dachte, auch wenn ich am liebsten direkt wieder runterspringen und zum Klo laufen möchte.

»Leg dich hin, schnell, dann geht es dir besser.«

»Aber ich muss mich übergeben. Ich kann nicht.«

»Vertrau mir, leg dich hin.« Es wird tatsächlich besser. Ich richte mich kurz auf, um den roten Zehn-Liter-Eimer entgegenzunehmen, und schon wird mir wieder richtig schlecht. Dann muss ich halt liegen. Eingeklemmt zwischen meinen Füßen und der Wand, wacht der rote Eimer über mich wie ein Schutzpatron.

Ich muss wohl sofort eingeschlafen sein, jetzt ist es schon 17:30 Uhr. Scheiße, ich habe keinen Empfang mehr! Ich wollte Michi doch noch ein letztes Mal »Auf Wiedersehen« sagen. Jetzt ist es zu spät. Aber zumindest ist im Liegen nun die Übelkeit weg. Ich muss aufs Klo, das zum Glück gleich gegenüber unserer Kammer ist. Auf dem Weg dahin wird mir wieder schlecht. Nur Liegen hilft. Länger als zwei Minuten schaffe ich es nicht, mich aufzurichten, ohne dass ich mich übergeben muss. Immerhin zwei Minuten, der Zeitraum wird immer länger, das überprüfe ich, wann immer ich wach werde. Vielleicht sollte ich mich, statt die Zeit zu stoppen, einfach darauf konzentrieren, weiterzuschlafen.

Morgens werde ich von Doro geweckt. »Du gehst jetzt mal nach oben an die frische Luft!«, ordert sie wohlwollend an. »Hier unten ist es so stickig.«

»Ich weiß nicht, ich glaube nicht, dass ich schon so weit bin.«

»Jessi, du bist seit gestern Nachmittag hier unten. Probier bitte aufzustehen. Die frische Luft und die paar Schritte werden dir guttun.«

Ich raffe mich auf, doch sobald meine Füße den Boden berühren, merke ich, dass die Übelkeit langsam wieder in mir hochkriecht. Nur hat Doro recht, ich sollte zumindest probieren, an Deck zu gehen. Vielleicht bleibt es ja bei der Übelkeit, ohne dass ich mich übergeben muss. Ich ziehe mich an, auch den Klettergurt, und gehe langsam nach oben, während Doro mir eine Dose Cola und Zwieback holt. Das sei die beste Medizin gegen Seekrankheit.

An Deck setze ich mich sofort auf eine Backskiste, in der Werkzeuge verstaut sind. Ich fühle mich, als wäre ich in einem Tunnel, in dem ich kaum etwas anderes wahrnehme als mein eigenes Körpergefühl, und versuche tief und gleichmäßig zu atmen, um die Übelkeit zu unterdrücken. Versuche, mich zusammenzureißen, bloß nicht der Seekrankheit nachzugeben. Anke und Anna, unsere Bootsfrau, kommen auf mich zu, aber zum Reden ist mir nicht zumute. Insgesamt ist wenig los an Deck, es ist ganz still, nur das Plätschern der Wellen ist zu hören. Der Wind hat nachgelassen, und die Sonne steht noch tief überm Horizont.

Vom Zwieback beiße ich einmal ab und trinke zwei kleine Schlucke Cola. Das war zu viel. Ich beeile mich, zum Schanzkleid zu kommen, und übergebe mich. Anna folgt mir wie ein Schatten und pickt sofort meinen Klettergurt ein. Mein Magen tut so weh. Ich fühle mich erschöpft, und damit hat mich auch meine Hoffnung verlassen, dass es mit der Seekrankheit heute besser werden könnte. Anders als gestern ist es mir jetzt furchtbar peinlich, mich vor den anderen zu übergeben. Ich schäme mich so, die Stille an Deck zu stören, weil ich so laut würgen muss. Und es hört einfach nicht auf. Ich fange laut an zu schluchzen, weil ich es nicht länger unterdrücken kann. Wann es mir mal so dreckig ging wie jetzt – ich kann mich nicht erinnern.

Plötzlich plätschert es direkt unter mir im Wasser, und ein Delfin taucht auf. Dann noch einer. Und noch einer. Was passiert hier gerade? Es ist eine Gruppe mit fünf oder sechs Tieren. Jetzt heule ich vor Freude, weil ich so berührt bin, und muss laut über mich selbst und diesen krassen Gefühlsumschwung lachen. Die Delfine schwimmen direkt neben der *Roald* her, springen und umspielen einander, so als würden alle kurz einen Blick auf uns werfen wollen. Die Frauen, die Wache haben oder auch so schon wach sind, stürmen begeistert ans Schanzkleid. Verrückt, eben noch ging es mir extrem schlecht, und jetzt bin ich der glücklichste Mensch der ganzen Welt. Leid und Glück können auch parallel existieren. Retrospektiv habe ich das schon oft gedacht, aber gerade ist es das erste Mal, dass ich beide Gefühle so unmittelbar aufeinanderfolgend erlebe.

Schlagartig spielt die Übelkeit überhaupt keine Rolle mehr, so als hätten die Delfine sie auf magische Weise von mir genommen. Es ist, als würde mein ganzer Körper vor Freude übersprudeln, als hätte ich gar keinen Grund mehr, noch länger Trübsal zu blasen. Ich bin sogar dankbar, dass ich dieses

Spektakel so nah miterleben darf, zum richtigen Zeitpunkt am richtigen Ort bin.

Jetzt wechseln die Delfine auf die andere Seite des Schiffes, und die Frauen gehen ihnen nach. Ich setze mich einen Moment, lächle in mich hinein, muss kurz verarbeiten, was passiert ist. Zum ersten Mal in meinem Leben habe ich Delfine gesehen. Im Seefahrts-Aberglauben gelten sie als Glücksbringer. Tauchen sie am Anfang der Reise auf, gilt das als Omen für eine sichere Reise. Bei den alten Griechen wurden sie als Schutzpatrone der Seefahrer:innen verehrt. So sehr wünsche ich mir, dass da etwas dran ist.

Anna setzt sich neben mich: »Danke, dass du mit deinem Weinen die Delfine für uns angelockt hast.«

»Ja, echt mal. Ich glaube, die haben gespürt, dass es dir so schlecht ging«, sagt Anke. »Sorry, wenn ich das so sage, aber du hast eben ausgesehen wie eine Katze, die sich zum Sterben noch mal aufbäumt. Es war echt der Hammer, wie sich dein Gesichtsausdruck plötzlich geändert hat. Einfach Wahnsinn und richtig schön!«

»Jessi!!! Danke!!«, ruft Irma von Weitem und schickt mir Luftküsse. »Ja, danke fürs Anlocken!«, rufen noch ein paar andere Frauen, die mich anlächeln. Ihre Reaktion hilft mir, dass ich endlich glaube, mich wirklich nicht für meine Seekrankheit schämen zu müssen. Ich weiß, dafür kann ich nichts. Und ich bin nicht die Einzige, der es so schlecht geht. Etwa ein Drittel der Besatzung sei gestern ausgefallen, sagt Alicia mir später. Den meisten gehe es heute aber tatsächlich schon besser, zum Glück auch Nora. Ich muss mich ab und zu zwar noch übergeben, aber das belastet mich nicht mehr.

Die Seekrankheit zu akzeptieren, gelingt mir viel besser. Darüber habe ich eh keine Kontrolle. Am Nachmittag werde ich ganz euphorisch, als ich endlich Appetit bekomme, und esse ein Brötchen mit meiner mitgebrachten veganen Schokocreme und Bananenscheiben. Dazu gönne ich mir eine Dose Cola und zelebriere diesen Snack wie ein Festmahl. Mir ist nur ein bisschen flau im Magen, sonst geht es mir richtig gut. Ich schaue lange aufs Meer. Da ist wirklich nur noch Meer um uns herum, keine Insel ist mehr am Horizont zu sehen. Und so langsam begreife ich: Wir sind unterwegs!

# Von Unterwasserbergen, Leuchtplankton und Nymphen

Die ersten Tage auf hoher See haben es in sich: Winddreher, flatternde Segel und Wellen, die ohne erkennbares Muster aus allen Richtungen zu kommen scheinen. »Kabbelige See« heißt das. Die Wellen sind so hoch, dass immer wieder Gischt über das Schanzkleid spritzt. Auch ich habe heute Abend schon einen Schwall abbekommen – als hätte mir jemand einen Eimer Wasser über den Kopf geschüttet. Es kommt unerwartet, ist gleichzeitig aber auch belebend! Und ich finde es lustig, dass jede überkommende Welle von unserer Gruppe mit einem »Woooooah« oder einem »Platsch« kommentiert wird. Die Seekrankheit habe ich nun so gut wie überstanden, auch wenn die kabbelige See nicht gerade geholfen hat.

Ernst wird es, als die Segel heftig zu flattern beginnen, was urplötzlich total laut und bedrohlich klingt. Damit die Segel nicht so stark abnutzen oder gar reißen, müssen wir bei diesen Winddrehern schnell handeln.

Meine Schuhe gleiten so sehr auf dem feuchten Holzdeck, dass es mir vorkommt, ich hätte in Wahrheit Schlittschuhe an. Dabei sind es die gleichen Wanderschuhe, die ich auch auf dem ersten Törn getragen habe. Aber es sind nicht *dieselben*. Ich hatte es gut gemeint und mir ein neues Paar gekauft, weil ich dachte, das neue Profil würde mir guten Halt geben, doch leider hätte ich auf Deck gerade die vielen kleinen Mikrorillen gebraucht, die durchs Laufen auf Asphalt oder auch auf unbefestigten Wegen entstehen. Schlimmer ist nur, mit diesen

Schuhen in die Kombüse zu gehen, da laufe ich wie auf Murmeln. Dort haben nämlich Crocs und Badelatschen mit einer dicken Gummisohle die beste Bodenhaftung.

Das unterste Segel des vorderen Mastes, die Fock, muss sofort eingeholt werden. Um das Segeltuch zu raffen, ziehen wir an drei dünnen, »Gordinge« genannten, Tampen und an den Geitauen jeweils an Back- und Steuerbord und führen dabei zwei andere Tampen, in diesem Fall die Schoten und den Hals, locker mit. Generell gilt, dass auf das Rigg enorme Kräfte einwirken und es bei einem Windjammer immer um das Prinzip der Wechselwirkung geht: An der einen Seite zieht man, auf der anderen Seite gibt man nach. Und dann brassen wir wieder und wieder, richten also die Segel so aus, dass sie den Wind optimal einfangen. Nach fünf Durchgängen stellt sich Conni, unsere Kapitänin, in unsere Mitte.

»Jede muss ihren eigenen Weg finden, mit Adrenalin umzugehen und es wieder abzubauen. Es ist wichtig, bei sich zu bleiben und gut für sich zu sorgen.«

»Eine Hand für mich, eine Hand für das Schiff«, ist ein Grundsatz in der Seefahrt. Wer sich überschätzt, könnte unter Umständen nicht nur sich selbst in Gefahr bringen, sondern die gesamte Crew. Ich fühle in mich hinein. Wie steht es gerade um meinen Adrenalinpegel? Ich bin euphorischer und hoffe, dass wir heute Abend noch mehr Action haben werden. Vielleicht auch, weil es mir im Gegensatz zum Ostseetörn diesmal leichtfällt, mich zu orientieren. Fast alle der Wörter habe ich schon einmal gehört, und ihre Bedeutung kommt schneller in mein Gedächtnis zurück, als ich je erwartet hätte. Bisher fühle ich mich weder über- noch unterfordert.

Alle meine Unsicherheiten und Ängste vom ersten Törn, der krasse Druck und die Enttäuschung darüber, überhaupt nichts zu verstehen, sind vollkommen weggeblasen. Ich bin viel zuversichtlicher, weil ich davon ausgehe, dass sich die neuen Routinen von ganz allein einstellen werden.

Wie es mir bisher gefällt, möchte Anke wissen. Jetzt, da die Übelkeit immer weniger wird, fühle ich mich schon richtig angekommen: »Ich bin ja eigentlich keine Seglerin, und trotzdem fühlt sich dieses Schiff für mich schon jetzt wie ein Zuhause an.« Anke kommt ins Schwärmen, sie ist seit 22 Jahren Mitglied im Verein. Lange ist sie aktiv mitgesegelt, einige Jahre, in denen ihr Sohn noch klein war und sie alleinerziehend, hat sie aber auch pausiert.

»Weißt du, manche meinen scherzhaft, dass die *Roald* keine Segeltörns verkauft, sondern Gefühle«, sagt sie: »Das stimmt total.« Egal, wie schwer es der 43-Jährigen manchmal fällt, sich zu motivieren – hier geht alles immer ganz leicht. Hier fühlt sie immer pure Lebensfreude und Leichtigkeit. Etwas, wovon auch ich mir mehr in meinem Leben wünsche.

Mittlerweile ist es stockduster geworden, und über uns leuchtet der Sternenhimmel. Die Milchstraße ist nicht nur zu erahnen, sondern deutlich zu erkennen. Als würde der Nachthimmel plötzlich dreimal so viele Sterne zählen wie der über meiner alten Heimat in Mecklenburg-Vorpommern und zehnmal so viele wie der Himmel über Hamburg. Sofort erkenne ich meine Lieblingssternbilder, doch sieht Kassiopeia, das Himmels-W, hier aus wie ein Himmels-M. Das steht jetzt für Michi, beschließe ich. Der Orion erscheint am Himmel nicht als aufgerichteter Jäger, sondern scheint zu liegen, und die Plejaden, ein Sternhaufen in meinem Geburtssternzeichen Stier, leuchten so hell, dass ich sogar meine, tatsächlich acht statt nur sechs der Hauptsterne erkennen zu können. Und das, obwohl ich eine leichte Sehschwäche habe und eigentlich eine Brille tragen sollte.

Im Dunklen kommt es mir vor, als würde die *Roald* viel, viel schneller über das Wasser gleiten. Es ist, als würden wir fliegen. Als würde der Wind uns tragen. Ein schönes Gefühl.

»Hey, hast du schon den zweiten Sternenhimmel gesehen?«, fragt Anja und grinst.

»Zweiter Sternenhimmel?«

»Na, den im Wasser.«

»Redest du etwa von Leuchtplankton?« Meine Augen müssten gerade stärker funkeln als die Sterne, denn ich habe mir sehnlichst gewünscht, dass wir in der Karibik Leuchtplankton sehen. Aber jetzt schon?

»Komm einfach mit.« Gemeinsam gehen wir zum Schanzkleid an Backbord und schauen hinunter aufs Wasser. Viele glitzernde Punkte leuchten uns entgegen. Wie Glühwürmchen im Wasser. Dort, wo die Welle gegen das Schanzkleid prallt und durch die Verwirbelung Schaum entsteht, ist besonders viel davon. Anscheinend wird das Leuchtplankton durch die Bewegung der *Roald* aktiviert. Ganz anders, als wenn die Sterne von der Wasseroberfläche reflektiert werden.

Ich könnte stundenlang aufs Wasser schauen. Manchmal sieht es aus, als sei das Leuchtplankton auf lange, unsichtbare Ketten aufgefädelt, von denen mehrere parallel zueinander verlaufen, mitgerissen vom Sog einer Welle.

»Danke, Anja, dass du mich darauf aufmerksam gemacht hast!«

»Ich kann mir richtig vorstellen, warum die Seeleute damals an Meerjungfrauen geglaubt haben. Das da sieht doch aus, als würde etwas mit uns mitschwimmen, das lange glitzernde Haare hat.« Es ist wirklich mystisch.

Nach Schichtwechsel, bei dem die abziehende Wache der aufziehenden Wache immer eine »Gode Wach« wünscht und die aufziehende Wache der abziehenden eine »Gode Ruh«, setze ich mich um 20 Uhr unten in die Messe. Anna, unsere Bootsfrau, spielt gerade Gitarre, ein paar Lieder aus ihrer *Schalterfleppe*, einem Liederbuch für Wandergesell:innen, und ich höre ihr zu. Anna ist Tischlerin und seit knapp eineinhalb Jahren auf Walz. Das bedeutet, sie arbeitet in verschiedenen Handwerksbetrieben oder dort, wo ihre Fähigkeiten gerade gebraucht werden, und darf ihrem Heimatort drei Jahre lang nicht näher als fünfzig Kilometer kommen. Ich frage sie, wie lange sie an einem Ort bleibt. »Wenn mich die Postbot:innen grüßen und die Hunde nicht mehr bellen, ist es Zeit weiterzuziehen.« Das finde ich total beeindruckend. Ich glaube, mir würde so ein Lebensabschnitt auch gefallen, trotz der vielen Regeln. Anna darf etwa weder Handy noch Laptop besitzen und generell nur so viel, wie sie tragen kann. Sie darf weder selbst Auto fahren noch mit öffentlichen Verkehrsmitteln. Auf der anderen Seite hat sie aber viele Freiheiten, lernt viele Orte und Leute kennen, sammelt Lebenserfahrung und kann ganz in ihrem eigenen Rhythmus leben. Anna hat auf der *Roald* angeheuert und ist als Bootsfrau für die Instandhaltung des Schiffes zuständig. Sie wird in Martinique nicht mit uns von Bord gehen, sondern weitersegeln, den Atlantik ein weiteres Mal überqueren und will mindestens bis zu den Azoren an Bord bleiben. Dort möchte sie sich vielleicht auf die Suche nach dem nächsten Job machen.

Ich schaue auf die Uhr an der Wand, es ist 20:20 Uhr, und alle, die gerade wachfrei haben, schlafen wohl schon. Auch mich machen die frische Luft und die ganzen Eindrücke extrem müde, und ich lege mich in die Koje.

Den Wellengang finde ich mittlerweile sogar angenehm, weil ich in meiner Koje quasi in den Schlaf geschaukelt werde. Da das Bett nur siebzig Zentimeter breit ist und die Matratze ziemlich dünn, kann ich nicht wie gewohnt auf dem Bauch schlafen. Am angenehmsten ist es auf der Seite, aber dafür muss ich mich abstützen und habe ständig Angst herauszukullern.

Um 3:30 Uhr werden Verena und ich von Barbara geweckt, die auch beim Flüstern eine kräftige Stimme hat. Sofort bin ich hellwach. Und gut, dass ich meine Klamotten diesmal schon vorm Einschlafen zurechtgelegt habe, denn in unserer Kammer ist es so eng, dass Verena und ich nicht beide gleichzeitig aufstehen können, ohne uns gegenseitig im Weg zu stehen. Im Flur putzen wir alle gemeinsam unsere Zähne, damit es schneller geht und die Toiletten nicht blockiert werden.

Nachdem wir gestern durch die Winddreher beim Ausrichten der Segel sofort ins kalte Wasser geworfen wurden, holen wir in unserer Wache heute, am dritten Tag auf hoher See beziehungsweise dem *Tag 4* auf der *Roald*, etwas Segeltheorie nach: Es geht um den Belegplan. Welche der 130 Tampen gehören zu welchem Segel? Wo finden wir sie? Und was sind denn überhaupt diese Gordinge, Geitaue, Schoten, Niederholer und die sogenannten Fallen? Und welche davon brauchen wir beim Setzen oder Einholen der Segel? Wir gehen alles einmal komplett durch. Anke ist sehr geduldig und achtet darauf, dass alle mitkommen. Sie sieht uns anscheinend am Gesicht an, wenn eine von uns Trainees etwas noch nicht ganz verstanden hat. Wenn sie etwas erneut erklärt, verwendet sie statt Fachbezeichnungen bildhafte Beschreibungen, mit denen wir mehr anfangen können. Ab und zu malt sie auch mit Kreide auf das Holzdeck, damit es nicht zu abstrakt ist.

Danach bin ich erst mal platt. Mir ist immer noch etwas flau im Magen. Zu Hause frühstücke ich nie, also lasse ich es hier auch ausfallen und lege mich gleich wieder in die Koje.

Nach dem Mittagessen hat Conni eine spannende Neuigkeit für uns, die erklärt, warum wir so stark gegen die sogenannte kabbelige See ankämpfen mussten: »Wir sind über den Unterwasserberg *Echo Bank* gesegelt.« Einmal quer rüber. Er habe die Strömung, die Höhe und den Verlauf der Wellen beeinflusst.

»Der Atlantik unter uns ist gerade 2000 bis 3000 Meter tief«, erklärt Conni. »Über dem Unterwasserberg lag der Grund allerdings bei etwa 250 Metern Tiefe.«

Am frühen Nachmittag steht unsere erste Chorprobe an. Unser Chor hat sich hier ganz spontan gegründet und ist immer offen für neue Mitglieder. Kathrin wurde von allen als Leitung bestimmt. Die Stimmung ist ausgelassen, innerhalb weniger Minuten einigen wir uns sogar schon auf unser erstes Stück, das wir direkt mehrstimmig singen. Mit dabei ist nämlich auch Mona, die gerade ihren Bachelor in Musik gemacht hat. Sie passt nebenbei einfach mal so die Tonlagen an, und wir singen ihr nach. Dann entscheidet sich jede für eine der drei Stimmen – auch hier sind wir echt ausgeglichen verteilt. Beim zweiten Durchsingen klingt es schon richtig super. Wir wollen alle gar nicht mit der Probe aufhören, immer mehr Frauen gesellen sich dazu, und die Stimmung ist ausgelassen. Singen ist gemeinschaftsbildend und stärkt das Wirgefühl. Aber wenn die Schiffsglocke den Nachmittagskuchen einläutet, ist die Probe vorbei.

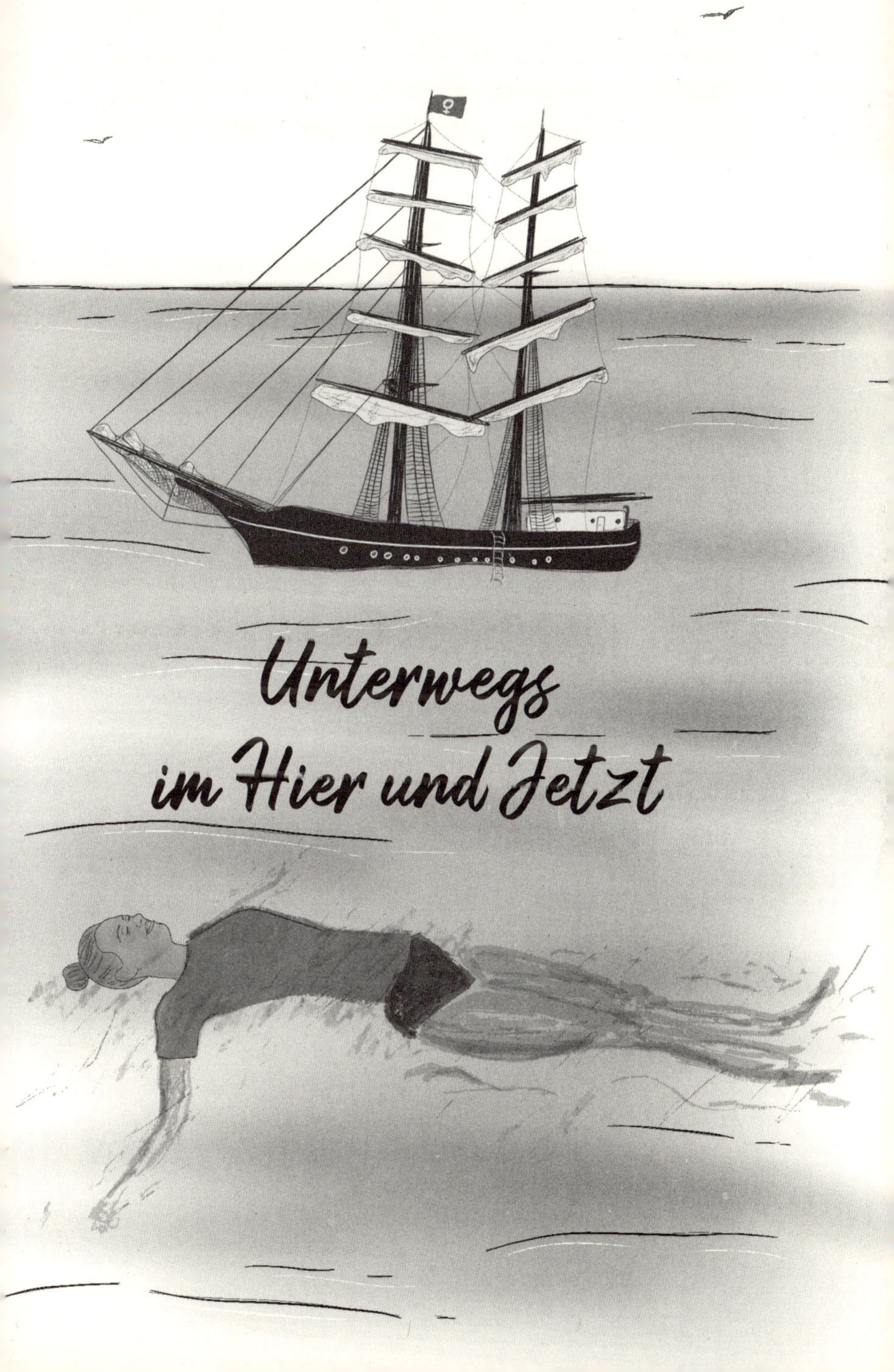
Unterwegs
im Hier und Jetzt

# Silvester mit Flaute

»Wie könnten wir Silvester feiern?«, ist das Thema in unserer Nachtwache. Wir sitzen alle auf der Brücke, auf einer u-förmigen Bank rund um das Ruder. Alle zwanzig Minuten wechseln wir uns am Ruder und im Ausguck ab, damit sich alle, die möchten, mit ihren Ideen und Gedanken einbringen können.

»Welche Silvesterbräuche kennt ihr denn so?«, fragt Anke.

»Auf jeden Fall könnten wir uns Vorsätze fürs neue Jahr überlegen«, sagt Lydia. »Ansonsten gehen meine Familie und ich an Neujahr immer morgens gemeinsam zum See, baden an und verbringen den Tag in Stille.« Die Vorstellung finde ich richtig schön. Kein Wunder, dass jedes Jahr mehr Freund:innen sie und ihre Familie begleiten möchten.

Am liebsten würde ich Silvester gemeinsam mit Michi und Tilda verbringen oder auch gemütlich mit Freund:innen, mit Raclette, Brettspielen, Kaminfeuer, guten Schallplatten und tiefgründigen Gesprächen, bei denen wir uns an die letzten zwölf Monate zurückerinnern.

Ich blicke zum Himmel, stelle mir vor, dass Michi jetzt gerade vielleicht auch an mich denkt, und sehe eine Sternschnuppe, die einen langen Schweif hinter sich herzieht. Ich wünsche mir, dass es Michi und Tilda während meiner Abwesenheit gut geht. Ich will nicht sentimental werden, und doch rollt eine Träne leise über meine Wange.

Heute ist nicht nur Silvester. Es ist auch Opas Todestag. Auch ihn vermisse ich, so lange ist es noch gar nicht her. Er war mein Ersatzpapa, hat mich bedingungslos geliebt. Auf seinem letzten Lebensabschnitt durfte ich ihn begleiten – eine Erfahrung, die mein Herz oft zusammengeknüllt und in kleine Fetzen zerrissen hat, weil es mir so wehtat, dass Opa kämpfen will, Tag für Tag aber schwächer wird. Aber das habe ich mir vor ihm nie anmerken lassen. Es war meine Gelegenheit, auch mal sein Fels in der Brandung sein zu können. Wir haben viel zusammen gelacht, Späße gemacht und alte Fotoalben angeschaut. Bis er wortwörtlich einen Silberlöffel aus der Küchenschublade abgegeben hat, den er seit Wochen wie einen Schatz unter seinem Kopfkissen hütete. Er war ein Scherzvogel durch und durch, und ich glaube, es war seine Art zu sagen, dass er merkt, es geht dem Ende zu.

»Jetzt würd' ich gern mal den Ausguck ablösen«, sage ich vor mich hin. Ankes Smartphone leuchtet auf, sie schaut, wie spät es ist. »Gutes Timing, wir sollten jetzt eh mal durchwechseln.«

Im Ausguck kann ich kurz für mich sein, in Ruhe, während ich mich abwechselnd vorne an Backbord und Steuerbord ans Schanzkleid stelle, aufs tiefschwarze Meer schaue und dabei Ausschau nach Schiffen und Treibgut halte. Anders als die letzten Tage sind die Wellen viel kleiner. Der Wind hat deutlich nachgelassen.

Am frühen Nachmittag haben wir alle Segel eingeholt und kreuzgebrasst, damit das Schiff zum Stehen kommt, was nun ziemlich schnell geht, denn es ist mittlerweile vollkommen windstill. Wir haben tatsächlich Flaute! Schon vor einigen Tagen haben unsere Kapitänin und die Steuerfrauen diese Flaute auf den Wetterkarten kommen sehen. Die Wetterprognose sei so stabil, dass Überraschungen wie plötzliche Wetteränderungen mit sehr hoher Wahrscheinlichkeit ausgeschlossen werden können. Was bedeutet das jetzt für uns?

»Wir wollen gleich mit euch im Rahmen einer Mensch-über-Bord-Sicherheitsübung trainieren, das Dingi auszusetzen und wieder einzuholen«, sagt Conni. »Aber wer möchte und sich das zutraut, kann dann nach den Anweisungen und Sicherheitsregeln, die ich gleich erzähle, auch gerne schwimmen gehen.« Alle jubeln vor Begeisterung und strahlen vor Freude.

»Dieses Silvester werden wir definitiv nie vergessen«, sagt Theresa. »Du gehst doch auch schwimmen, oder?« Wollte ich eigentlich nicht. Vor meiner Abreise habe ich mit Michi über das Thema gesprochen und war da noch recht entschieden: »Ich glaube ja nicht, dass wir irgendwo weit draußen auf dem Atlantik einen Badestopp machen werden. Falls doch, geh ich nicht schwimmen. Ist mir zu gefährlich.« Was, wenn da Haie wären? Giftquallen? Und Strömungen gäbe es ja sicher auch. Das Risiko war mir viel zu groß.

»Ich überlege noch«, sage ich, denn ich merke, wie mit der Frage meine so überzeugte Haltung ins Wanken gerät.

»Aber wie hoch ist die Wahrscheinlichkeit, dass wir gerade an Silvester Flaute haben? Und dann auch noch baden dürfen.« Ja. Vermutlich würde ich es wirklich irgendwann bereuen, wenn ich es nicht mache. Sollte ich gegen die Spießerin in mir ankämpfen? Einfach mal nicht an meinen Plänen festhalten, sondern diese Situation neu bewerten?

Es gibt keine Regel, die Badestopps bei Flaute verbietet – immer ist es Ermessenssache und Verantwortung der Schiffsführung, der Kapitän:innen. Und so wie ich Conni einschätze, hat sie alle Risiken abgewogen, bevor sie uns solch eine Aktion erlaubt. Sie hat viel Erfahrung, sagt selbst, dass sie Badestopps sonst immer ablehnt. Da müssen die Bedingungen wirklich ausreichend gut sein. Auch wenn es mich nervös macht, dass unser Schiff sich mit der leichten Strömung westwärts bewegt. Wir dann im Wasser aber auch.

»Habt ihr noch Fragen?«, möchte Conni wissen.

»Ja«, platzt es aus mir heraus: »Gibt es hier Haie, Quallen oder sonst etwas, worauf wir achten sollten?«

»Im Grunde ist das offene Meer wie eine ökologische Wüste. Ihr solltet aber darauf achten, dass ihr nicht mit Zehen oder euren Fingern zwischen Strickleiter und Schanzkleid kommt. Ihr könntet sie euch sonst brechen. Das tut weh und geht schneller, als man denkt.« Also darauf kann ich leicht achten, versuche ich mich weiter zu überzeugen.

Nicki hat auch noch eine Frage: »Können wir mit dem Dingi noch eine Übungsaktion zum Bergen von Menschen aus dem Wasser machen? Eine bessere Gelegenheit gibt es ja nicht.«

»Ja, finde ich gut.« Conni vertraut Nicki, die fünf Jahre als Bootsfrau in der Seenotrettung tätig war.

»Wo habt ihr euren Dummy?«, fragt Nicki.

»Haben wir nicht dabei.« Conni fragt in die Runde, ob eine von uns sich für die Übung »retten« lassen möchte. Mein Arm schnellt sofort nach oben. Da habe ich endlich meinen Vorwand, mich doch ins Wasser zu trauen. Ich will mich selbst austricksen.

Das Dingi wird ausgesetzt, und es kann losgehen. Klar gibt es auch Frauen unter uns, die nicht baden möchten, Emilia zum Beispiel, die eigentlich sogar Angst vor dem offenen Meer hat. Sie meldet sich freiwillig, Liste darüber zu führen, wer ins Wasser geht und wieder an Deck kommt. Unsere Kapitänin und weitere Stammcrewmitglieder bleiben auch an Deck, weil sie vom Schiff aus mit Nicki, Barbara und Ulrike auf dem Dingi Funkkontakt halten, die Badenden im Blick behalten und sichergehen wollen, dass wir handlungsfähig bleiben, für den Fall, dass etwa die Segelstellung noch einmal korrigiert werden muss. Die meisten von uns baden nackt. Ich lasse mein blaues T-Shirt aus Merinowolle über meinem Bikini an, damit die Übung noch etwas realistischer ist.

Ich bin aufgeregt, als ich an die Reihe komme und über das Schanzkleid auf die Trittleiter steigen soll. Meine Gefühle kann ich kaum verbergen, da bin ich immer wie ein offenes Buch.

»Wovor hast du denn Angst?«, fragt Kathrin, die als DLRG-Rettungsschwimmerin am Schanzkleid bereitsteht.

»Nichts Konkretes, nur irrationale Ängste.« Hoch konzentriert passe ich auf, wo ich hintrete, denn ich habe Connis Hinweis noch in den Ohren. Die Holzsprossen wirken auf mich so schmal, dass ich nur die Zehenspitzen schräg aufsetze. Mit den Händen halte ich mich an der Strickleiter fest. Krass, wie doll sich das Schiff hin und her neigt, obwohl es keine Wellen gibt. Durch die sogenannte Dünung rollt es seitlich. Unten, auf der letzten Sprosse angekommen, bin ich entweder bis zum Oberkörper unter Wasser oder kurz darauf nur noch bis zu den Knöcheln. Ich nehme mir Zeit, passe den richtigen Moment ab und lasse los.

Es ist gar nicht kalt, stelle ich überrascht fest. 22 Grad Wassertemperatur wurden heute gemessen. Einfach herrlich.

»Schwimm nach hinten!«, ruft Conni mir zu, und ich mache ein paar lange, kräftige Züge. Ich kann nur Brustschwimmen, nicht Kraulen. Hätte ich das erwähnen sollen? Egal, zu spät. Die leichten Miniwellen ziehen mich immer wieder ein Stück zurück, sodass ich nur schwer vorankomme.

»Jessi? Sorry, du musst doch in die andere Richtung, hat Nicki gerade durchgefunkt.« Gut, ich drehe mich um 180 Grad und schwimme in die andere Richtung, parallel zum Schiff Richtung Bug. In diese Richtung geht es besser. Also mache ich kurz Pause, um Blickkontakt mit Conni aufzubauen. Ob das schon ausreicht?

»Du musst weiter von der Gruppe weg.«

»Noch weiter?« Scheiße. Klar, zum Schutz der anderen muss ich weiter von der Gruppe weg, sodass Nicki das Dingi in meine Richtung steuern kann. Nun wird mir klar, dass ich mich bisher in dieser Situation vor allem durch die Nähe zur Gruppe sicher gefühlt habe. Jetzt bin ich auf mich alleine gestellt. Aber nützt ja nichts, also weiter. Ich schwimme und schwimme. Conni ruft irgendwas, aber hier draußen kann ich sie nicht mehr verstehen, denn das Plätschern des Wassers ist zu laut.

Wie weit muss ich denn noch schwimmen? Wenn es nach mir ginge, wäre hier Schluss. Kann ich das mitentscheiden? Ich winke der Dingi-Crew mit einer Hand zu, um auf mich aufmerksam zu machen. Zwei Hände würden »Notfall« bedeuten, aber es ist ja kein »echter« Notfall, auch wenn ich gerade eine leise Panik in mir aufsteigen spüre, die ich allerdings versuche zu unterdrücken. Barbara bemerkt mich sofort.

»Du musst weiter zu uns schwimmen. Wir kommen gleich zu dir.« Aber was heißt denn gleich?

Ausdauer beim Schwimmen habe ich. Genug, um im Schwimmbad etwa eine Stunde lang ununterbrochen meine Bahnen zu schwimmen. Hier im Atlantik muss ich mir eingestehen, dass sich meine Schwimmfähigkeiten nicht eins zu eins übertragen lassen. War ich zu leichtsinnig? Was, wenn ich müde werde? Krampfen dann meine Waden? Wie viel Zeit bliebe dann, bis ich untergehen würde?

Ich drehe mich kurz zum Schiff um und sehe, dass Anja mir zuwinkt. Sie schaut durch den Sucher ihrer Kamera, behält mich im Auge. Bestimmt so lange, bis ich im Dingi bin. Das gibt mir richtig viel Kraft. Plötzlich fühle ich mich nicht mehr so alleine und schutzlos ausgeliefert. Jetzt weiß ich, was das Einzige ist, was ich tun muss: ruhig bleiben. Also atme ich tief ein und aus und lasse mich für einen Moment auf dem Rücken treiben. Ich kann richtig spüren, wie die Anspannung verschwindet. Kann es sogar genießen, das Wasser auf der Haut zu spüren und dazu die wärmenden Sonnenstrahlen.

Nein, ich bin nicht leichtsinnig. Ich habe jetzt ein viel größeres Vertrauen in mich selbst und meine Fähigkeit, mich selbst einzuschätzen. Dass die anderen mit ihrer vielen Erfahrung all die Sicherheitsvorkehrungen und Rahmenbedingungen wohlüberlegt haben, bestärkt mein Gefühl, dass mir nichts passieren kann. Ich fühle mich ganz leicht, als wäre eine große Last von mir abgefallen. Mit viel Urvertrauen schwimme ich weiter, Richtung Dingi. Ich bin superfokussiert, habe einen richtigen Energieschub, und das Wasser, durch das ich hindurchgleite, fühlt sich jetzt an wie eine warme Umarmung.

Nicki steuert jetzt auf mich zu. Mist, da kommt eine Welle, die höher ist als die anderen, ich kann plötzlich das Dingi nicht mehr sehen. Was, wenn Nicki mich auch nicht mehr sieht? Sie wird ja jeden Moment ankommen. Wenn sie über mich brettert, dann war es das. Warum fällt mir gerade jetzt eine Filmszene ein, die ich mit elf Jahren gesehen habe, als ich meinen eigenen Fernseher bekommen habe, in der genau das einem Mann bei »Polizeinotruf 110: Draußen am See«, einem DDR-Krimi aus den Achtzigern, auf einem See passiert ist?

»Hey! Ich bin hier!!!«, schreie ich. Puh, da ist sie wieder, noch gute fünf bis zehn Meter entfernt, und Nicki wirkt ganz unaufgeregt. Da sie vom Dingi aus einen viel besseren Überblick hat, hatte sie keine Sorge, mich zu übersehen. Gleich haben wir es geschafft.

Ulrike reicht mir die Hand. Dann geht alles ziemlich schnell. Sie zieht mich zu sich, damit ich mit dem Rücken am Schlauchboot lehne. Barbara und sie haken jeweils einen Arm unter meine Achseln ein.

»Eins …«, sagen beide gleichzeitig. Jetzt tauchen sie mich tiefer ins Wasser, um Schwung zu holen.

»… zwei …« Erneut werde ich getaucht, ein Stück tiefer, weil sie tatsächlich mehr Schwung bekommen.

»... und drei!« Mein Kopf ist halb unter Wasser, dann ziehen sie mich hoch, schaffen es aber nicht ganz. Mit dem Rücken liege ich auf dem nachgiebigen Rand des Schlauchbootes. Jetzt bloß nicht runterrutschen. Ich reiße beide Beine in die Luft, als hinge ich an einem Turnreck und wollte mich rückwärts hochrollen. Es funktioniert, ich rolle ins Innere des Dingis und pralle wie ein nasser Sandsack auf den Hartplastikboden.

»Aua«, sagt Ulrike und kneift die Augen zu, als würde sie den Schmerz nachempfinden. »Das wird einen blauen Fleck geben.«

»Tut nicht weh.« Ich glaube, ich bin gerade bis obenhin voller Adrenalin und Glücksgefühle darüber, dass alles super gelaufen ist.

»Und, gehts dir gut?«

»Ja, das war toll! Danke! Hab' mich richtig sicher bei euch gefühlt.« Die drei besprechen die Situation kurz nach. Barbara ist begeistert, wie gut es mit dem Schwungholen geklappt hat. Auch Nicki ist ganz zufrieden. Dann werden wir angefunkt. Wir sollen nach achtern kommen, also Richtung hinterer Teil des Schiffes. Dort hält sich Pia am Rettungsring fest, der über ein Seil an Deck befestigt wurde. Sie sieht ganz entspannt aus, lächelt uns an und scheint doch etwas überrascht, dass wir mit dem Dingi anrücken.

»Hey, Pia, gehts dir gut?«, fragt Nicki. »Brauchst du Hilfe?«

»Nein, alles gut. Wollte mich nur einen Moment hier festhalten.«

»Traust du dir denn zu, gleich zurück zur Leiter zu schwimmen?« Die Strickleiter ist etwa zwanzig Meter entfernt, wie auch die anderen badenden Frauen. Pia schaut sich um.

»Hm, ich glaub, ich würde doch gern mit euch mitfahren.« Also los. Gleiches Prozedere, nur habe auch ich eine kleine Aufgabe: aufpassen, dass das Seil vom Rettungsring uns nicht in die Quere kommt. Ich greife es und halte es senkrecht über meinen Kopf. Gefühlte drei Sekunden später ist Pia schon an Bord. Barbara und Ulrike jubeln kurz auf und klatschen ein.

»Seht ihr, jetzt habt ihr den Dreh raus«, sagt Nicki.

»Ich glaube, Pia wiegt aber auch etwas weniger«, sagt Ulrike. Das sagt sie nicht wertend, und es stimmt ja, dass Pia kleiner und dünner ist als ich.

»Alles gut, Pia?«

»Ja, danke!« Später erzählt sie mir, dass sie nicht eine Sekunde lang ein ungutes Gefühl hatte.

Wir drehen eine Runde. Jetzt soll ich »aussteigen«. Wenn noch jemand ins Dingi möchte, wird der Platz nämlich langsam knapp. Ich soll einfach runterspringen. Ich, die am See nie vom Steg aus ins Wasser springt oder im Schwimmbad vom Beckenrand, weil das ja verboten ist und gefährlich sein könnte. Aber hier denke ich gar nicht groß darüber nach, lasse der Angst gar keinen Raum. Ich mache einfach und fühle mich in dem Moment, in dem ich springe, total belebt. Als würden in meinem Körper gerade Silvesterraketen gezündet werden.

Zurück an Deck bin ich überglücklich, dass ich mich überwunden habe, mitten auf dem Atlantik zu schwimmen. Ich fühle mich noch ganz high, so richtig im Dopaminrausch. Erst jetzt, da ich wieder einen Boden unter meinen Füßen habe, realisiere ich, was ich gerade gemacht habe.

Nicht ein einziges Mal habe ich eben daran gedacht, dass der Ozean unter mir laut Überseglerin, wie wir unsere großmaßstäbige Seekarte auf diesem Törn nennen, zwischen 4300 und 4900 Meter tief ist. Habe weder an Haie noch giftige Quallen wie die Portugiesische Galeere gedacht, die es überall im Atlantik gibt. Ich bin über mich hinausgewachsen. Statt panisch zu werden, war ich ganz bei mir. Intuitiv habe ich gespürt, was ich tun muss. Ich wusste genau, wann es an der Zeit ist, meine

Kräfte einzuteilen, und wie ich neue Kraft schöpfen kann. Auch jetzt noch spüre ich dieses tiefe Urvertrauen in meine Mitseglerinnen und auch mir selbst gegenüber, bei dem mir innerlich ganz warm wird. Das Beste ist, dass ich diese Erfahrungen mit so vielen wunderbaren Frauen teilen kann.

Die Stimmung an Bord ist ausgelassen, alle kichern und lachen, strahlen um die Wette. Pauline, Anna Bootsfrau, Anna Trainee aus der Julia-Wache, Mona und noch einige andere springen zum Teil splitterfasernackt vom Schanzkleid aus ins Wasser. Oder vom Klüverbaum für einen noch größeren Adrenalinkick. Hand in Hand. Kaum zu glauben, dass Anna Trainee eigentlich Höhenangst hat. Angst ist eigentlich ansteckend. Mut aber auch!

Das Baden im offenen Meer ist nicht das einzige Highlight des Tages, denn die eigentliche Silvesterzeremonie steht noch aus. Weil es für uns gerade einfach zu gut passt, beschließen wir gegen 15 Uhr, ins neue Jahr zu starten. Nicht zur vollen Stunde, sondern in dem Moment, in dem jede eine Dose Cola, Fanta, Sprite oder alkoholfreies Bier in der einen Hand und eine Zimt- oder Pizzaschnecke in der anderen hat. Die hat die Julia-Wache nämlich heimlich gebacken und sogar an ein paar vegane Pizzaschnecken gedacht, was mich richtig doll freut. Conni beginnt, laut von zehn runterzuzählen, und wir stimmen mit ein.

»Frohes neues Jahr!!« Wir umarmen uns, als würden wir uns alle schon ewig kennen, malen uns gegenseitig Punkte, Striche und Herzen mit einem silbernen Glitzerstift ins Gesicht und zelebrieren diesen Tag, wie es uns gefällt.

Beim Ersatz-Feuerwerk – ein echtes ist aufgrund der Brandgefahr verboten – setzen wir uns im Kreis um das Spill, eine runde, drehbare Vorrichtung aus Metall, die mir bis zur Brust geht und zum Beispiel dafür da ist, das Dingi auszusetzen oder wieder einzuholen. Da Feuerwerke traditionell böse Geister vertreiben sollen, wollen wir jetzt ordentlich Lärm machen. Gut, dass Anja Schlagzeugerin in einer Punkband ist – mit zwei Kochlöffeln gibt sie am Spill den Takt vor, woraufhin wir mit den Händen auf das Holzdeck trommeln, klatschen und jubeln. Und zwar ganz schön lange, bis einer der Kochlöffel bricht. Sieht jetzt aus wie die Silhouette eines Hasen. Die Stille danach fühlt sich elektrisierend an.

Weiter geht es mit einem Ratespiel, das wir in unserer Wache überlegt haben und manche vielleicht von Hochzeiten kennen: Klara schreibt Fragen auf eine schwarze Kreidetafel. Die Tafel sehen nur wir als Publikum, und wer sich angesprochen fühlt, steht auf. Das muss als Info für die Schiffsführung ausreichen, um die jeweilige Frage zu erraten. Richtig verwundert bin ich, als bei: »Wer hat schon unter Deck geduscht?« fast die Hälfte aufsteht. Hatte Sascha nicht am ersten Tag auf die Frage einer Mitseglerin, wie oft wir duschen dürfen, »nur alle fünf Tage einmal kurz« gesagt? Sascha errät die Frage selbst und erwähnt auch noch mal, dass wir nach eigenem Ermessen duschen dürfen, einfach nur sparsam mit dieser Ressource umgehen sollen und ihr Bescheid sagen, damit sie weiß, wie sich der Wasserverbrauch zusammensetzt. Jetzt fällt mir erst auf, dass Sascha mit »alle fünf Tage« wohl einfach nur einen Scherz gemacht hat. Tja, da sitze ich nun, immer noch happy darüber, heute zumindest mal baden gegangen zu sein. Aber ich bin offensichtlich auch nicht die Einzige, die den Scherz ernst genommen hat. Spannend finde ich, dass nur drei aus unserer Crew bei »Wer hat den Atlantik schon einmal segelnd überquert?« aufstehen. Abschließend ist mit »Wer hat geheime Süßigkeitenvorräte?« auch eine weitere wichtige Frage geklärt. So wichtig, wie auch mal innezuhalten an so einem Tag.

»Was möchtest du vom alten Jahr gehen lassen?«, fragt Anna Trainee. »Darum geht es jetzt in einem Ritual.« Wir sitzen gemütlich im Schneidersitz auf dem Boden, schließen die Augen und Anna startet eine angeleitete Meditation. Sie hat eine angenehme Erzählstimme. »Gibt es etwas, was auf diesem Schiff bleiben soll, wenn wir in der Karibik wieder von Bord gehen? Oder etwas, was ihr heute über Bord schmeißen wollt?« Wir sollen reinfühlen, visualisieren. Dann sollen wir uns jeweils links und rechts in einer Reihe am Schanzkleid aufstellen.

Die Erste formt mit ihren Händen eine Kugel und soll dort hineinsprechen, was sie loslassen möchte. Die imaginäre Kugel wird dann an die Nächste weitergegeben. Alle wirken ganz andächtig. Bis auf zwei, drei Frauen, die etwas abseits am Rand stehen, haben alle Lust mitzumachen. In der Backbord-Reihe bin ich die Vorletzte. Mir fällt es schwer, das, was ich loslassen möchte, in Worte zu fassen, und ich schließe die Augen. »Ich möchte die letzten alten Glaubenssätze aus meiner Kindheit und Jugend loslassen, die mir damals ein Gefühl von Sicherheit gegeben haben, mir heute als Erwachsener jedoch im Weg stehen. Ich möchte mich besser abgrenzen können.« Ich überreiche Nora unser Päckchen Seelenballast und muss dabei schmunzeln, weil ich mir dabei auch ein bisschen albern vorkomme, wie ernst ich das nehme. Nora soll das Päckchen jetzt über Bord werfen.

»Wer will, kann natürlich mithelfen«, sagt Anna, und so schnell kann ich gar nicht gucken, da stehen Nora und ich schon umgeben von so vielen Frauen, dass es gar nicht alle schaffen, Noras Hände zu berühren.

Danach fließen ein paar Tränen. Ich glaube, diese Reise ist für viele wirklich mehr als nur der Spaß am Segeln. Immer mehr kommt durch, wie viele von uns einen Neustart nach dem Törn planen, beruflich und privat. Ich glaube, viele meiner Mitseglerinnen sind hier, um wirklich etwas loszulassen.

Michi und ich stehen noch eine Weile am Schanzkleid und schauen auf das weite Meer, das ohne den Wind so friedlich und still wirkt. Aus dem Nichts taucht ein Vogel auf, dann noch ein zweiter. Sie sind in etwa so groß wie Möwen.

»Ob die jetzt unsere Päckchen mitnehmen?«

»Ich möchte es glauben, aber die hätten sicher ganz schön was zu schleppen.«

Anscheinend ist das Ritual noch nicht zu Ende, Irma bittet uns, wieder einen Kreis zu bilden, und überreicht Anna eine winzige Aloe-vera-Pflanze in einem kleinen Töpfchen. Die hat Michi als Souvenir auf Teneriffa gekauft, weil sie unbedingt eine grüne Pflanze an Bord haben wollte. »So, und jetzt geht es darum, was wir im neuen Jahr wachsen lassen wollen.« Die Pflanze soll besprochen werden.

Conni verlässt daraufhin den Kreis, was Anna jedoch nicht mitbekommt und sie auffordert, den Anfang zu machen und mit der Pflanze zu sprechen. Sie schaut kurz auf die Pflanze, zuckt lächelnd mit den Schultern und reicht sie schnell weiter. Die beseelte Stimmung ist nicht mehr ganz so da und spätestens dann weg, als Doris an der Reihe ist und energisch ruft: »Nein, ich will das nicht. Die arme Pflanze.« Fast alle müssen laut lachen.

Richtig ulkig wird es, als Anna, Irma und Julia die Aloe vera zum Abschluss des Rituals an einem dünnen Seil befestigen und sie dann wie eine Fahne hissen. »Damit die Sonnenstrahlen unseren Wünschen beim Wachsen helfen.« Dreimal stürzt sie leider ab. Mich erleichtert, dass Michi mit am lautesten lacht.

Wir bekommen außerdem gefaltete Papierschiffchen von der Karo-Wache geschenkt, auf denen jeweils ein inspirierender Spruch steht. »Thank you!«, steht auf meinem, was mich etwas enttäuscht, denn obwohl ich lange grüble, wie ich daraus Inspiration ziehen kann, will mir partout nichts einfallen. Erst viel später interpretiere ich es als Hinweis, dass ich mich selbst wohl mehr wertschätzen sollte. Dann treten wir mit dem Chor auf, Anna Bootsfrau führt Zaubertricks vor, und jedes Sternzeichen bekommt am Ende der Zeremonie ein selbst geschriebenes Jahreshoroskop von unseren Steuerfrauen.

Die Sonne geht unter, als wir mit dem offiziellen Teil durch sind. Langsam kommt auch wieder etwas Wind auf, und alle machen das, was sie gerade gerne machen wollen. Während die einen brassen und Segel setzen, spielen Anke und Sabine auf Höhe des Spills Gitarre. Ungefähr zehn Frauen sitzen im Halbkreis um sie herum und singen mit. In ihrer Mitte hat eine Mitseglerin ein LED-Teelicht aufgestellt. Und während sie »Everybody hurts« spielen, verpasst Anna Bootsfrau Pauline ein paar Meter weiter auf der Backskiste neue Ohrlöcher. Und zwar ganz nach Wandergesell:innen-Art mit Hammer und Vierkantnagel. Dann ist Anna Trainee dran. Beide haben nicht mal mit der Wimper gezuckt und nun ganz glitzernde Augen vor Freude an dieses Andenken, kommen aus dem Strahlen nicht mehr heraus.

Als Crew hat uns dieser Tag, unser Silvester auf dem offenen Meer, extrem zusammengeschweißt. Ich glaube, er gibt uns einen Ausblick darauf, wie die restliche Reise weitergehen wird. Auch wenn jeder Tag einmalig ist und genau so nie wieder vorkommen wird. Gerade wegen seiner Vergänglichkeit ist jeder Moment kostbar. Das bedeutet für uns aber auch eine Chance, wirklich offen zu sein für alles, was noch auf uns zukommen mag.

Nicht nur ich fühle mich nach unserer Silvesterzeremonie viel befreiter, eine Mitseglerin, die bis heute Morgen noch ganz schlimm seekrank war, sagt mir, sie komme sich vor wie neu geboren. Kaum zu glauben, dass sie sogar Infusionen bekommen hat, da sie so lange weder viel essen noch trinken konnte. Ihr wird zwar weiterhin gelegentlich an Tagen mit hohem Wellengang noch übel, aber es wird nie wieder so schlimm.

In unserer nächsten Wache dürfen wir ein Zettelchen ziehen. Neujahrsvorsätze, die wir uns gegenseitig aufgeschrieben habe. »Welche drei Dinge magst du an dir? Schreib es auf, packe den Zettel in dein Portemonnaie und hol ihn raus, wenn du Selbstzweifel hast.« Das ist der Vorsatz, den ich verschenke. Auf dem Zettel, den ich ziehe, steht, ich soll häufiger etwas Bestärkendes machen wie Yoga oder Meditation oder mein Lieblingshandwerk ausüben und dabei daran denken, dass ich genug, richtig und einzigartig bin. Ich bekomme aber auch noch eine Aufgabe: »Jeden Monat eine Selfcare-Aktion nur für Dich! Zum Beispiel Lieblingsgetränk auf der Couch genießen, einen besinnlichen Spaziergang machen oder Lieblingsnachtisch zubereiten.«

Ich freue mich über den Reminder, für eine gute Work-Life-Balance zu sorgen. Feierabend zu machen, das fällt mir im Homeoffice mit meinem Job total schwer. Dieser Neujahrsvorsatz wäre da schon mal ein guter Anfang.

# Wir sind die Topptanten

»Na, warum strahlst du so?«, fragt mich Conni, nachdem ich meine Wasserflasche in der Lotsendusche im Deckshaus nachgefüllt habe und beim Rausgehen noch neugierig in die Navi schaue, wo sie gerade die aktuellen Wetterdaten abruft.

»Gestern war voll schön, ich finde die Stimmung so toll. Richtig harmonisch!«

»Hm, ja, das ist sie momentan. Freut mich, dass es dir hier gefällt. Kann mir aber gut vorstellen, dass die Stimmung noch kippen wird. Bei so langen Törns kracht es eigentlich immer irgendwann. Deswegen schätze ich, dass spätestens zur Mitte der Reise noch mal alle Kojen und Wachen durchgewechselt werden.«

»Wirklich? Kann ich mir bisher überhaupt nicht vorstellen. Meinungsverschiedenheiten – bestimmt. Aber so schlimm, dass es Auswirkungen auf die gesamte Crew haben wird? Nee.« Das ist nicht nur meine Hoffnung, sondern ich bin mir da, warum auch immer, total sicher. Und das, obwohl nicht nur mir, sondern allen von uns die Freund:innen und Bekannten vorab einreden wollten, dass es ganz sicher bei einer reinen Frauencrew massenhaft »Zickereien« geben würde, auch wenn mich das Wort »Zickereien« wütend macht, aber diese Annahme hält sich anscheinend hartnäckig. Realistisch gesehen ist es tatsächlich wahrscheinlicher, dass diese kollektive Annahme zu einer selbsterfüllenden Prophezeiung wird. Aber könnte nicht genau dieses Zickenklischee dafür sorgen, dass die meisten von uns sich bewusst oder unbewusst bemühen, eben nicht bei Kleinigkeiten an die Decke zu gehen und stattdessen eher Kompromisse zu suchen? Damit wir zu Hause sagen können: »Nee, ihr lagt komplett falsch damit, dass wir uns die ganze Zeit streiten würden.« Ich glaube ohnehin, dass jede hier nach bestem Gewissen handelt und nicht aus böser Absicht.

»Wir können uns hier ja nicht verstecken, deswegen wird der Charakter schnell offengelegt«, erklärt Conni. Ja, und keine kann weg oder vorzeitig abbrechen. Klingt leider genau nach dem, was mir Verena in unserer wachfreien Zeit, wenn wir eigentlich Mittagsschlaf machen wollten, schon einige Male gepredigt hat. Sie hat auf allen längeren Törns erlebt, dass irgendwann die Fetzen flogen. Weil die Nerven blank liegen, es wenig bis gar keine Privatsphäre gibt. Selbst Prügeleien habe sie schon miterlebt. Aber mein Gefühl bleibt.

»Dieses Sich-nicht-verstecken-Können kann auch eine Chance sein, ehrlicher zu sich selbst und zu anderen zu sein. Vielleicht werden wir Probleme anders angehen. Wir werden sehen.«

»Ja, es bleibt spannend.« Es ist, als würden wir wetten.

»Das Idealbild ist, dass jede sich so verhält, wie sie es normalerweise tun würde«, fügt Conni noch hinzu.

Ich glaube, da bin ich selbst auf einem guten Weg. Kathrin meint, dass sie mich auf diesem Törn ganz anders wahrnimmt als auf der Ostsee, viel lockerer und extrovertierter. Ich fühle mich auch anders, kann mich besser auf den Törn und alles, was ich noch nicht kann oder weiß, einlassen. Und ich glaube auch, dass ich jetzt in einer anderen Lebensphase stecke. Als wir uns auf der Ostsee zum ersten Mal begegnet sind, war ich am Anfang meiner Selbstständigkeit, also in einer Lebensphase, in der ohnehin vieles neu für mich war.

Zurück an Deck, erwartet mich ein Naturspektakel. Die Sonne ist gerade aufgegangen und steht nun knapp über dem Horizont, wo der Himmel erst in Gelbtönen erstrahlt und dann in ein strahlendes Blau übergeht. Der sonst tiefblaue Atlantik schimmert silbern. Da wir uns gerade noch auf südlichem Kurs befinden, steht backbord die aufgehende Sonne knapp über dem Horizont, und steuerbord ist ein kugelrunder Mond in gleicher Höhe kurz davor, ins Meer abzutauchen. »Ist das schön!«, schwärmt Konny, während unsere Steuerfrau Kathrin dieses Naturschauspiel noch ein wenig erklärt, das uns an Land meistens verborgen bleibt, weil immer etwas dem Horizont im Weg steht – außer vielleicht in der Wüste, wie Kathrin es einst schon mal erlebt hat. Bei Vollmond stehen Mond, Erde und Sonne in einer Linie, wobei die Erde in der Mitte ist. »Das Faszinierende ist, dass sich deshalb der untergehende Vollmond und die aufgehende Sonne genau gegenüberstehen.«

Es ist wieder einer der Momente, bei denen ich das Gefühl habe, dass dieser Anblick sich tief in mein Gedächtnis einbrennt, weil ich davon so berührt bin. Wo habe ich sonst die Möglichkeit, egal, in welche Richtung ich schaue, bis zum Horizont sehen zu können? An Land ist immer etwas im Weg: Gebäude, Bäume, das Relief der Landschaft. Aber hier auf dem Atlantik, dem zweitgrößten Ozean dieser Welt, der ungefähr zwanzig Prozent der gesamten Erdoberfläche ausmacht, scheint der Horizont in endlos weiter Ferne zu liegen.

Kathrin erklärt außerdem, dass wir mit dem »scheinbaren Wind« segeln. Dieser setzt sich aus dem wahren Wind, der völlig unabhängig von uns weht, und unserem Fahrtwind zusammen. Und wir lernen auch von ihr, was eine Missweisung ist.

»So nennt man den Winkel zwischen magnetischem und geografischem Nordpol von unserer Position aus gesehen«, sagt unsere Steuerfrau. »Wenn wir den nicht einberechnen würden, kämen wir ganz woanders raus als in der Karibik.« Unser Steuerkompass ist ein Magnetkompass, erklärt sie weiter, und orientiert sich am magnetischen Nordpol, wohingegen das

GPS nach Koordinaten arbeitet und damit am geografischen Nordpol orientiert ist.

»Warum ist das so?«, will ich wissen. Weil das Magnetfeld der Erde im Gegensatz zu den starren Koordinaten des geografischen Nordpols immer in Bewegung ist.

An meinen neuen Alltag habe ich mich schon total gewöhnt. Während der Wachzeiten gibt es noch viel mehr zu tun, als ich erwartet habe. Dadurch, dass wir pro Tag zweimal Wache gehen, uns zweimal ausruhen und meistens zweimal schlafen legen – auch wenn ich mich manchmal einfach nur in die Koje lege, um dort zu lesen oder Tagebuch zu schreiben –, kommt es mir so vor, als würde jeder Tag in Wahrheit aus mindestens zwei Tagen bestehen. Trotzdem vergeht die Zeit viel zu schnell. Welchen Wochentag haben wir? Keine Ahnung, es spielt hier keine Rolle. Es gibt für uns keine Sonn- oder Feiertage.

Durch die frische Luft und den Wind, der meinen Kopf ordentlich durchpustet, fühle ich mich tatsächlich nach jeder Wache so erschöpft, dass ich in meiner wachfreien Zeit eine Pause brauche. Und ich fühle mich, zugegeben, gestresst, weil kaum Zeit bleibt, die vielen neuen Eindrücke zu verarbeiten. Auch wenn ich mich besser zurechtfinde als beim Ostseetörn, muss ich meinen Kopf sehr anstrengen, um mir alles zu merken, etwa die korrekten Kommandobezeichnungen. Hier werden nämlich die traditionellen Manöverkommandos verwendet, eine Sprache, die sich seit Jahrhunderten kaum verändert hat. Davon, den Belegplan auswendig zu können, bin ich auch noch weit entfernt. Doch wenn etwas schneller oder besser klappt als beim letzten Mal, bin ich ganz stolz auf mich und finde es herrlich, wie sehr ich mich über Kleinigkeiten freuen kann. Bisher war das immer anders. Sei es bei einem beruflichen Projekt, bei einer kreativen Handwerksarbeit oder im Haushalt, mein Körper schüttete bisher immer erst dann Glückshormone aus, wenn alle Aufgaben vollständig erledigt waren und meinem Perfektionismus entsprachen. Ich nehme mir daher vor, auch in Zukunft kleine Zwischenetappen mehr zu feiern. Vielleicht bin ich im Haushalt dann auch motivierter, eine Aufgabe anzufangen, obwohl die Zeit fehlt, sie komplett und gründlich abzuschließen.

Manchen Seefrauen unserer Crew geht es leider anders. Sie fühlen sich unwohl, oder es fällt ihnen schwer, sich mit unserem neuen Alltag an Bord zu arrangieren. Ein paar Frauen sind erkältet. Und Diana, die im Zoom-Gespräch vor Törnbeginn felsenfest überzeugt war, dass sie viel Zeit zum Lesen haben würde, und sich sehr auf eine entspannte Zeit gefreut hat, ist enttäuscht vom hohen Arbeitsaufwand und davon, wie viele Lerneinheiten es gibt. »Es fühlt sich für mich nicht wie Urlaub an, sondern wie Arbeit.«

Wie Urlaub kommt es mir hier auch nicht vor, da muss ich ihr recht geben. Der Tag ist hier viel durchgetakteter als zu Hause. Aber der Stress ist es mir trotzdem wert. Weil alles für die Gemeinschaft ist. Weil wir es gemeinsam schaffen, dieses Schiff Tag und Nacht in Bewegung zu halten.

Doro, die eine eigene Zahnarztpraxis hat, macht mit knapp sechzig Jahren für den Atlantiktörn das erste Mal seit ihrer Berufstätigkeit länger als zwei Wochen am Stück Urlaub. Sie ist es gewohnt, die Verantwortung allein zu tragen. »Ich hätte nicht gedacht, dass ich hier so tief schlafen kann. Es ist fantastisch, zu wissen, dass das Schiff auch ohne mich einfach weitersegelt.«

Maren, die mit mehreren Berufen, Ehrenämtern und zeitintensiven Hobbys jongliert und dazu noch Mutter von sechs Kindern ist, wünscht sich sehnlichst Langeweile. Weil sie dieses Gefühl gar nicht mehr kennt. Auch sie freut sich, dass sie hier nicht das Gefühl hat, sich um alles kümmern oder den Überblick behalten zu müssen. »Ich genieße das total, dass sich hier sogar um mich gekümmert wird, indem ich zum Beispiel geweckt werde.« Das hat für mich auch wieder mit Vertrauen zu tun.

Ich ertappe mich im Alltag oft dabei, dass ich an mich selbst den Anspruch habe, Arbeit von selbst zu sehen und nicht erst darauf zu warten, dass ich aufgefordert werde. Oder dass ich mir Druck mache, die Erwartungen von anderen zu erahnen. Hier auf dem Schiff ist eigenverantwortliches Handeln jedoch die wohl schlechteste Idee überhaupt. Handeln dürfen wir während eines Manövers nur auf Kommando. Die Bordhierarchie hilft mir hier enorm dabei, die Kontrolle abzugeben. Weil unsere Schiffsführung und die Stammcrew in allen möglichen Szenarien wissen, was zu tun ist. Obendrauf haben manche von ihnen außerdem jahrzehntelange Praxiserfahrung auf der *Roald* und anderen Traditionsschiffen gesammelt, was mir ein gutes Gefühl gibt.

Während unserer Wache ist immer eine Frau am Ruder mit der Aufgabe, das Schiff in eine von den Steuerfrauen bestimmte Richtung zu steuern, um es so auf Kurs zu halten. Das Ruder sieht aus wie ein Ruder aus Piratenfilmen. Mir fällt auf, dass ich eine ganz andere Körperhaltung habe, wenn ich daran stehe: aufrecht. Den Rücken ganz gerade, die Schultern nach hinten. Mein Blick ist nur nach vorn gerichtet. Außerdem steht immer auch eine von uns im Ausguck und hält Ausschau nach Wetterveränderungen und allem, womit das Schiff kollidieren könnte. Das sind vor allem Treibgut, andere Schiffe, auch wenn sie noch in weiter Ferne sind, und natürlich auch Delfine und Wale. Ausnahmslos alle wollen für Letzteres unbedingt geweckt werden.

Ansonsten erledigen wir während unserer Wache alles, was akut anliegt: tagein, tagaus Segel setzen und bergen, ihre Stellung zum Wind ausrichten oder auch Anna Bootsfrau dabei helfen, die Nagelbänke abzuschleifen, damit sie neu lackiert werden können. Haben wir gerade nichts zu tun, bringt Anke uns Segeltheorie bei, wir üben Knoten, und wer möchte, darf klettern. Sie wiederholt aber auch die Sicherheitseinweisungen mit uns: Wo wir Feuerlöscher und Feuerdecken finden, wie wir die Schotten unter Deck dicht machen können und was es dabei zu beachten gibt, wo wir Auftriebswesten und Schutzanzüge finden und wie wir sie richtig anlegen oder welcher Notfallinsel wir jeweils zugeteilt sind, sollte es zum Ernstfall kommen. Es geht um Szenarien wie Feuer oder Wassereinbruch. Da muss alles schnell und geordnet ablaufen.

Unsere Putzaufgaben wechseln wir täglich mit den anderen Wachen ab. Wir putzen alle Toiletten und Duschen, schrubben das Deck mit Seewasser und spülen Dosen und Gläser aus, damit sie nicht anfangen, vor sich hin zu gammeln, denn wir nehmen sie ja genau wie all unseren anderen sorgfältig getrennten Müll bis Martinique mit, da wir so verantwortungsbewusst wie nur möglich mit unserer maritimen Umwelt umgehen wollen. Die Dosen werden mit einem beherzten Tritt zusammengestampft, um möglichst wenig Platz wegzunehmen. Manchmal fegen und putzen wir alle Gänge unter Deck, die Messe, das Messelogis sowie den Quergang im Deckshaus.

Was ich leider viel zu spät mitbekomme und mir etwas peinlich ist: Bisher war ich anscheinend immer im Ausguck oder am Ruder, wenn die Putzeinteilung stattfand. Anke fragt nämlich immer zuerst: »Wer geht in den Ausguck? Wer ist Rudergängerin?« Das sind meine Lieblingsaufgaben! Weil ich konzentriert bin und dort zugleich etwas Me-Time habe. Also melde ich mich immer, wenn nach etwa fünf Sekunden niemand etwas sagt und meine Wachkameradinnen gleichgültig wirken. Dann gehen wir, die diese beiden Positionen besetzen, weg. Ja, und genau dann teilt Anke wohl die Putzkolonne ein.

Erst dachte ich, wir hatten vielleicht immer so viel zu tun, dass das Putzen ausgefallen ist. Wie ich nun erfahre, würden wir das in diesem Fall in unserer wachfreien Zeit nachholen müssen. Heute frage ich Verena, wann wir denn putzen, und sie meint, alles sei schon erledigt. Na super, nun sieht es aus, als hätte ich mich immer aus der »Drecksarbeit«, auf die vermutlich niemand wirklich Lust hat, rausgewunden. Finden die anderen mich vielleicht rücksichtslos, oder denken sie, ich würde mit Absicht nur die angenehmen Aufgaben rauspicken? Ist es überhaupt jemandem aufgefallen? Schließlich achte ich selbst auch nicht darauf, wie oft jemand eine bestimmte Aufgabe macht. Ändern kann ich die Vergangenheit nicht, also werde ich Anke ab jetzt einfach fragen, wann wir putzen. Und ich will aufmerksamer sein.

Ich fühle mich in unserer Wache sehr wohl. Anke trägt ihr Herz auf der Zunge, ich glaube, sie ist »Red-Denkerin«, so wie ich, was mir hilft, diese vermeintliche Schwäche an mir besser zu akzeptieren, denn ich finde sie durch ihre Art, einfach auszusprechen, was sie bewegt, sehr authentisch und liebenswert.

Marens Lebensweg finde ich superspannend: Als junge Polizistin wurde sie von ihrem Teamleiter komplett ignoriert und schließlich versetzt. »Ich dachte mir, schlimmer kann es eh nicht werden«, sagt sie. Doch dort wurde sie befördert, machte Karriere, auch wenn sie viele Jahre lang die einzige Frau war, die diese Positionen besetzte. Jetzt ist sie Mitte fünfzig, hatte bei der Polizei zuletzt eine Führungsposition inne, beendete ihre Karriere jedoch ganz bewusst, um sich in anderen beruflichen Lebensträumen zu verwirklichen. Mit Hingabe kümmert sie sich außerdem um ihre vielen Pferde, Schafe, Ziegen, Hunde und Pfauen und setzt sich ehrenamtlich stark für das alte Handwerk des Handspinnens ein. Ich bewundere sehr, wie sie ihren Alltag anscheinend meistert. So viel Energie wie diese Frau hätte ich auch gerne.

Dann gibt es in unserer Wache auch ganz ruhige, besonnene Frauen, wie Antoinette, Klara, Karin und Emilia, in deren Nähe ich mich wohlfühle, weil es mir leichtfällt, neben ihnen auch mal still, einfach für mich, in meinen Gedanken zu sein. Ohne, dass sich die Stille zwischen uns unangenehm anfühlt.

Alicia und mich verbindet, dass ihr Elternhaus im Stadtteil nebenan ist, wir sind in Hamburg also quasi Nachbarinnen. Sie kennt alle Gassirunden, die ich mit Tilda gehe. Das schafft auch Nähe.

Kathrins Lachen steckt mich an. Und Nora, Lydia und Pauline bringen sehr viel Leichtigkeit in unsere Gruppe. Sie initiieren auch immer mal wieder gemeinsame Gruppenaktivitäten, etwa, dass wir alle gemeinsam »Werwolf« spielen. Da die drei gerade erst die Schule beendet haben, geht es in Gesprächen häufig darum, welcher Weg für sie der richtige sein könnte. Dazu fragen sie auch mal uns andere, vor allem die Ältesten von uns, um Rat. Sie interessieren sich dafür, ob es Entscheidungen gibt, die wir rückblickend anders gefällt hätten, wollen wissen, woran wir erkannt haben, ob eine lebensverändernde Entscheidung die richtige war oder nicht.

Und mit Konny, Anja, Anke und Verena führe ich am liebsten tiefgründige philosophische Gespräche.

»Das hier ist ein richtiger Selbstbewusstseins-Törn«, sagt Konny beiläufig zu Anja. »Weil wir uns jeden Tag neuen Herausforderungen stellen, uns selbst dabei besser kennenlernen.«

»Voll! Ich finde, wir sind alle top Tanten«, sagt Anja dazu, und ich bin stolz, dass ich die Anspielung auf die Toppnanten oben in der Rah gleich verstehe. Das finde ich auch so toll an unserer Wache, dass wir offen für die innere Reise sind und uns gegenseitig unterstützen.

Wenn unsere Aufmerksamkeitsspanne bei einer Theorie-Einheit kollektiv erschöpft ist, bemerkt Anke das sofort. Sie erinnert uns auch regelmäßig daran, unsere Trinkflaschen aufzufüllen, oder kommt mit einem Teller mit Apfelschnitzen und einem breiten Grinsen um die Ecke und ruft: »Braucht jemand einen kleinen Energieschub?« Ist akut nichts zu erledigen, machen wir kleine Pausen, in Abrufbereitschaft natürlich. So auch jetzt, bei Sonnenuntergang, während unserer zweiten Wacheinheit.

Anja und ich sitzen schweigend nebeneinander auf einer der Backskisten und schauen aufs Meer. Es ist erleichternd für mich, dass sich diese Stille nicht erdrückend oder unangenehm anfühlt.

Aufs Meer zu schauen, das ist für mich viel mehr als nur ein visueller Reiz. Es ist eine Erfahrung, die ich mit allen Sinnen wahrnehme. Es ist ein nahezu meditativer Zustand. In der Stille, wenn ich kurz innehalte, nur beobachte, wird mir klar, mit welcher Wucht diese Wassermassen und der Wind unser Schiff anschieben. Dabei ist es unmöglich, eine einzige Welle länger zu fokussieren. Ich verliere sie schnell aus dem Blick. Das ist auch etwas, was sich anscheinend auf den Fluss meiner Gedanken überträgt. Sie kommen leise, verschwinden lautlos, drängen sich überhaupt nicht auf.

Ein warmes Gefühl steigt in mir auf, Erinnerungen daran, wie belebt ich mich nach der Dingirettung gefühlt habe, wie viel die Zeremonie, im Grunde der ganze Tag mir gegeben hat. Ich strecke mich genüsslich, hole tief Luft, atme lang aus und genieße dieses Gefühl von Leichtigkeit. Als könnte sie Gedanken lesen, fragt Anja:

»Na, wie fandest du eigentlich unser Silvester?«

»Großartig! Und du?«

»Ich auch.«

»Was wir für ein Glück hatten, dass gestern Flaute war. Ich werde mich immer an dieses Silvester erinnern.«

»Das Timing war echt der Hammer. Schön zu sehen, wie viel es dir anscheinend bedeutet.«

»An Silvester vor drei Jahren ist mein Opa gestorben.« Gestern wollte ich es mit niemandem teilen, aber gerade habe ich doch das Bedürfnis, es auszusprechen. »Er war für mich wie ein Vater. Ich dachte, dass ich Silvester immer mit seinem Tod in Verbindung bringen werde. Dass dieser Tag für mich wohl immer auch ein wenig melancholisch sein wird.«

»Das tut mir leid.«

»Danke, muss es nicht. Ich trauere nicht mehr, aber an seinem Todestag kommen trotzdem viele Erinnerungen wieder hoch.«

»Verstehe ich total.«

»Unser Silvester mit dem Badestopp kommt mir vor wie ein Geschenk von meinem Opa. Er konnte es nie ertragen, wenn ich traurig war. Kommt mir so vor, als hätte ich Silvester jetzt mit neuen Erinnerungen erweitert, die ich ebenfalls wohl nie mehr vergessen werde.«

»Wow, das ist wirklich schön! Ich freue mich für dich. Ich habe auch gestern und heute viel an meine Mutter denken müssen. Sie ist letztes Jahr gestorben, beruflich war bei mir aber so viel los, dass ich noch gar nicht richtig an meine Trauer herangekommen bin. Hab' sie vor mir hergeschoben. Auf dieser Reise will ich sie gedanklich mitnehmen. Zuzulassen, was kommt.«

»Anja, das tut mir auch leid. Ich finde es richtig schön, aus welcher Motivation du auf diesem Törn bist.« Sie lächelt und lässt ihren Blick übers Meer schweifen.

»Bisher klappt es ganz gut, alles zuzulassen. Ich fühle mich ihr hier sehr verbunden. Sie war eine Abenteurerin, mutig und freiheitsliebend. Ihr hätte es hier sehr gefallen.«

Dann kommen Pauline und Anke zu uns rüber. Es muss noch jemand klettern. »Anja, wir müssen ganz hoch zur Royal und brauchen noch eine Person. Traust du dir das zu? Sonst fragen wir in den anderen Wachen.« Mittlerweile ist es dunkel. Dass wäre für mich ein Horrorszenario, jetzt bis ganz dort oben klettern zu müssen und Handgriffe auszuführen, die ich bisher nur beim Knotenüben ausprobiert habe, wo der Tampen allerdings zwei Enden hat und nicht noch irgendwo befestigt ist.

»Okay, ich machs.« Anja steht auf, schüttelt die Arme und Beine aus, als wäre sie eine Boxerin, die gleich in den Ring steigt, und klettert ins Rigg. Und ich stelle mir vor, dass ihre Mutter sicher stolz auf sie wäre.

Bis auf die beiden Frauen am Ruder und im Ausguck, die regelmäßig ausgewechselt werden, sitzen wir später im Dunkeln wieder alle gemeinsam auf der u-förmigen Bank auf der Brücke. Oberschenkel an Oberschenkel. Das ist hier notwendig, um nicht auf dem glatten Holz wegzurutschen, wenn sich die *Roald* durch die Wellen senkt und hebt, von einer zur anderen Seite kippt.

Anke, Kathrin und Alicia gehen auch in der Dunkelheit immer etwas Segeltheorie mit uns durch. Außerdem gehört es zur Nachtwache dazu, dass wir uns wachübergreifend um die Brötchen fürs Frühstück kümmern. Eine Wache setzt den Teig in einer riesigen Schüssel an. Der muss so lange geknetet werden, bis er nicht mehr klebt und samtweich ist. Wir müssen nur aufpassen, dass die Bullaugen geschlossen bleiben und es keinen Durchzug in der Kombüse gibt, damit die Hefe gut arbeitet. Ein paar Stunden später formt die nächste Wache zwischen sechzig und achtzig Brötchen. Gebacken werden sie morgens als erste Amtshandlung von Smut Anna.

Langsam haben wir den Dreh raus, und jeden Tag bemerkt beim Frühstück jemand lobend, dass die Brötchen immer fluffiger werden. Das Ansetzen des Teigs beschäftigt zwei oder drei von uns für etwa eine Stunde. Wir anderen schnacken in der Zwischenzeit.

Während wir auf der u-förmigen Holzbank um das Ruder herum sitzen, als wäre es ein Lagerfeuer, immer wieder hinauf zum Sternenhimmel schauen und die Gesprächsthemen immer tiefgründiger werden, reicht Anke eine Tafel Zartbitterschokolade aus Teneriffa herum.

Erst geht es um das Thema Kinderwunsch. Eine möchte während der Reise herausfinden, ob sie noch ein Kind will. Eine andere denkt über eine Sterilisation nach, weil sie davon ausgeht, auch später keinen Kinderwunsch zu haben. Die, die Kinder haben, empfinden es als eine der größten Bereicherungen in ihrem Leben, und die, die gewollt kinderlos geblieben sind, bereuen es kein bisschen, keine zu haben. Und ich weiß nicht, was ich will, bekomme jedoch zunehmend den gesellschaftlichen Druck zu spüren.

Es ist die einzige Zukunftsfrage, bezogen auf die Vorstellung, wie ich gerne leben möchte, die in meiner Vorstellung noch grau und verschwommen ist. Ich kann mir weder das eine noch das andere wirklich vorstellen. Michi geht es genauso. Nur bin ich jetzt fast dreißig, wir sind seit diesem Sommer verheiratet, und es wird häufiger nachgefragt. Die Erkenntnis von Freund:innen und Familie, dass unser Hund eindeutig ein Kindersatz sei, streiten wir aber auch nicht ab – wobei unser Hund auch Hund sein darf. Aber gut, darüber scherzen wir auch selbst.

Hier in dieser Runde, in der so viele unterschiedliche Perspektiven aufeinandertreffen, stresst mich dieses Thema nicht. Ich sorge mich hier kein bisschen, be- oder verurteilt zu werden für das, was ich denke oder sage, kann ganz frei sprechen und habe überhaupt nicht das Gefühl, mich für irgendwas rechtfertigen zu müssen. Hier in unserer Runde darf alles sein. Alle Gefühle werden wertfrei anerkannt. Ich finde den Austausch richtig wertvoll, weil ich mir immer komisch vorkomme, meine Begründungen, warum wir keinen starken Kinderwunsch haben, mit Freund:innen zu bereden, die bereits Eltern sind, wie fast alle mittlerweile, oder die gerade ein Baby erwarten. Am Ende der Debatte weiß ich für mich: Falls der Kinderwunsch irgendwann größer wird, werde ich es merken.

# Tomatengate

Essen ist das Highlight eines jeden Tages auf der *Roald* und jeden Tag mehrmals Gesprächsthema. »Was gibt es denn heute zum Mittagessen?«, ist eine Frage, die Smut Anna bestimmt zwanzig Mal täglich hört, und zwar noch bevor die Töpfe auf dem Herd stehen. Immerhin steht die Tür zur Kombüse immer offen. Was auf den Teller kommt, entscheidet unsere Smut, die wohl den härtesten Job der gesamten Crew hat, da sie von morgens bis abends auf den Beinen steht und die Arbeit in der Kombüse durch den Wellengang eigentlich immer anstrengend ist.

Den meisten schmeckt das, was sie kocht, so gut, dass sie sich noch ein- bis zwei-, manchmal sogar dreimal Nachschlag holen.

Abends verarbeitet unsere Smut die Reste des Mittagessens meist in Form eines Auflaufs. Oft ist viel Milch, Sahne oder Käse in den Gerichten. Neben den übrig gebliebenen Brötchen vom Frühstück und selbst gemachtem Brot gibt es ein richtiges Büfett: Käse- und Wurstteller, Fisch aus der Dose, Tomate-Mozzarella, Salat mit Reis, Mais und Thunfisch, mit Thunfisch gefüllte Oliven, mit Parmesan vermengte Spaghetti aglio e olio und Rote-Bete-Salat mit Feta. Zwischen all den Köstlichkeiten gehe ich vollkommen leer aus. Obwohl ich mich schon beim Mittagessen mit trockenen Beilagen wie Salzkartoffeln mit gedünsteten Karotten, Salzkartoffeln mit Porree oder Polenta mit Tomate und Zucchinischeiben zufriedengeben muss. Nach nur einer Woche auf hoher See rutschen meine Hosen.

An den ersten Abenden habe ich Brot mit Senf gegessen oder Brot mit Ketchup. Mein Glas vegane Schokoladencreme muss bis Törnende reichen, davon kann ich mir nur ab und zu etwas genehmigen. Marmelade gibt es hier zwar reichlich, aber ich mochte den Geschmack noch nie. Gegen Honig bin ich sogar allergisch, und selbst überbackener Käse schmeckt mir nicht. Überhaupt mochte ich den Geschmack von tierischen Produkten noch nie.

Mit siebzehn beschloss ich, kein Fleisch mehr zu essen. Die Tiere taten mir leid, und ich wollte einfach nichts mehr essen, was Augen hat, die Massentierhaltung nicht unterstützen. Als dann auch immer mehr Vorurteile in Bezug auf Veganismus entkräftet wurden, stellte ich meine Ernährung 2013 erneut um.

In den letzten Jahren musste ich mich dafür vor niemandem mehr rechtfertigen. Es ist normal und unkompliziert für mich geworden. Veganerin zu sein, war für mich bisher immer befreiend und kein Verzicht. Hier aber schon.

Vor dem Törn habe ich mich noch mit Smut Anna, die alle Einkäufe planen musste, abgesprochen. »Das kriegen wir schon hin«, sagte sie abschließend. Ich solle mich nur für den Nachmittagssnack selbst eindecken. Deshalb habe ich so viele Proteinriegel dabei. Nun wird die Essenssituation für mich als Veganerin dennoch zunehmend zum Problem.

Ich fühle mich unwohl, wenn ich jemandem Arbeit mache, und möchte gern unkompliziert für andere sein, weshalb es mich umso mehr Überwindung kostet, auf Smut Anna zuzugehen und sie zu fragen, ob sie nicht etwas anderes hat, was ich mir aufs Brot schmieren könnte.

»Ja, warte.« Ich bin stolz auf mich, gefragt zu haben, und freue mich, dass sie mich ernst nimmt. Sie legt mir eine große, fleischige Tomate in die Hand – na toll, noch so ein sehr rudimentärer »Brotaufstrich« – und sagt dann mit erhobenem Zeigefinger: »Das ist deine Tomate, pass gut auf sie auf!« Soll das ein schlechter Scherz sein? »Die hat zwar eine kleine Druckstelle, aber die kannst du ja abschneiden«, gibt sie mir mit auf den Weg.

Ich bin irritiert, weil Smut Anna das gar nicht mit ironischem Unterton sagt. Ich vergleiche meine Ausbeute mit dem, was die anderen täglich bekommen, und fühle mich gekränkt und enttäuscht. Und sie verhält sich, als wäre es das begehrteste »Gericht« des Abends.

Mit meinem »Schatz« in Händen gehe ich zwischen den anderen Tischen hindurch und ertappe mich selbst dabei, wie ich neidisch auf die anderen Teller schiele. Sofort überrollt mich fast schon instinktiv ein starkes Schuldgefühl wegen meines Futterneids. Doch ist dieser nicht irgendwie angebracht? Tag für Tag sehe ich nun seit einer Woche ein großes Aufgebot verschiedener Salate, von denen Smut Anna einfach ein Schälchen hätte beiseitestellen können, bevor sie Feta, Thunfisch oder Mayo dazugibt. Ich finde wirklich nicht, dass das zu viel verlangt ist. Ärger steigt in mir auf, erst auf Smut Anna, dann vielmehr auf mich selbst und darauf, dass ich mich mit einer einzelnen Tomate habe abspeisen lassen.

Unten in der Messe sind alle Plätze belegt. Mal sehen, ob ich überhaupt noch Brot abbekomme, denn die Körbe auf den Tischen, die ich im Vorbeigehen sehe, sind bereits leer. Ich lege die Tomate auf einen Teller und schneide sie im Stehen mit einem stumpfen Messer in Scheiben. Dann werde ich wohl draußen auf der Brücke essen, notfalls nur diese eine Tomate. Dabei habe ich richtig doll Hunger. Nur noch kurz etwas Salz holen, der Streuer ist auf der gegenüberliegenden Seite des Raumes bei den anderen Gewürzen.

Ich bin nur ungefähr fünf Sekunden lang weg und traue meinen Augen kaum, als ich wiederkomme. Auf meinem Teller liegen nur noch zwei Tomatenscheiben, während eine dritte Scheibe gerade auf einem butterbeschmierten Messer zu einem anderen Teller balanciert wird. Ich weiß gar nicht, wie ich reagieren soll, meine Gefühle überschlagen sich, und mein Gesicht fühlt sich ganz heiß an.

»War das etwa deine Tomate?«, fragt Karin, die am Tisch sitzt, an dem ich die Tomate aufgeschnitten habe, nachdem sie wohl nicht umhinkam zu bemerken, wie mir die Gesichtszüge entgleist sind. Aber ich stelle den Salzstreuer nur stillschweigend ab, gehe zügig den Tigergang entlang, schließe mich in die erste Duschkabine ein und heule, ohne genau zu wissen, warum eigentlich.

Die Wut, die gerade in mir hochbrodelt, richtet sich primär gegen mich selbst. Weil ein rationaler Teil von mir diesen Gefühlsausbruch für unnötig hält. Ich verurteile mich dafür, so ein Drama um eine Tomate zu machen: Ich fühle mich übersehen, und das ärgert mich. Gleichzeitig bohrt sich das Schuldgefühl langsam durch die Wut und ich komme mir schrecklich mäkelig und undankbar vor. Darf ich denn überhaupt erwarten, dass unsere Smut mich immer auf dem Schirm hat, wenn sie einen Salat zubereitet? Nehme ich mich selbst zu wichtig? Sie kann ja kaum auf alle Extrawünsche eingehen, und schließlich hätte ich eigentlich von vornherein damit rechnen können, dass mein Essen hauptsächlich daraus bestehen würde, dass etwas weggelassen wird. Ich hätte mich auch einfach mit einer Schale Müsli zufriedengeben können. Stattdessen hocke ich jetzt wegen einer Tomate schluchzend in der Duschkabine.

Andererseits reicht mir ja schon eine einzige vegane Variante, das sollte doch machbar sein. Einmal habe ich mitbekommen, dass die Backschaft Pudding machen wollte, und schlug Smut Anna vor, einen kleinen Topf mit Hafermilch statt Kuhmilch anzurühren. Das Pulver war ohnehin zufällig vegan.

»Die Frauen, die keine Laktose vertragen, freuen sich bestimmt auch.« Das wollte sie machen. Erst als um 15 Uhr die Schiffsglocke läutete und sie mich ungeduldig als Erste in der Reihe warten sah, fiel ihr auf, dass sie in der Eile vergessen hatte, den Extratopf zu kochen.

Ich fühle mich mies, weil ich sauer bin. Ich weiß ja, dass Smut Anna mich nicht mit Absicht außen vor lässt. Sie ist dafür verantwortlich, 47 Frauen satt zu bekommen, und ich sehe ja, dass sie sich wirklich viel Mühe gibt, den Geschmack der Mehrheit zu treffen. Und was ja auch ganz wichtig ist und ganz anders, als wir es alle sonst gewohnt sind: Essen wird hier stark rationiert. Das muss es, weil wir nicht zwischendurch irgendetwas nachkaufen können. Da wir mehrere Wochen unterwegs sind, müssen erst die Lebensmittel verbraucht werden, die nicht so lange haltbar sind. Den letzten Blattsalat gab es zum Beispiel an Silvester.

Gutes Essen hat für mich einen sehr hohen Stellenwert. Für mein allgemeines Wohlbefinden ist es superwichtig. Ich selbst koche gerne und sehe das Kulinarische nicht nur als etwas zum Sattwerden und zur Nährstoffversorgung an. Es gibt für mich auch kaum etwas Geselligeres, als mit anderen gemeinsam zu essen. Aber vor allem nach einem arbeitsreichen Tag, wenn ich richtig hungrig bin, kommt mir Essen vor wie das Wichtigste auf der Welt.

Essen ist für uns alle das Topgesprächsthema und nimmt, wie auch die anderen Grundbedürfnisse, hier auf hoher See eine total überhöhte Rolle ein. Vielleicht, weil Frühstück, Mittagessen, Nachmittagssnack und Abendbrot den Tag strukturieren. Weil es die einzige richtige Abwechslung ist, die wir täglich haben, denn der Ausblick ist ja immer gleich. Außerdem arbeiten die meisten von uns körperlich härter als sonst in unseren Jobs, in denen wir viel vor dem Bildschirm sitzen. Viel

Neues zu lernen, strengt geistig an. Wir müssen uns konzentrieren. Und die frische Luft macht auch hungrig.

Alles, wo wir im Gegensatz zu unserem sonstigen, normalen Leben stärker eingeschränkt sind oder etwas rationiert werden muss, wird umso begehrter. Hätte ich gewusst, was es mittags und abends für mich zu essen geben würde, hätte ich mir zu Hause Mahlzeiten vorgekocht, sie im Dörrautomaten haltbar gemacht, mitgenommen und die Gerichte hier dann nur mit heißem Wasser aufgießen müssen. Wie beim Wandern. Die Selbstverpflegung hätte mein Reisebudget zwar in die Höhe getrieben, aber das wäre es mir wert gewesen.

Ich wische mir die Tränen von den Wangen, atme ein paarmal tief ein und aus, um mich zu beruhigen, schließe leise die Tür auf und gehe dann ebenso leise zurück in die Messe, um meinen Teller wegzuräumen. Die meisten haben bereits gegessen, und die Tische sind jetzt deutlich leerer, was mir ganz gelegen kommt. Ich hoffe, dass mich niemand anspricht, doch als Karin mich sieht, kommt sie gleich auf mich zu.

»Jessi, wir wussten wirklich nicht, dass es deine Tomate war«, sagt Karin.

»Das weiß ich, alles gut.« Ich vermeide den Blickkontakt, will gerade am liebsten alleine sein und mich nur noch, so schnell es geht, zurückziehen.

»Wir dachten nur, dass du heute Backschaft hast und die Tomate für alle aufgeschnitten hast. Weil es sonst jeden Abend Tomate gab.«

»Ist schon okay, ich möchte jetzt wieder nach oben gehen.«

»Aber hast du denn schon etwas gegessen? Hier, iss doch bitte die Tomate.« Es liegen plötzlich wieder vier oder fünf Scheiben auf dem Teller. Aber zum einen klebt an ihnen überall Butter, zum anderen ist mir der Appetit ohnehin vergangen.

»Ich esse später, aber danke«, sage ich und lächle, weil ich niemandem ein schlechtes Gefühl geben möchte, während mir die Tränen wieder in die Augen schießen. Also gehe ich hoch an Deck, zum Glück ist es dunkel. Ich stehe am Schanzkleid und schaue auf das tiefschwarze Meer. Theresa gesellt sich zu mir.

»Was ist los?«

Ich erkläre, was passiert ist. »Und jetzt bin ich vor allem wütend auf mich selbst. Weil ich futterneidisch bin und das Gefühl habe, mich anzustellen. Aber ich habe auch das Gefühl, zu wenig Essen abzubekommen.«

»Ich verstehe das total. Wenn du dich anstellst, dann stelle ich mich ja auch an. Durch mich hat unsere Smut doch auch Extraarbeit.« Theresa verträgt kein Gluten und bekommt deswegen zum Beispiel ihr eigenes Brot. Würde eine von uns ihr Brötchen überm Käseteller schneiden, wäre der Käse für sie kontaminiert. Kratzt jemand mit dem Brötchenmesser Marmelade aus dem Glas, kann sie die Marmelade nicht mehr essen.

»Aber du, Theresa, darfst bestimmte Sachen nicht essen, weil es dir sonst nicht gut geht. Ich könnte alles essen, will es aber nicht.« Und damit fühle ich mich wie eine Mäkeltante.

»Ach so, weil du dich aus Überzeugung vegan ernährst? Würdest du von einer Muslimin denn auch erwarten, dass sie hier an Bord Schweinefleisch isst?«

»Natürlich nicht. Aber dabei geht es doch um Religion.«

»Wie es dir damit geht, ist also völlig unwichtig?« Die Frage trifft ins Schwarze. Wir schweigen eine Weile, dann geht sie weiter ins Deckshaus, und ich bleibe noch ein wenig an der frischen Luft, um mich zu sammeln und dem inneren Konflikt auf die Spur zu kommen. Denn ich kann es kaum ertragen, wie groß und bedeutsam dieses blöde Essensthema hier für mich ist. Besonders, weil ich ja weiß, dass der Verzicht auf vollwertige Mahlzeiten zeitlich begrenzt ist. Ich fühle mich total in meine Kindheit und Jugend zurückversetzt, als ich als nervige Mäkeltante abgetan wurde, die allen nur Umstände macht und sich anstellt. Diesen Glaubenssatz und seinen Ursprung zu erkennen, hilft mir anzuerkennen, dass es auch mir zusteht, genug Essen zu bekommen, wie allen anderen auch. Deswegen darf und sollte ich auch dafür einstehen. Zumal es vorher so besprochen war.

Noch mal gehe ich in die Kombüse, wo nur Klara und Smut Anna stehen. Sie wirken bedrückt. Natürlich haben auch sie längst gehört, was passiert ist. Mehrere Frauen haben an diesem Abend gefragt, wo denn der Tomatenteller sei. Okay, deswegen hat Anna gesagt, ich solle auf meine Tomate aufpassen. Bin also nicht nur ich futterneidisch? Ich nehme all meinen Mut zusammen und spreche an, dass ich oft Hunger habe, ab und zu auch mal ein paar Ballaststoffe im Essen brauche und Proteine. Auch dass ich das Essen bisher zu trocken finde, möchte ich schonend sagen:

»Vielleicht passt es ja bei manchen Gerichten auch, wenn du einen Schuss Hafermilch zum Gemüse geben könntest, damit ich eine Art Soße dazu habe.«

»Ich habe auch schon überlegt, was ich als Soße machen könnte, aber mir ist nichts eingefallen, was ohne Milch oder Sahne auskommt. Was hältst du davon, wenn wir jeden Morgen kurz den Essensplan durchgehen und gemeinsam überlegen, welche Optionen es für vegane Versionen gibt?« Das ist eine gute Idee, auch wenn die veganen Extrawünsche mir schrecklich unangenehm sind und sich alles in mir dagegen sträubt, ihr mehr Arbeit zu machen. Doch wenn ich mit meinen Bedürfnissen gesehen werden und mehr als Beilagen essen möchte, muss ich dieses Gefühl jetzt aushalten.

»Lass uns das so machen.«

»Ach, Jessi? Wir haben heute in der Kühllast noch veganen Sojajoghurt gefunden. Magst du so was? Dann stellen wir ihn hier oben in den Kühlschrank, beschriften ihn, und du holst ihn dir einfach zum Frühstück raus?«, fragt Klara. Auch Smut Anna hat noch eine Idee.

»Du magst doch Hummus, oder? Sollen wir das morgen mal machen? Dafür brauche ich deine Hilfe.« In Vorbereitung auf die Reise habe sie mehrmals versucht, den Aufstrich zu machen, aber es hätte ihrer Meinung nach furchtbar geschmeckt. »Das wollte ich dir nicht antun.« Sie hätte mir einfach sagen können, dass die Rezepte, die sie ausprobiert hat, nicht funktionieren.

»Sehr gerne, das wäre richtig toll.« Ich bin stolz auf meinen Mut, das Gespräch zu suchen, und erleichtert darüber, wie es verlaufen ist, und fühle mich viel besser.

Unsere Smut zaubert seitdem alle paar Tage Rezepte, die es richtig in sich haben, zum Beispiel süßsauer geschmorter Spitzkohl, Eintopf mit Sojagranulat, Curry und Chili sin Carne. Dann lasse ich mir etwas vom Mittagessen übrig, stelle es in den Kühlschrank und esse den Rest abends auf. Das löst meinen Futterneid in Luft auf.

Dazu bekomme ich tatsächlich einen ganzen Eimer voller Hummus, den hat Anna Trainee direkt nach dem Tomatenvorfall für mich gemacht. Trotzdem dürfen Gudrun und ich noch gemeinsam einen pikanten Linsenaufstrich machen. Auch sie ernährt sich überwiegend vegan und kocht leidenschaftlich gerne. Sie hat sich extra für unseren Törn das Kochbuch einer veganen Smut gekauft und das Rezept darin gefunden. Das hat auf mehreren Ebenen etwas Verbindendes und fühlt sich nicht mehr wie eine vegane Extrawurst an. Denn die Aufstriche sind für alle da.

Richtig rührend finde ich, dass mich Anja einmal mit veganen Gummibärchen auf meinem Kopfkissen überrascht und Alicia mir vegane Kekse backt, damit ich auch einen Nachmittagssnack habe. Ich kann sie mir rationieren und teile sie auch mit meinen Wachkameradinnen.

Eine vegetarische Ausnahme in Form eines Snickers mache ich aber trotzdem irgendwann. Da ist so viel Zucker drin, dass ich die Milch kaum rausschmecke.

Das Tomaten-Gate, wie es von meinen Mitseglerinnen betitelt wird, führt dazu, dass noch mehr Vorfälle ans Licht kommen: Der Obstsalat reicht morgens nicht für alle. Irgendjemand hat sich heimlich an den Backskisten in der Messe bedient, in denen Lebensmittel gelagert werden, und Gewürzgurken genascht. Auch andere Lebensmittel, die eigentlich fest als Zutaten für die Mahlzeiten eingeplant sind, wurden weggegessen. Und als es einmal Dosenfisch gab, war jemand beleidigt, weil es keinen Sahnemeerrettich dazu gab.

Diese Mentalität geht der Schiffsführung auf die Nerven. Ich stelle fest, dass nicht nur ich futterneidisch bin, sondern viele andere auch.

Als Konsequenz wird noch härter darauf geachtet, dass alle genug Essen abbekommen. Zum Mittag- und Abendessen werden wir in zwei Gruppen eingeteilt, sodass die Menge insgesamt für alle ausreicht und die Mentalität »wer zuletzt kommt, geht leer aus« nicht noch weiter befeuert wird. Conni führt die Begriffe »Querfraß« und »Längsfraß« ein. Längsfraß ist in Ordnung, dafür steht jetzt unten ein Korb in der Messe mit allem, woran wir uns jederzeit bedienen dürfen. Aber was leer ist, ist leer und wird nur aufgefüllt, wenn unsere Smut es erlaubt. Zum »Querfraß« zählen alle Lebensmittel, die nicht mit dem Schild »Längsfraß« beschriftet und für uns streng verboten sind.

Das Tomaten-Gate war großes Thema in jeder Wache und führte zu allerlei Gesprächen darüber, dass wir alle mehr Rücksicht aufeinander nehmen sollten, damit auch alle satt werden. So einen Wirbel wollte ich zwar vermeiden, aber ich glaube, nach drei Tagen hatten wir das Thema schon wieder vergessen. Und dass ich mich vegan ernähre, ist wider Erwarten auch kaum einer zuvor überhaupt aufgefallen.

Es ist nicht so, dass die Fixierung aufs Essen abnimmt. Im Gegenteil. Sehr verdeutlichend finde ich hierfür Noras Reaktion, als Anke zur Wachübergabe die Tüte mit den restlichen Kartoffelchips an die neue Wache übergibt. In dem Moment ruft Nora ganz laut »Nein!«. Das kam ganz reflexartig, wie aus tiefstem Herzen. Sie bekommt die Tüte daraufhin geschenkt, und ich weiß ganz genau: Es ist nicht übertrieben, Essen ist existenziell wichtig. Wir erleben hier eine Extremsituation.

Nicht nur Essen ist eine endliche Ressource an Bord. Auch mit Wasser müssen wir gut haushalten. Der Geschmack des Wassers ist etwas, was täglich von meinen Mitseglerinnen neu bewertet wird. Mir fällt der Unterschied kaum auf, aber in der Tat hat es zu Beginn des Törns ein bisschen chlorhaltig geschmeckt, da wir die Tanks im Hafen aufgefüllt haben und es auf den Kanaren nur gechlortes Wasser gibt. Wenn Sascha, unsere Maschinistin, die Osmoseanlage anwirft und neues Trinkwasser produziert, läuft es immer in dieselben zwei der drei Tanks, da der dritte Tank eine Notreserve bleiben soll. Das Wasser, das auf den Kanaren gebunkert wurde, wird also allmählich verdünnt. Trotzdem behelfen sich manche von uns mit Teebeuteln oder ein paar Spritzern Zitronensaftkonzentrat oder Apfelessig. Ich habe ein paar Vitamin-C-Brausetabletten dabei. Durch die Säure vom Zitronensaft im Wasser habe ich nun einen Sonnenbrand auf den Lippen.

Einmal die Woche ungefähr darf jede Wache Wäsche waschen. Das heißt: Eine Waschmaschinenladung für fünfzehn Frauen, und je nach Bedarf legen die Seefrauen, die keiner Wache zugehörig sind, zum Beispiel Anna Bootsfrau, auch noch etwas mit hinein. Wir müssen uns entscheiden: Unterwäsche oder ein größeres Kleidungsstück wie ein T-Shirt. Selten war ich so dankbar für meine Merinoshirts, die ich einfach über Nacht auf die Wäscheleine, die über meine Koje gespannt ist, hängen kann und die am nächsten Tag wieder neutral riechen.

Unser Wasser ist nicht wirklich knapp, da wir mit der Osmoseanlage laut Sascha 100 bis 120 Liter Trinkwasser pro Stunde produzieren können. Täglich sind es meist zwischen 1000 und 1300 Liter. Außerdem haben wir noch einen Wasser-Notvorrat in 0,5-Liter-Flaschen, der so groß ist, dass wir auch allein damit alle über den Atlantik segeln könnten, ohne zu verdursten. Als dritte Absicherung gibt es ja auch noch den dritten Trinkwassertank. Aber natürlich läuft die Osmoseanlage nicht den ganzen Tag, und sollte sie, warum auch immer, ausfallen oder kaputtgehen, muss der Notvorrat reichen, bis wir ankommen. Das wäre sicher ein krasser Ausnahmezustand und sehr belastend.

Leider verbrauchen wir zu viel Trinkwasser. Sascha führt täglich eine Tabelle, die für alle sichtbar im Flur des Deckshauses hängt, und malt auch mal einen traurigen Smiley dazu. Sie hat die Wasserhähne an allen Waschbecken jetzt so präpariert, dass kaum noch Druck auf dem Wasser ist und es nur noch in einem dünnen Strahl sanft hinausfließt. Aber auch andere Mitseglerinnen werden kreativ und überlegen sich, wie wir noch mehr Wasser einsparen können.

Smut Anna schlägt vor, das dreckige Geschirr mit Meerwasser abzuwaschen. Dazu schöpfen wir regelmäßig Wasser, indem wir einen Zeiser an einen orangenen Eimer gebunden haben, ihn über das Schanzkleid hinunter ins Wasser lassen und dann schnell genug wieder vorsichtig hochziehen müssen, damit er nicht zu viel Wasser schöpft und womöglich mit dem ganzen Gewicht ans Schanzkleid prallt und kaputtgeht. In der Kombüse gibt es zwei Waschbecken. In eines kommt das Salzwasser, ins andere eine große Edelstahlschüssel mit Trinkwasser, in das wir das gespülte Geschirr noch kurz hineintunken.

Es zeigt Wirkung. Sascha ist happy und lobt die Backschaft in höchsten Tönen. Aus dem Hintergrund heraus, den Verbrauch zu optimieren, entsteht auch eine bald sehr beliebte Idee: Alle zwei Tage veranstalten wir Seewasserduschen. Das Deck muss ja ohnehin gespult, also mit Wasser und Schrubbern gereinigt werden. Da können wir uns auch einfach selbst mit unter den Feuerwehrschlauch stellen und werden anschließend nach demselben Schema wie in der Kombüse kurz mit Frischwasser abgespritzt. Das gab es in dieser Regelmäßigkeit so bisher noch nie auf der *Roald*, auch nicht bei längeren Törns. Warum eigentlich nicht? Es ist jedes Mal wie eine kleine Party, eine super Stimmung.

Ich fühle mich überhaupt nicht unwohl, bin wie fast alle anderen nackt. Das fühlt sich gar nicht unangenehm an, anders als in der Dusche im Schwimmbad, wo sich alle beeilen, so schnell wie möglich wieder rauszukommen.

Hier jedenfalls sehe ich lauter lächelnde Gesichter. Wir stehen in einer Reihe, entlang am Strecktau, das von vorne bis hinten an Deck gespannt wurde und dafür da ist, dass wir uns festhalten können, wenn der Wellengang zu stark ist. Eine steht dann unterm Feuerwehrschlauch, der von einer Seefrau aus der fahrenden Wache gehalten wird. Besonders Anna Trainee und meine Kammermitbewohnerin Birgitt wirken für mich schnell wie Vollprofis dabei, den Schlauch zu halten und den Wasserstrahl im richtigen Winkel auf uns niederprasseln zu lassen.

Wenn das kühle Wasser mich trifft, das mit hohem Druck aus dem Schlauch schießt, ist das erst mal ein kleiner Schockmoment, der sich gleichzeitig unglaublich energetisierend anfühlt. Das Wasser ist kalt! Ich muss aufpassen, die Balance zu halten. Der Wasserstrahl ähnelt einer Massage. Ich taumle ein bisschen, aber Birgitt folgt meinem Tänzchen gekonnt. Anschließend, in der nächsten Station, rieselt das Frischwasser sanft wie Sprühregen aus einer Art Gartenschlauch. Die meisten von uns trocknen sich nicht sofort ab, ich auch nicht. Da es jeden Tag wärmer wird, lassen wir uns im Wind trocknen, während die Sonnenstrahlen auf der Haut kitzeln. Es ist herrlich, die Stimmung ungezwungen, frei und voller Leichtigkeit.

Ob es passieren kann, dass uns bei der Seewasserdusche auch mal ein Fisch um die Ohren fliegt?

»Das wird nicht passieren«, sagt Sascha und erklärt: Das Wasser fließt erst mal durch ein paar Siebe, die Seekästen heißen. Dann läuft es durch einen Filter und durch die Pumpe. Von der Pumpe fließt das Wasser durch Rohre zurück durch den Maschinenraum, auf die andere Seite und nach oben. »Das könnte kein Fisch im Ganzen überstehen, am Ende wäre es nur noch gefärbtes Wasser.«

# Pilgern zu Wasser

Pauline war vor ein paar Monaten auf dem Jakobsweg, auf dem Camino del Norte an der spanischen Atlantikküste, und erzählt davon. Auch von Konny, Diana und Liane weiß ich, dass sie auch schon mehrere Wochen gepilgert sind.

Ich bin den Camino Portugues im Mai 2018 gelaufen – eine Erfahrung, quasi »verordnet« durch meinen Hausarzt, die mein Leben verändert hat. Ich hatte damals Depressionen. Den Tod meines Vaters hatte ich noch nicht aufgearbeitet, mein Stiefvater verließ die Familie von heute auf morgen und hatte kein Interesse daran, Kontakt mit meiner Schwester und mir zu halten, und mein Opa bekam plötzlich die Diagnose Krebs, woraufhin meine Ängste, ihn auch noch zu verlieren, überhandnahmen.

Damals konnte ich mit meinen Gedanken und Gefühlen nicht alleine sein, Stille überhaupt nicht genießen. Selbst wenn ich auf dem Nachhauseweg vier Minuten auf den Bus oder die U-Bahn warten musste, machte ich mir einen Podcast an oder telefonierte. Es war nicht auszuhalten. Über drei Monate hatte ich täglich Kopfschmerzen und Schwindelattacken. Zuvor hatte ich mich mit Arbeit gut ablenken können und sehr viel gearbeitet, weil ich mich nur dann lebendig fühlte. Aber dann funktionierte ich nicht mehr, fiel in ein tiefes Loch.

Nach der Tagesklinik, so meinte mein Arzt damals, würde er mir empfehlen, einen Fernwanderweg zu wandern. Die vielen Jakobswege in Deutschland und Europa hätten fast alle eine super Infrastruktur.

Ich ging den portugiesischen Jakobsweg. Startete alleine und lernte unterwegs schnell andere Pilger:innen kennen. In Santiago de Compostela kam Michi dazu, und wir sind gemeinsam bis ans sogenannte »Ende der Welt«, zum Kap Finisterre, gewandert, was unserer Beziehung sehr gut tat.

Unterwegs lernte ich, dem Leben wieder zu vertrauen. Ich musste nicht mehr immer einen Plan haben oder mich mental auf alles, was passieren könnte, vorbereiten. Die schönsten Erlebnisse hatten alle mit Spontaneität zu tun. Ich ließ mich einfach von meinem Bauchgefühl leiten, etwa wie viele Kilometer ich täglich laufe oder in welchen Herbergen ich schlafe. Vor verschlossenen Türen stand ich nie. Und ich lernte auch, meinem Körper wieder zu vertrauen. In drei Wochen war ich insgesamt etwa 400 Kilometer zu Fuß unterwegs, ohne eine einzige Blase am Fuß, hatte nicht ein einziges Mal Kopfschmerzen oder Schwindel. Nicht mal Verspannungen. Und so ganz unbemerkt, während ich durch Eukalyptuswälder und Küstenabschnitte gewandert bin, verschwanden alle Symptome der Depression und kamen seitdem nicht mehr zurück.

Ich finde, dieser Törn hat ziemlich viele Parallelen zum Pilgern. Wie beim Pilgern auch, spielt die Gemeinschaft für mich eine große Rolle, indem ich Menschen kennenlerne, denen ich sonst womöglich nie im Alltag begegnet wäre, weil es dafür zu wenig Überschneidungen gibt.

Wir haben nur das Nötigste mit dabei. Gut, wir müssen unser Gepäck zwar nicht täglich mit uns herumschleppen, aber der Stauraum in unseren Kammern ist begrenzt. Die Kammern kommen mir vor wie die Zimmer in Pilgerherbergen, wobei ich echt Glück habe, dass Birgitt, Ulrike und Verena nicht schnarchen. Ich habe hier an Bord sogar dieselbe Abendroutine wie beim Pilgern: Tagebuch schreiben und auf dem E-Reader lesen, bis mir die Augen zufallen.

Meine Tasche habe ich auch so gepackt wie meinen Pilgerrucksack. Nur das Nötigste ist dabei. Was die Yogamatte betrifft, hatte ich einen aufschlussreichen Traum. Dort hatte ich die Möglichkeit, noch mal kurz zu Hause zu sein, um unnötigen Ballast loszuwerden. Leider waren Michi und Tilda nicht da, also hab ich nur die Yogamatte wieder ausgepackt, »Ich liebe Dich!« auf einen Notizzettel geschrieben, und im nächsten Augenblick war ich wieder auf der *Roald.* Es ist ein schönes Gefühl, dass wohl selbst mein Unterbewusstsein meint, dass mir hier nichts Materielles fehlt und dass ich auf mein ursprüngliches Must-have, das ich unbedingt vor Reisebeginn noch besorgt hatte, auch hätte verzichten können. Und es ist ein erleichterndes Gefühl, wieder zu merken, wie wenig ich eigentlich brauche, um glücklich und zufrieden zu sein.

Mir geht es hier auf diesem Törn außerdem, wie den meisten Seefrauen auf der *Roald,* mehr um das Unterwegssein als um das Reiseziel. Emilia sagt etwa, dass es ihr bei der Atlantiküberquerung auch gar nicht so doll um die Segelerfahrung ginge, sondern darum, zu erleben, was diese Distanz bedeutet. Mit dem Flugzeug würden wir immerhin nur sechs Stunden von Teneriffa nach Martinique brauchen, doch hier hält die Seele Schritt.

So langsam, nach einer Woche auf hoher See, ist Zeit und Distanz für mich nicht mehr greifbar. So abstrakt wie der Versuch, sich die Ausdehnung des Weltalls vorzustellen. Außer Conni breitet nachmittags die große Seekarte vor uns aus, auf der täglich ein kleines Kreuzchen für unsere Position um 12 Uhr eingezeichnet wird. Pro Tag entspricht die Strecke, die wir zurücklegen, etwa einer Daumenbreite, weshalb wir mit vielen Händen euphorisch die Daumen aneinanderreihen, um zu überprüfen, wie lange wir ungefähr noch unterwegs sein werden.

Es gibt keinen Fixpunkt am Horizont, nichts, woran wir bemessen könnten, wie weit wir vorwärtsgekommen sind.

Auch beim Pilgern dauert es eine Weile, um das Reiseziel zu erreichen. Slow travel eben, wie hier. Selbst wenn es für uns hier draußen, bis auf diese eine Flaute, keinen Stillstand gibt. Wir sind immer in Bewegung, mit durchschnittlich fünf Knoten, was etwa neun Kilometern pro Stunde und somit einer flotten Jogginggeschwindigkeit entspricht. Ob Tag, ob Nacht, ob wir nun Wache gehen oder schlafen. Nicht nur der Ausblick auf Himmel und Meer. Mal kleine und mal größere Wellenberge, auch der Bordalltag ist nicht wirklich abwechslungsreich, sondern von Routinen geprägt, die sich in einer Art Endlosschleife wiederholen. Welle kommt, Welle geht. Pause, Wache, Pause, Wache.

Diese Monotonie der Wellen, die mich auch wieder sehr ans Wandern oder Pilgern erinnert, ans täglich stundenlang Einfach-einen-Fuß-vor-den-anderen-Setzen, macht etwas mit mir. Als hätte die immer gleiche Abfolge meiner Schritte bewirkt, dass sich mein Hirn neu sortiert. Hier denke ich an nichts als an das, was jetzt im Moment gerade wichtig ist. Ich entspanne, komme aus dem Grübeln raus, verarbeite aufgestaute Eindrücke ganz automatisch.

Zu Wachbeginn denke ich nicht darüber nach, was in den nächsten vier Stunden anstehen könnte, weil es meist nicht davon abhängig ist, was sich unsere Schiffsführung überlegt hat, sondern jederzeit durch die unbändige Naturgewalt, den Wind, beeinflusst wird. Wir kommen nur so schnell voran, wie der Wind uns trägt, können die Natur nicht kontrollieren, sondern müssen uns zwangsläufig nach ihr richten. Ich denke auch nicht daran, was morgen oder übermorgen sein wird. Weil es gerade keine Rolle spielt.

Es kommt mir vor, als würde mein Hirn alle Gedanken aussortieren, die mich hier nicht weiterbringen. Als würden auch alle Sorgen aus meinem Hirn verbannt werden, da ich ohnehin keine Kontrolle darüber habe, was passiert. Deswegen denke ich so gut wie gar nicht an mein Leben zu Hause oder meine Arbeit, wie den Podcast, den ich redaktionell betreue, weil ich von hier aus, selbst wenn ich wollte, ohne Internet eh nichts machen oder ändern kann. Sollte meine Vertretung während meiner Abwesenheit immer noch krank sein, gibt es eben, bis ich wieder da bin, keine neuen Folgen. In jedem anderen Urlaub wäre ich jetzt megagestresst und hätte mich vermutlich doch noch mal selbst an den Schreibtisch gesetzt – hier denke ich, die Welt würde davon nicht untergehen.

An Michi, Tilda, meine Familie und Freund:innen denke ich nur, wenn die Themen Beziehung, Familie oder Haustiere in Gesprächen auftauchen. Dann habe ich ein wohlig warmes Gefühl im Bauch und ganz viel Liebe. Ich spüre die Verbindung, die ich zu ihnen habe, denke aber eher an gemeinsame Erinnerungen als daran, was sie wohl gerade machen. Ich kann sie alle ja ohnehin nicht fragen, wie es ihnen gerade geht. Von Michi habe ich vor ein paar Tagen auch geträumt, dass er gestolpert und aufs Gesicht gefallen ist. Dann hat er sich nicht mehr bewegt. Als ich aufgewacht bin, konnte ich diesen Albtraum sofort loslassen. Es war, als würde mein Hirn plötzlich anders ticken. Mich wundert, dass ich mich um gar niemanden sorge. Ich habe mir nicht einmal die Mühe gemacht auszurechnen, wie spät es gerade bei meinen Liebsten zu Hause ist.

Dass ich überhaupt nicht an meine Mutter denke, grenzt für mich fast schon an ein Wunder. Seit meiner Depression damals versuche ich, mich besser von ihr abzugrenzen. Wir telefonieren fast täglich, auch wenn wir uns nicht immer etwas zu sagen haben. Unsere Rollen sind oft wie vertauscht, das hat sie mir selbst vor meiner Abreise am Telefon gesagt und sich dafür entschuldigt, was mir unglaublich viel bedeutet hat. »Danke, aber ich weiß auch, dass du mich nicht darum gebeten hast, dass ich mich für dich und dein Lebensglück so doll verantwortlich fühle.« Meine Mutter vertraut mir alle Probleme an, fragt oft um Rat und meine Meinung. Sie sagt, dass ich so einfühlsam und reflektiert sei, dass sie deswegen einfach gerne mit mir spreche. Mein Hirn rattert dann jedoch sofort auf Hochtouren, um Lösungen für ihr Problem zu finden oder um diesmal wieder einen guten Ratschlag zu haben.

Vor ein paar Monaten hat sie einen Mann kennengelernt, mit dem sie jetzt gerade, während ich den Atlantik überquere, zusammenzieht. Ich habe Angst, dass dieser Schritt viel zu schnell geht und ich sie wieder aufbauen muss, falls sie sich eine neue Wohnung suchen muss. Leider wurde ihre Sehnsucht nach einer festen Partnerschaft auch schon mal ausgenutzt. Aber ich stehe auch im inneren Konflikt, denn natürlich ist sie erwachsen und trifft ihre eigenen Entscheidungen. Darüber sollte ich gar nicht urteilen. Und das will ich auch gar nicht.

Schon als kleines Kind habe ich mich für meine Mutter verantwortlich gefühlt. Aufgewachsen bin ich mit häuslicher Gewalt, wobei ich selbst keine körperliche Gewalt erfahren habe. Wenn Mama weinte, dachte ich immer, ich habe etwas falsch gemacht. Mama sagte doch, ich solle leise spielen, wenn Papa von der Arbeit nach Hause kommt, damit er nicht wütend wird. Oder vielleicht war ich nicht überzeugend genug, wenn Papa gefragt hatte, wen ich mehr lieb habe, ihn oder Mama. »Hab' euch beide gleich lieb«, sagte ich immer. Dass ich die Auseinandersetzungen mitbekommen hatte, durfte ich zu niemandem sagen. Ich musste loyal sein.

Nach Papas Tod sagte Mama einmal, dass meine Schwester und ich der einzige Grund seien, warum sie heute noch lebe. Sie sei schon so verzweifelt gewesen, dass sie sich selbst am liebsten das Leben genommen hätte. Das hat sich tief bei mir eingeprägt. Sie, meine Schwester und ich müssen zusammenhalten. Für immer?

Rational weiß ich natürlich, dass ich nicht für ihr Lebensglück verantwortlich bin, sie nicht beschützen muss. Das will sie auch gar nicht. Aber bisher kam es einfach nicht im Gefühl an, auch wenn ich den Kontakt mit ihr reduziere. Es fühlt sich immer an, als würde ich sie links liegen lassen. Und wenn meine Mutter am Telefon weint, bin ich sofort wieder das verzweifelte Kind von damals, das Mama einfach nur beschützen möchte.

Hier jedoch bekomme ich nicht mit, was in ihrem Leben gerade los ist, wie es mit dem Umzug läuft, und es gelingt mir endlich, mich abzugrenzen. An Silvester habe ich mir bei unserem Let-go-Ritual vorgestellt, wie ich die unsichtbaren Ketten zwischen meiner Mutter und mir durchtrenne. Weil ich den Eindruck habe, dass unsere Beziehungsdynamik eine Altlast aus meiner Kindheit ist.

Ich spüre mehr Leichtigkeit, finde hier endlich den Abstand, den ich gebraucht habe, und fühle mich immer befreiter. Als könnte ich endlich das Leben, das ich mir aufgebaut habe, in vollen Zügen genießen, die Vergangenheit jetzt loslassen und nach vorne blicken. Ich bin getrennt von meiner Ursprungsfamilie und trotzdem verbunden. Denn ich glaube ganz fest, für meine Mutter und mich könnte dieser Abstand die Chance auf eine gesunde Mutter-Tochter-Beziehung sein.

Wie beim Pilgern gelingt es mir, Abstand zu den Themen, die mich alltäglich beschäftigen, zu bekommen und gleichzeitig näher an alles andere heranzukommen, was ich sonst lieber wegdrücke. Wenn ich auf das weite Meer schaue, der Wind mir durch die Haare weht und ich mir vorstelle, wie winzig unser Schiff auf diesem riesigen Ozean ist, der Zeit und Raum komplett zu verschlucken scheint, komme ich mir selbst ganz klein vor. Ganz automatisch kommen Fragen auf wie: Wer bin ich eigentlich? Was macht mich glücklich? Was berührt mich und gibt meinem Leben Bedeutung?

Anders als beim Pilgern ist jedoch, dass ich hier nicht selbstbestimmt handeln kann, nicht allein ans Ziel komme, sondern mich bedingungslos auf die Gruppe einlassen muss. Im wahrsten Sinne des Wortes ziehen wir alle an einem Strang. Sonst würden wir überhaupt nicht vorankommen. Und die Tagesstruktur ist auch anders als beim Pilgern. In den Pausen teile ich mir meine Zeit ganz bewusst ein, mache das, was mir gerade guttut: zur Chorprobe gehen, Rückenfit mit Anke und Sabine machen, damit ich meine Yogamatte zumindest ein Mal wirklich brauche, mich mit anderen unterhalten, Wolken beobachten, nach Wal- und Delfinflossen Ausschau halten oder die tägliche meist ungekühlte Dose Cola voller Genuss trinken.

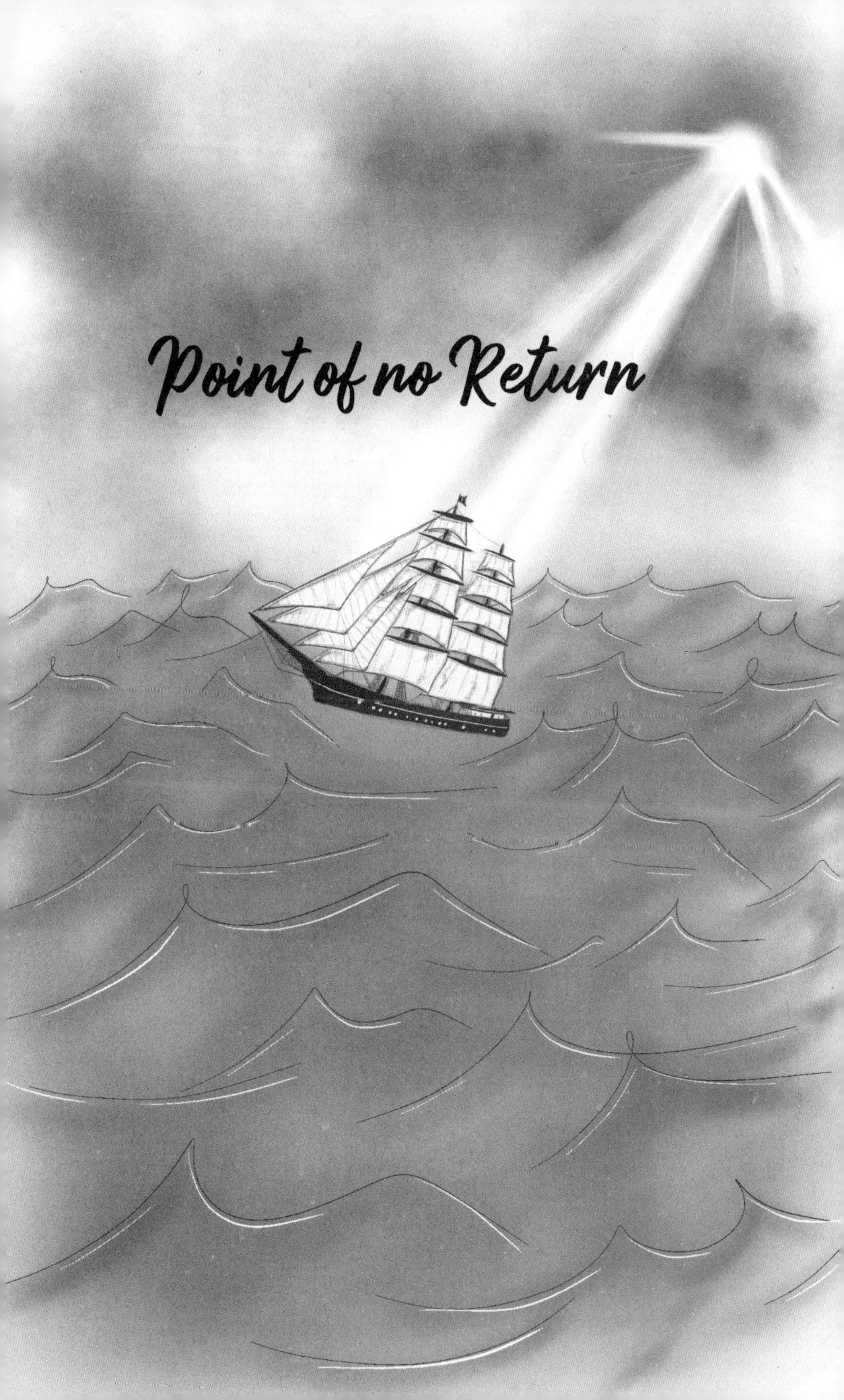
Point of no Return

# Roalds Küsschen und mein Achtsamkeitstrainer, der Wal

»Wenn die *Roald* dich liebt, gibt sie dir Küsschen«, ist der Running Gag bei uns an Bord, wann immer sich jemand stößt und einen neuen blauen Fleck dazubekommen könnte. Die Liebe zwischen der *Roald* und mir erscheint mir mittlerweile eher toxisch. Mein ganzer Körper ist übersät von blauen Flecken. Der größte ist der an meinem Steißbein, so, wie es Ulrike mir bei der Dingirettung prophezeit hatte. Bei der letzten Seewasserdusche wurde ich gemustert.

»Jessi, dreh dich noch mal um bitte.« Die Reaktionen darauf, wie viele blaue Flecken ich auf meiner dank der guten Sonnencreme mit hohem Lichtschutzfaktor immer noch schneeweißen Haut habe: »Oje«, »Autsch« und »Das sieht ja heftig aus«.

Ich kann mich einfach nicht an den Wellengang gewöhnen. Andauernd ecke ich an. Zum Beispiel prelle ich mir oft die Hüfte und meine Oberschenkel an den Nagelbänken, wenn ich eine Mitseglerin durchlassen möchte und kurz zur Seite gehe, oder ich schlage mir das Schienbein an, wenn ich ins Deckshaus gehe, weil die Tür nicht bodentief ist, sondern erst ungefähr einen halben Meter über dem Boden anfängt. Ich werde noch verrückt, wenn das nicht bald aufhört. Ich versuche doch schon, mich zu konzentrieren, bei jeder Bewegung, die ich mache. Und dann ärgere ich mich umso mehr, wenn neue blaue Flecken dazukommen, wenn ich in der Messe vom Tisch aufstehe und mich wieder einmal an der Kante stoße. Aber wenn im falschen Moment eine Welle kommt, die höher und stärker als die anderen ist, kann ich manchmal aufpassen, wie ich will – es hat auch mit Glück zu tun, sich nicht zu verletzen.

Unten im Flur, von dem alle Kammern abgehen, halte ich mich vorsorglich immer am Handlauf fest. Nur um sicherzugehen. Da kommt doch tatsächlich eine starke Welle genau in dem Moment, in dem ich direkt vor einer Kammer stehe und gerade umgreifen will. Ich habe keine Zeit zum Denken und Reagieren, da bin ich schon rückwärts in die Kammer »007«, die Maschinist:innenkammer, gefallen und kann mich reflexartig mit beiden Armen noch am Türrahmen festkrallen, bevor ich den Boden erreiche. Gerade noch mal gut gegangen.

Aber vorgestern, beim Dehnkreis, den sich Nora aufgrund ihrer Müdigkeit während unserer Nachtwachen gewünscht hatte, habe ich es leicht übertrieben. Ausgerechnet bei der Übung, die ich vorgemacht habe: Äpfel pflücken. Dabei bin ich schön auf die Zehenspitzen gegangen, habe die Arme ganz weit nach oben gestreckt, so, wie es sich gehört, und dann das Gleichgewicht durch die anrollende Welle verloren. Mit einem ausladenden Schritt nach hinten rutschte mein Bein weg, sodass ich fast einen Spagat geschafft hätte. Das muss lustig ausgesehen haben. Auch ich bekomme mich vor Lachen kaum ein. Erst später kam der Schmerz im rechten Knie durch, und ein weiterer blauer Fleck ist geboren.

Nur beim Heruntergehen der Treppen tut es heute noch weh. Manchmal knickt mein Bein leicht weg, als hätte ich weiche Knie. So ins Rigg klettern? Kann ich mir gerade nicht vorstellen. Hoffentlich ist es schnell besser.

An *Tag 12* unseres Atlantiktörns ist die See sehr rau. Wir segeln mit ungefähr sieben Knoten nach Westen. In meiner Koje werde ich nachts so stark durchgeschüttelt, dass ich mich mit dem Rücken an die Wand lehne und mit einem Arm vorne an der Bettkante abstütze. Wusste gar nicht, dass ich so schlafen kann.

In den frühen Morgenstunden kommt schließlich eine große Welle über Bord, und ein wenig Spritzwasser gelangt durch das kurz zum Lüften geöffnete Bullauge in die Navi. Das ist einfach nur ein unglückliches Timing. Die Wellen sind lang, größer als die der letzten Tage, und bilden Schaumkronen. Die stehende Wache spannt daraufhin zügig ein Strecktau von der Brücke bis vorne an die Wand seitlich der vordersten Niedergangsluke am Bug. Da die Frauen auf Höhe der Brücke stehen, um das Strecktau straff zu ziehen, sehen sie leider nicht, dass eine der beiden Holztüren aufgegangen ist. So sprengten sie die Flügeltür aus Versehen mit einem Hauruck weg. Die Stimmung an Bord ist gar nicht gut, ziemlich angespannt.

Ich bin ja längst nicht die Einzige mit vielen blauen Flecken. Auch andere sind gestolpert, hingefallen, haben sich sogar den Kopf gestoßen. Wir werden ermahnt, sollen besser auf uns achtgeben.

Treppen und Türen sind die größten Gefahrenquellen. Die Gänge sind sehr schmal, und wenn eine Tür ruckartig geöffnet wird oder aufgrund einer Welle regelrecht auffliegt, ist es schwer, noch rechtzeitig auszuweichen. Mir ist es selbst passiert, dass ich nur kurz Hände waschen wollte und deswegen nicht extra abgeschlossen habe. Durch den Wellengang hat die Tür sich selbst geöffnet. Ein Glück, dass in dem Moment niemand vorbeigegangen ist.

Ich frage Anna Bootsfrau nach einer Drahtbürste, so eine, mit der sonst auch Rost abgebürstet wird, setze mich auf die Backskiste und schrubbe damit meine Schuhsohlen, weil ich hoffe, mir so seltener wehzutun, zumindest nicht mehr auszurutschen. Natalie beobachtet mich skeptisch.

»Meinst du nicht, dass das ein bisschen übertrieben ist?«

»Dass ich meine Schuhsohlen aufraue? Ich finde, einen Versuch ist es wert, vielleicht sind sie dann nicht mehr so rutschig.«

»Ach so, ich dachte, du willst sie sauber machen, obwohl hier doch gar kein Dreck ist.« Wir lachen. Ich suche mir eine nasse Stelle an Deck und teste, ob ich nun mehr Grip habe.

»Jetzt will ich auch mal«, sagt Natalie. Optimal ist es immer noch nicht, aber ich komme mir zumindest nicht mehr vor wie auf einer Eisbahn.

Da wir die Zeit umgestellt haben, haben wir auch die Wachzeiten getauscht. Bye bye Sonnenauf- und Sonneruntergangs-Wache, ich werde es sehr vermissen, aber die Mehrheit wünscht sich, dass die Wachzeiten rotieren. Meine Wache und ich sind also jetzt von 8 bis 12 Uhr und dann noch mal von 20 Uhr bis Mitternacht für den Schiffsbetrieb zuständig. Seit heute Morgen habe ich es nicht geschafft, noch einmal kurz die Augen zu schließen. Nach dem Abendessen sitzen wir zufällig gemeinsam als Wache zusammen, Maren spinnt Wolle per Hand, ein paar unterhalten sich, und ich hole die Gitarre raus. Anke und ich singen gemeinsam *»Love you till the end«*, den Soundtrack von *»P. S. Ich liebe Dich«*, und dann möchte sie, dass ich ein Lied spiele, auf das ich gerade so richtig Lust habe.

»Okay, dann spiele ich *›Heute hier, morgen dort‹* von Hannes Wader. Ich glaube, meine Version ist langsamer, vielleicht schwierig mitzusingen.«

»Macht nichts.«

Ich singe das Lied, fühle mich erst noch ein wenig schüchtern, weil alle Gespräche verstummen. Aber dann singe ich so, wie ich es zu Hause tun würde, wenn nur Michi und Tilda zuhören. Dann denke ich an nichts anderes, fühle jedes Wort, das ich singe – eine Möglichkeit für mich, Gefühle zuzulassen, wenn mir der Zugang zu ihnen mal schwerfällt. Die Stille danach fühlt sich gemütlich an. Gleich ist Wachwechsel, deswegen gehen alle in den Tigergang und holen ihre Klettergurte. Ich warte, bis die Schlange sich aufgelöst hat, halte mich am Treppengeländer fest.

Plötzlich scheppert es gewaltig oben in der Küche. Es klingt, als wären die Schränke aufgesprungen, alle Töpfe, Schüsseln und Backbleche auf den Boden gedonnert. Dann ein lauter Schrei, gefolgt von schmerzerfülltem Wimmern. »Meike? Wo ist Meike?« – unsere »Schiffsärztin«, also Ersthelferin. »Sie blutet, schnell«, ruft jemand, es klingt besorgt.

Ich stehe ja schon direkt an der Treppe, laufe drei Schritte hoch, doch dann schießen mir Tausende Gedanken durch den Kopf. Mein Gefühl sagt mir, es ist etwas richtig Schlimmes passiert. Ich traue mich nicht hinzugucken, kann kein Blut sehen, und falls alles blutüberströmt ist, kippe ich bestimmt auch noch um. Ich kann das nicht, drehe auf der Treppe um und schäme mich dafür. Obwohl ich doch vor Kurzem erst einen Erste-Hilfe-Kurs besucht habe. Und jetzt unterlasse ich Hilfe? Das nährt mein Schuldgefühl.

Ich gehe zügig durch den Tigergang zu den Kammern, um Meike zu suchen. In welcher Kammer schläft sie denn? Das habe ich total vergessen. Auf dem Flur kommt mir Sascha entgegen, die unglaublich ruhig und souverän auf mich wirkt, obwohl sie das Rumpeln und Geschrei mitbekommen hat.

»Weißt du, in welcher Kammer Theresa schläft?«, fragt Sascha. Richtig, Theresa! In den ersten Tagen hatte sie mir erzählt, dass sie als Krankenpflegerin auf einer Intensivstation arbeitet, das macht ja echt voll Sinn, sie dazuzuholen. In welcher Kammer sie schläft, weiß ich, weil ich ihr vor ein paar Tagen eine Tube Aloe-vera-Gel vorbeigebracht habe, da sie an den Händen allergisch auf die Tampen zu reagieren scheint. Das Gel ist die Wunderwaffe meiner Oma in allen Lebenslagen.

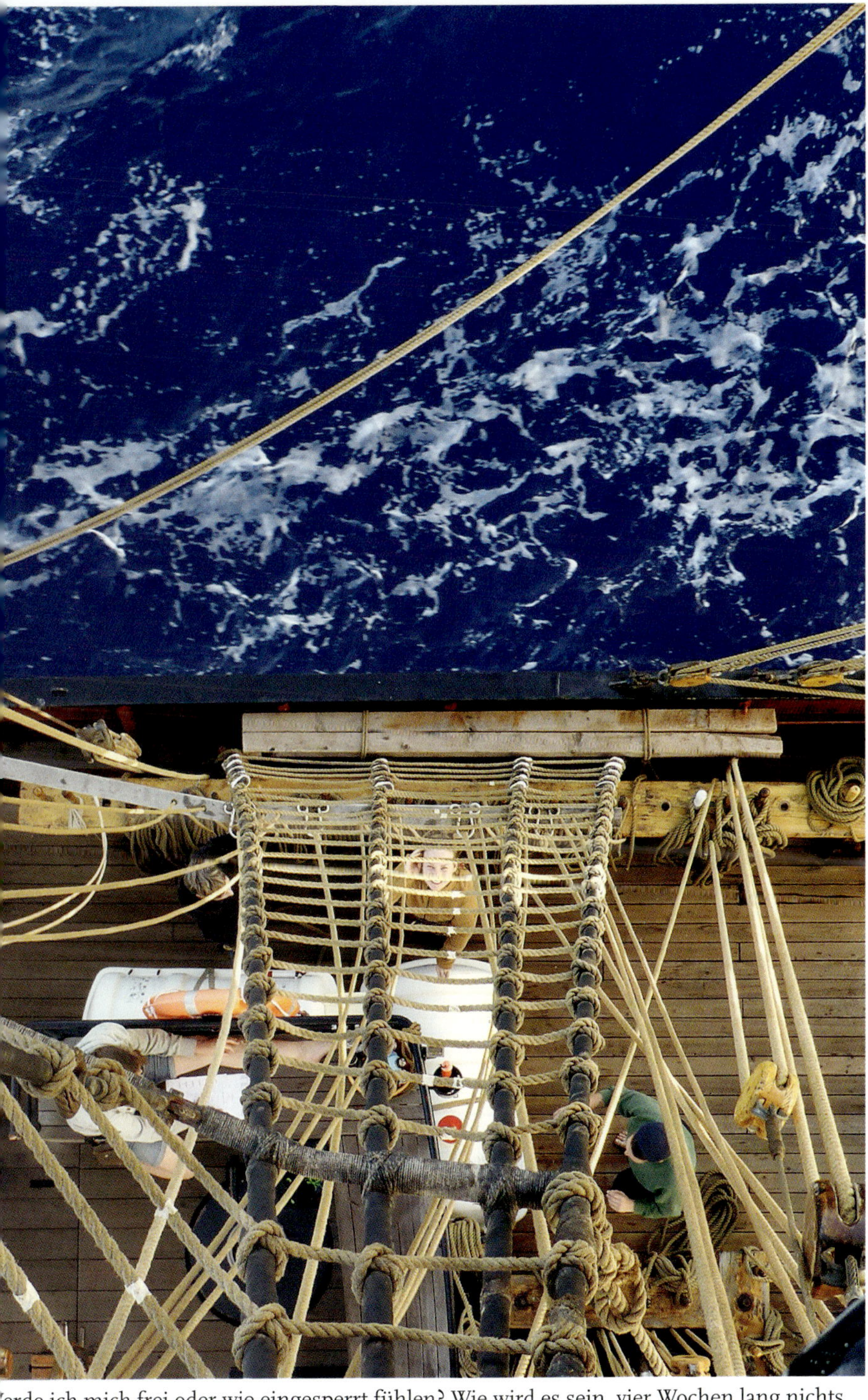

'erde ich mich frei oder wie eingesperrt fühlen? Wie wird es sein, vier Wochen lang nichts
s das weite Meer zu sehen? Das habe ich mich vor Beginn des Törns oft gefragt.

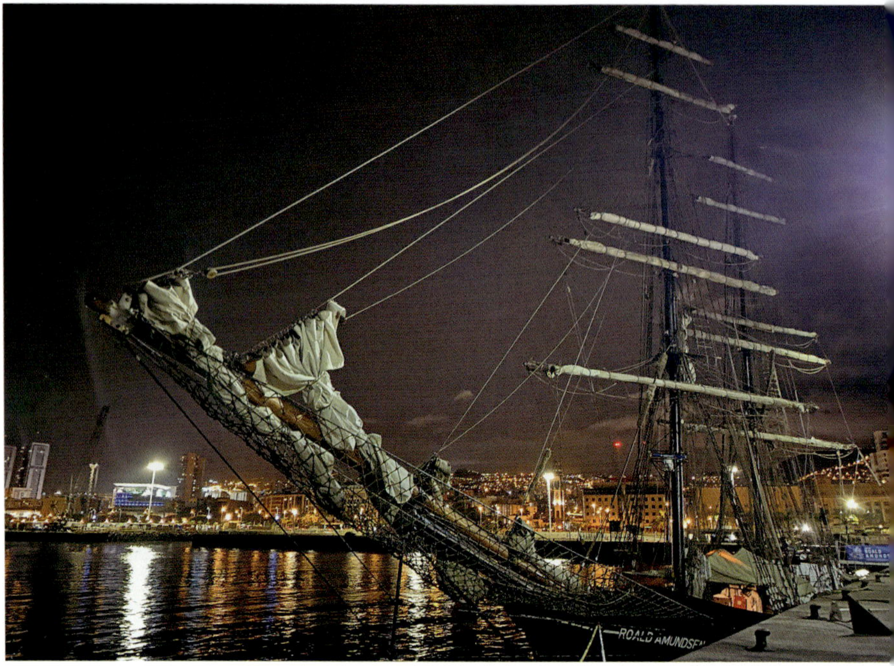

Die Segel sind noch hafenfein zusammengepackt. Für mich ist es momentan unvorstellbar, dass dieses Schiff die nächsten vier Wochen lang unsere ganze Welt sein wird.

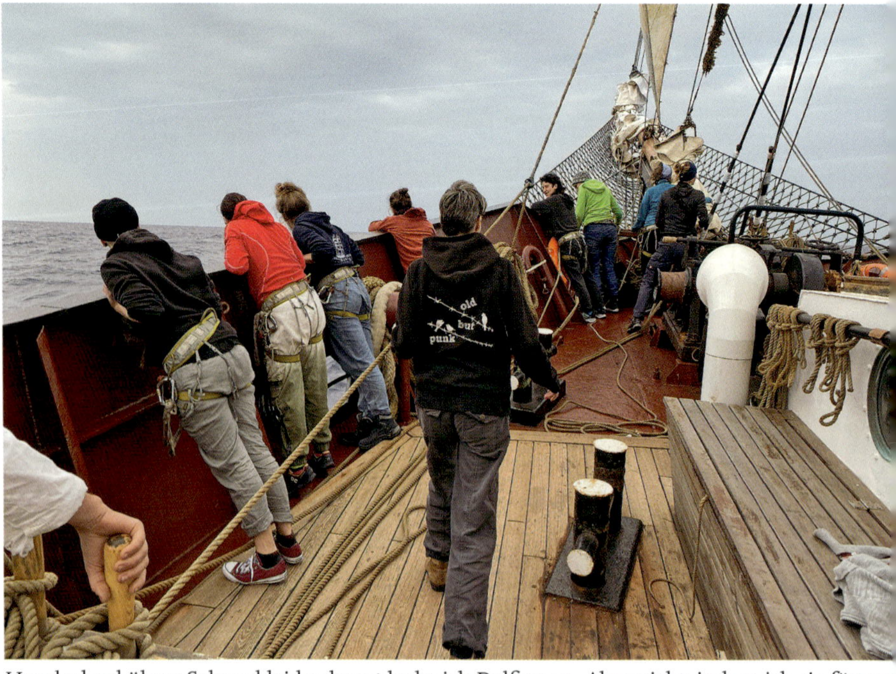


Hundeelend übers Schanzkleid gebeugt locke ich Delfine an. Aber nicht, indem ich sie füttere Vermutlich wollen sie mich trösten – oder meine Würgegeräusche klingen Delfinisch.

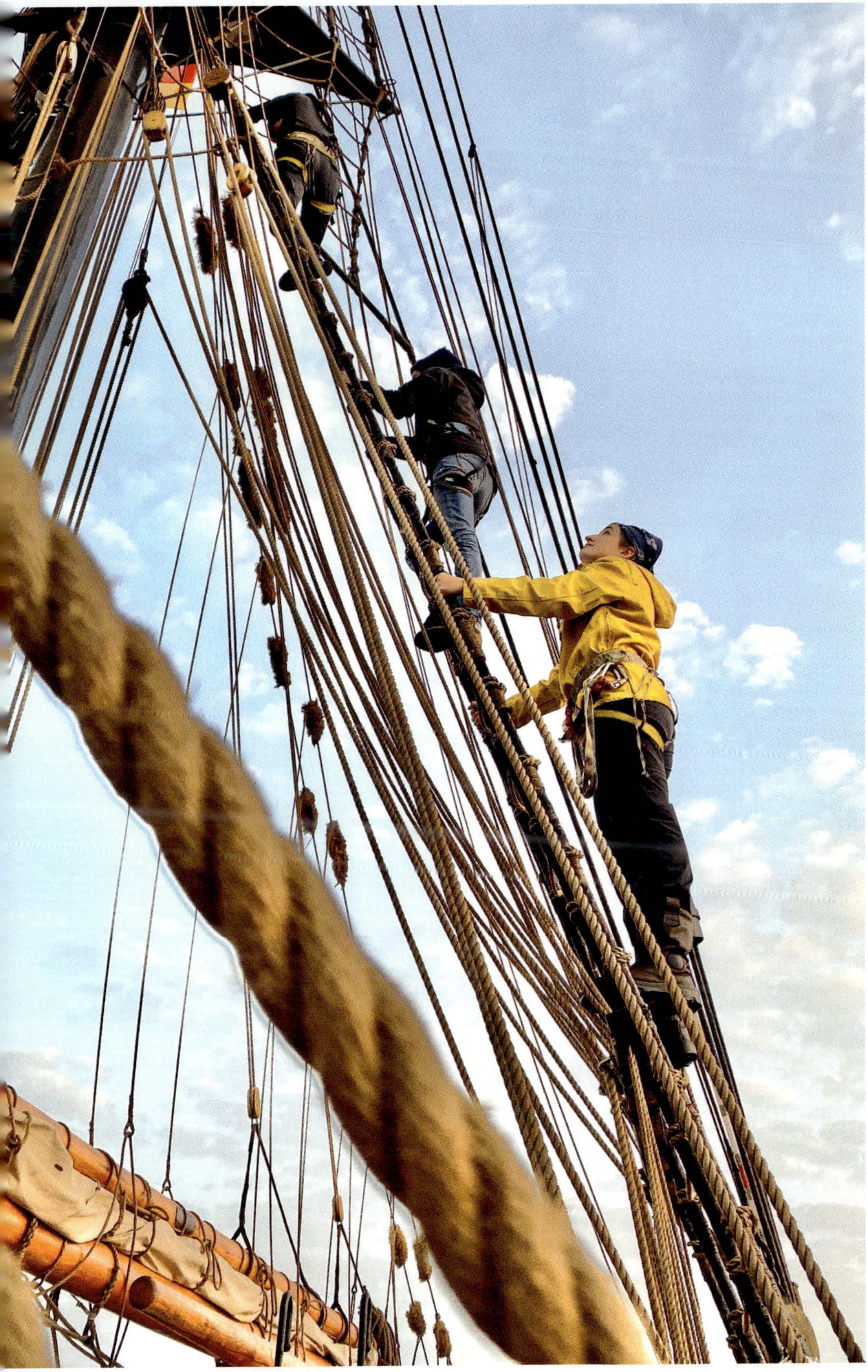

n Hafen bekommen wir eine Klettereinweisung. Am ersten Morgen auf hoher See trauen sich
ereits zwei Trainees gemeinsam mit Deckshand Pauline das oberste Segel auszupacken.

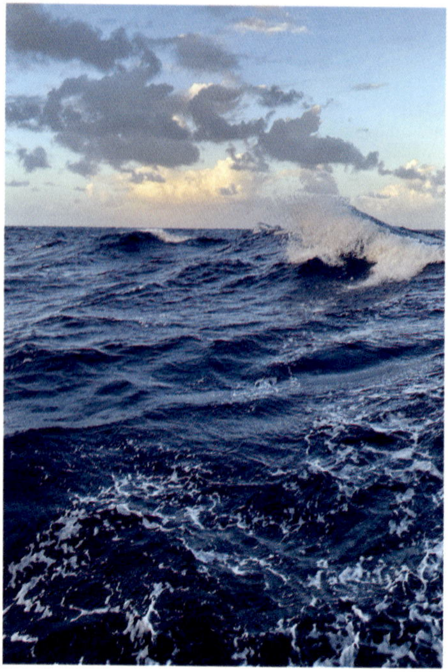

Vor uns liegt nur das weite Meer – eine Landschaft aus Wellenbergen.

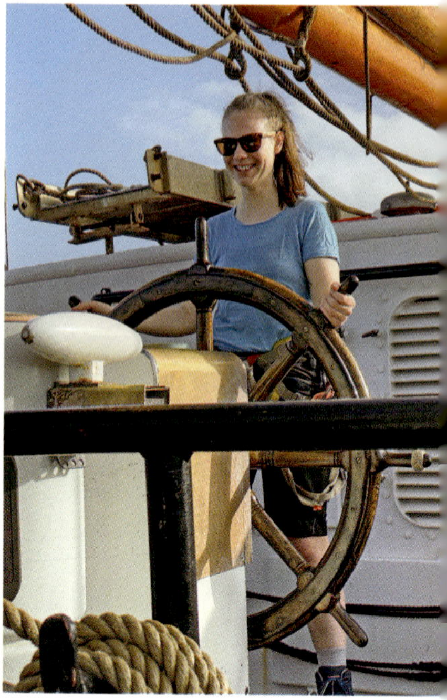

Trotz der Verantwortung als Rudergängerir habe ich hier keinerlei Selbstzweifel.

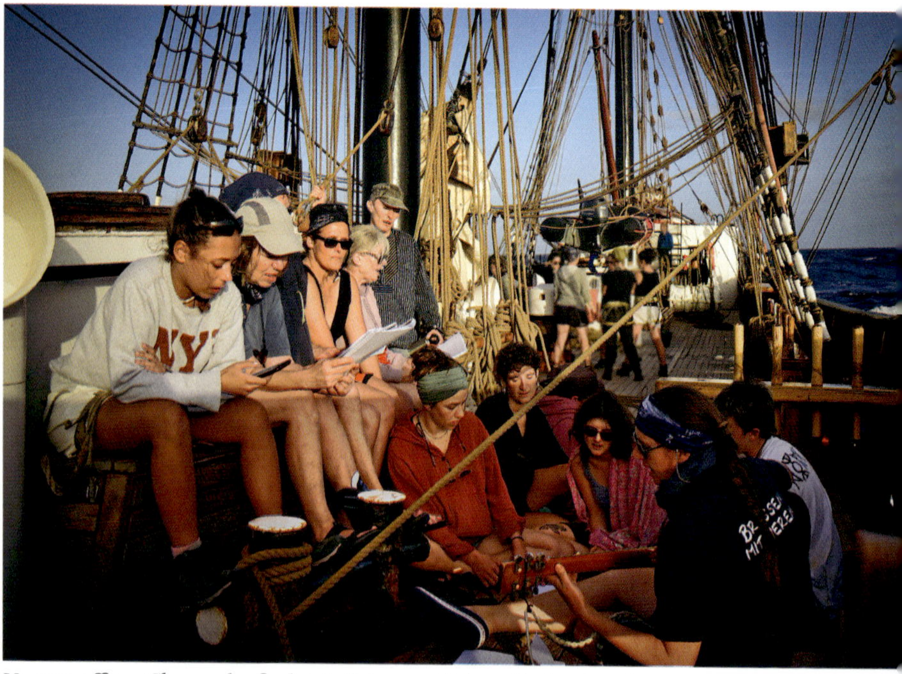

Unsere offene Chorprobe findet täglich vom frühen Nachmittag bis zur Kaffeepause um 15 Uhr statt. Geübt werden zum Beispiel Geburtstagsständchen.

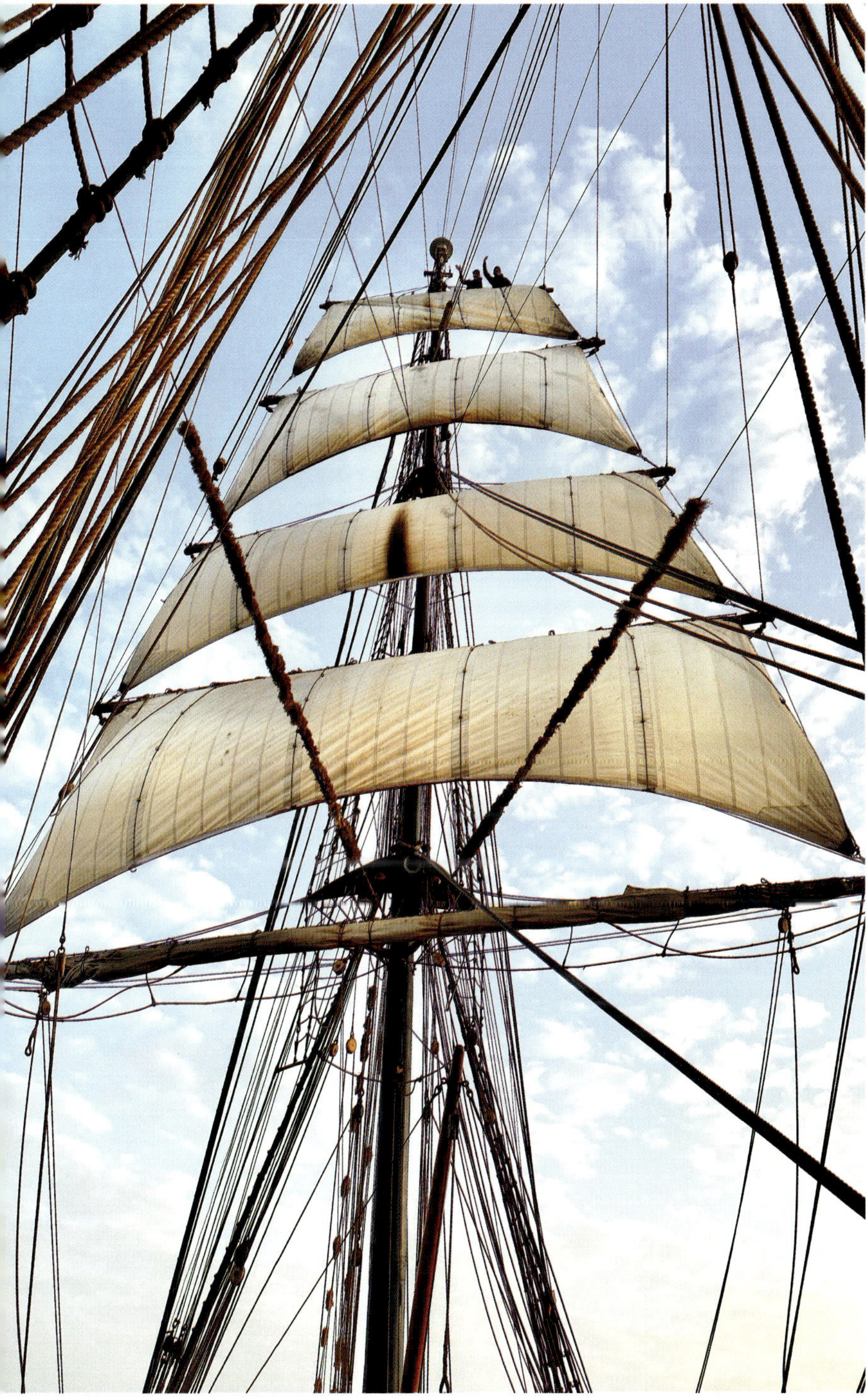

: Brigg *Roald Amundsen* hat eine Segelfläche von 850 Quadratmetern, was in etwa so groß wie ein Handballfeld. Die beiden Maste haben eine Höhe von 36 Metern über dem Kiel.

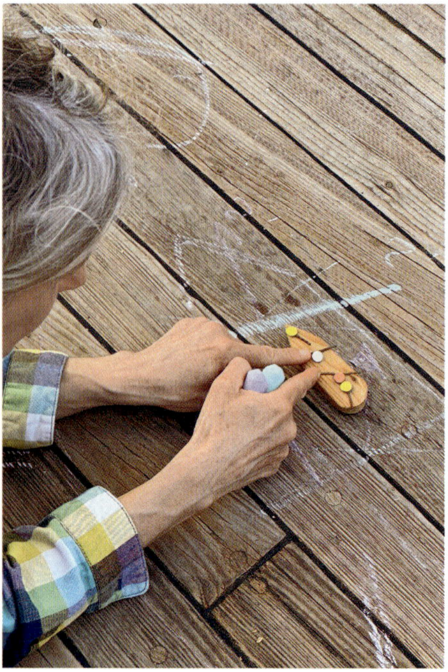

Warum wir immer wieder brassen müssen, erklärt Conni anschaulich am Modell.

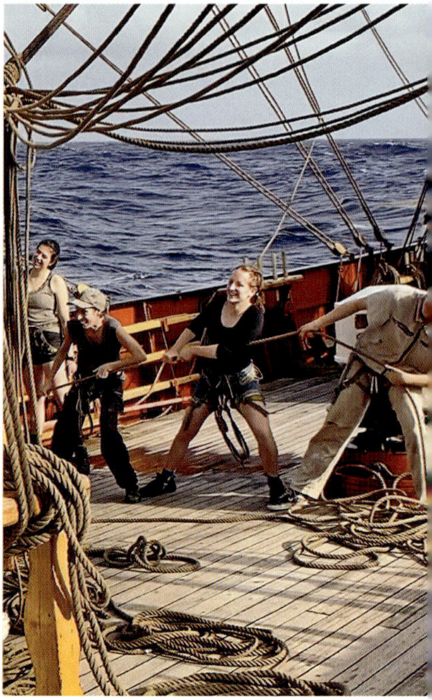

Segelaction haben wir meist ohne Kamera weil dann alle Hände gebraucht werden.

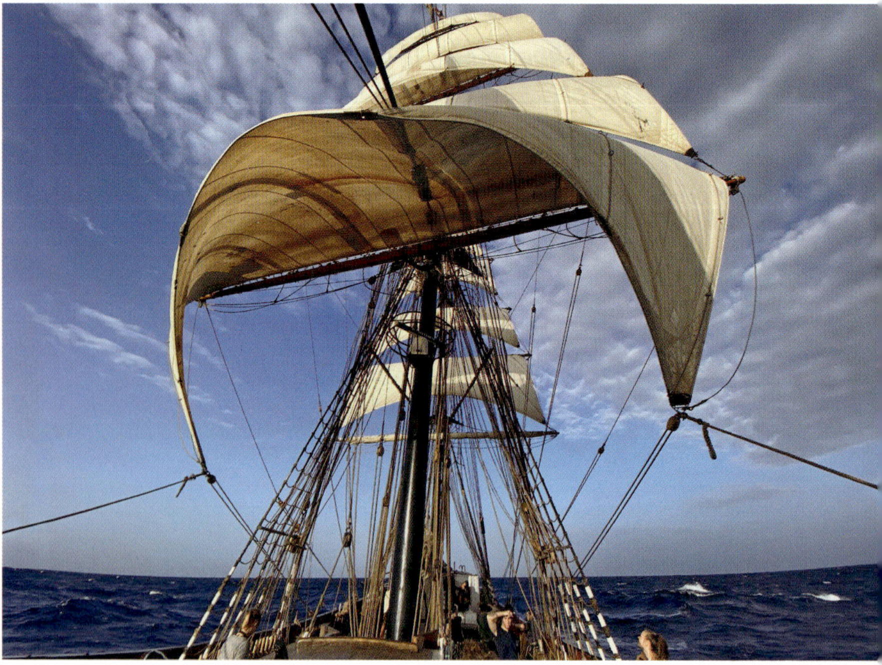

Wir segeln nur mit der Kraft der Passatwinde über den Atlantik, immer entlang einer seit Jahrhunderten bewährten Route.

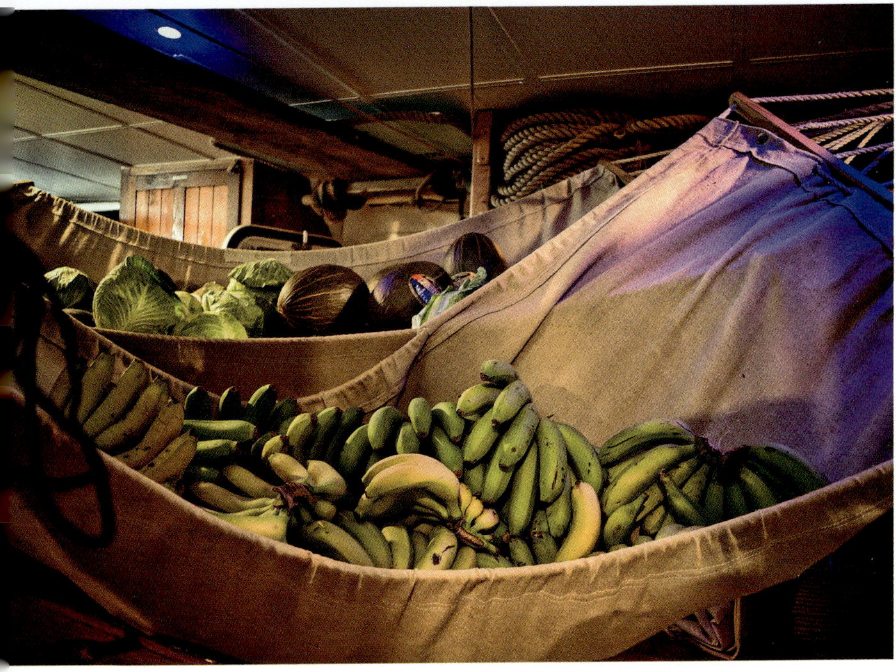

s Messelogis ist der größte Schlafsaal und zugleich ein Lager. Sowohl Bananen als auch auen an Bord sollen – so der Seefahrtsaberglaube – Unglück bringen. Uns ist das egal.

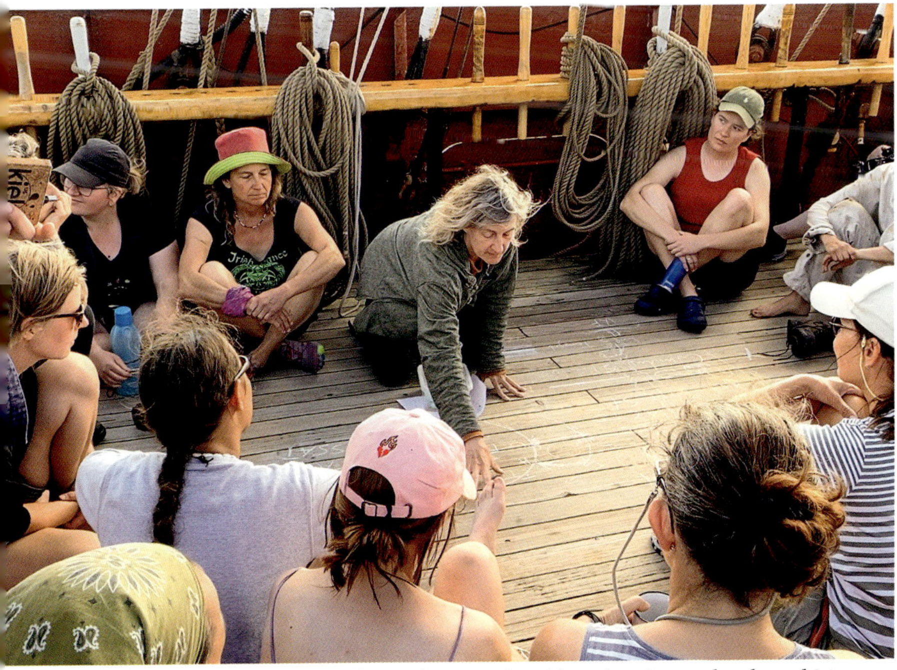

apitänin Conni geht nachmittags meist noch etwas Segeltheorie mit uns durch und ist mer offen für Fragen. Da kommt auch mal bunte Kreide zum Einsatz.

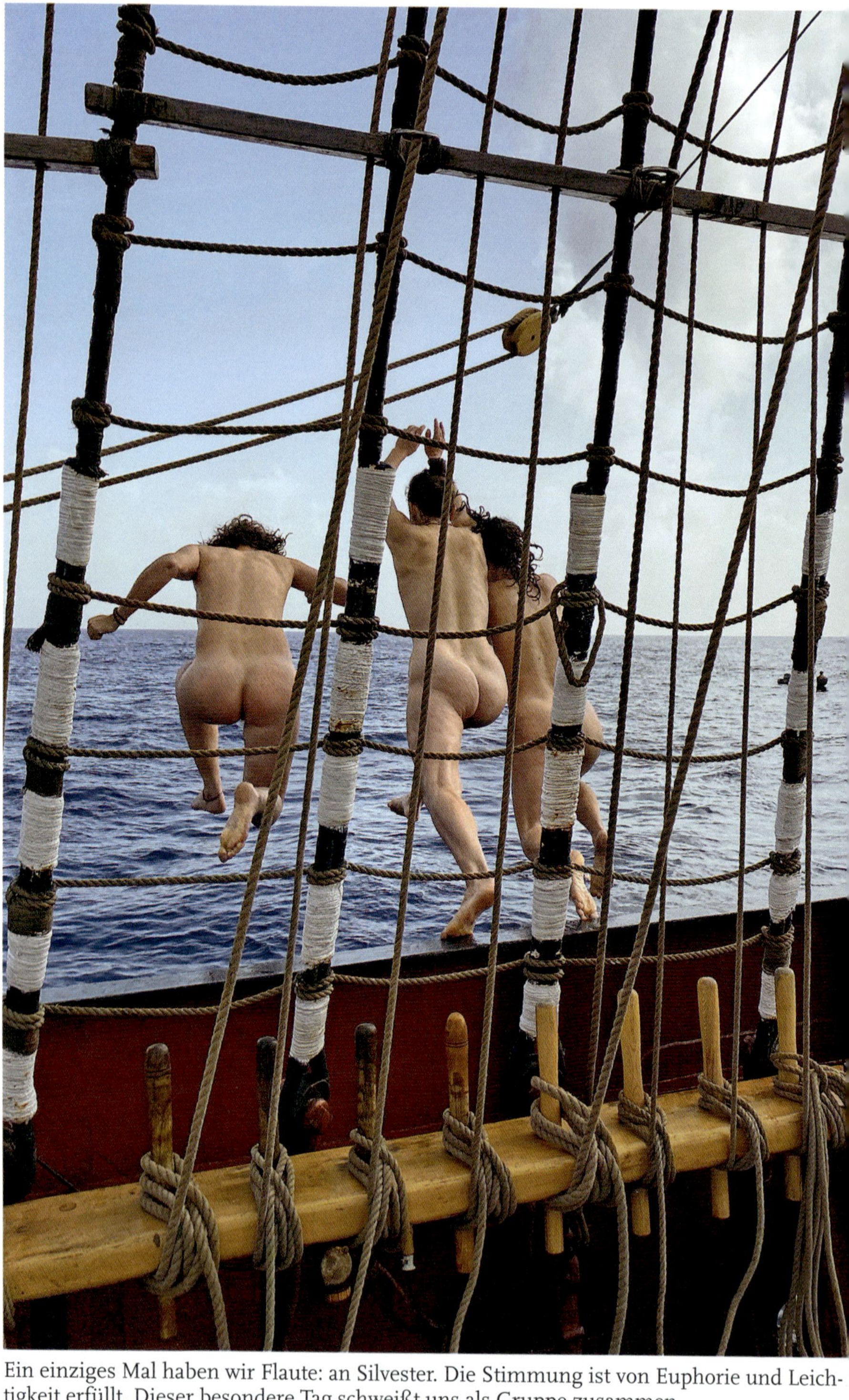

Ein einziges Mal haben wir Flaute: an Silvester. Die Stimmung ist von Euphorie und Leichtigkeit erfüllt. Dieser besondere Tag schweißt uns als Gruppe zusammen.

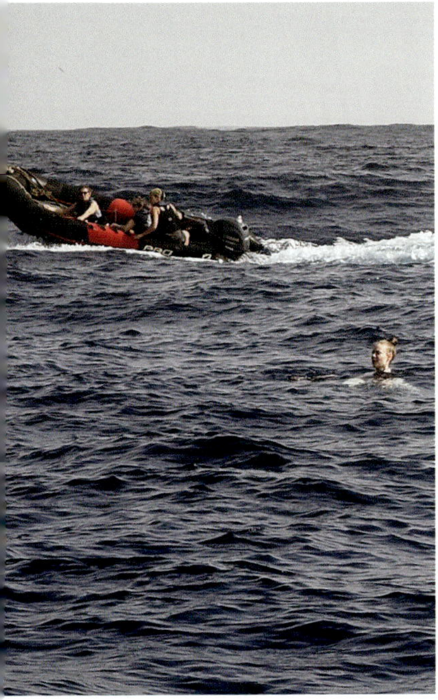

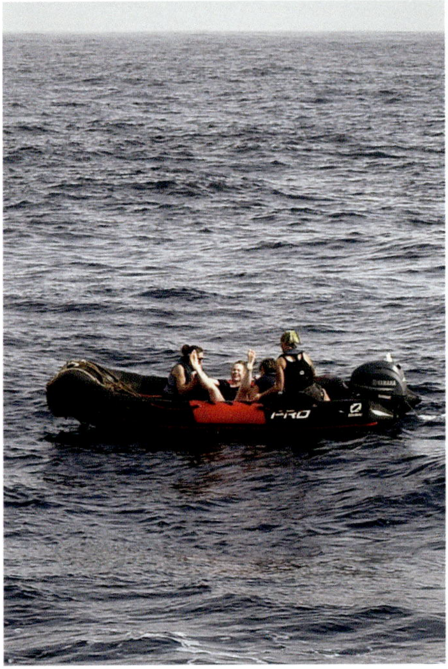

. Rahmen einer Übung lasse ich mich freiwillig »retten«, obwohl ich mir zuvor geschwo-
ı habe, nicht im offenen Meer baden zu gehen. Hab's nicht bereut. Im Gegenteil!

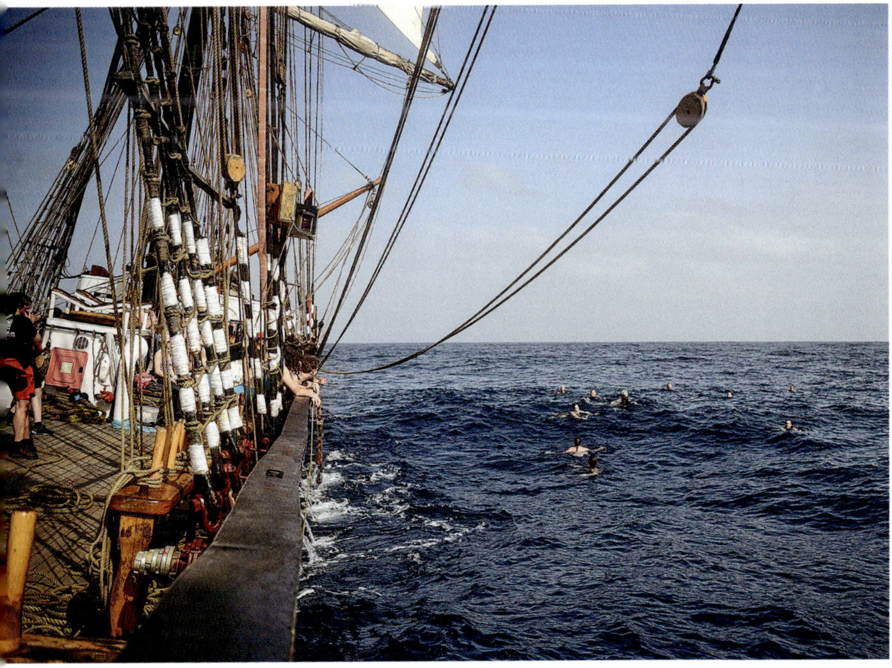

ı Sicherheit immer vorgeht, bleibt ein Teil der Crew an Deck, während die anderen baden.
ı dieser Stelle ist der Atlantik fast 5000 Meter tief.

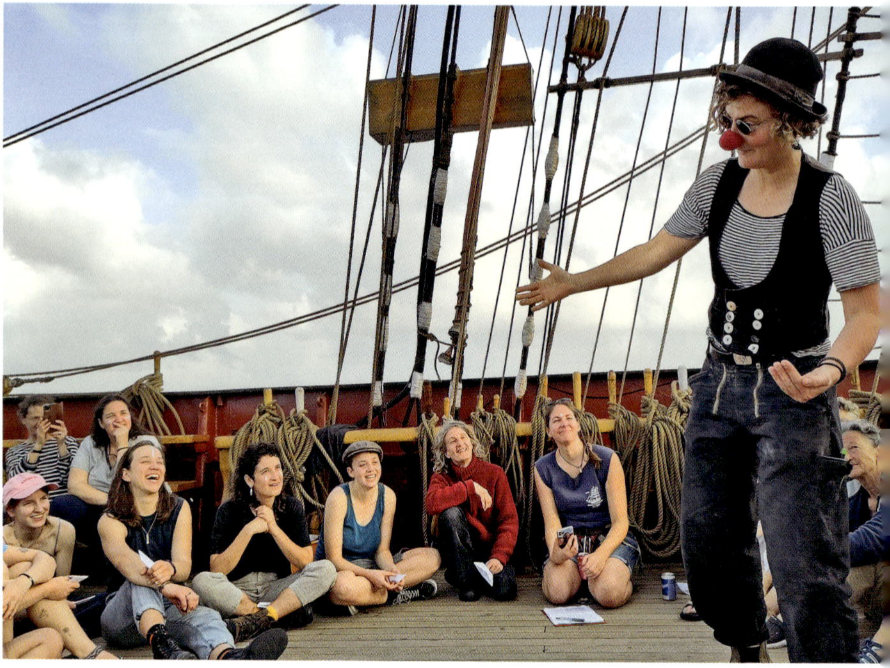

Nach dem Baden startet unsere Silvesterzeremonie mit vielen Programmpunkten. Anna Bootsfrau führt hier einen Zaubertrick vor, den sie auf Reisen gelernt hat.

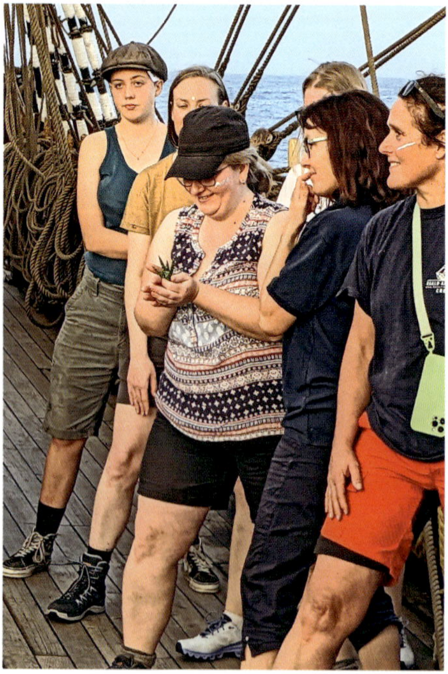

Für ein Übergangsritual ins neue Jahr wird eine Aloe-vera-Pflanze herumgereicht.

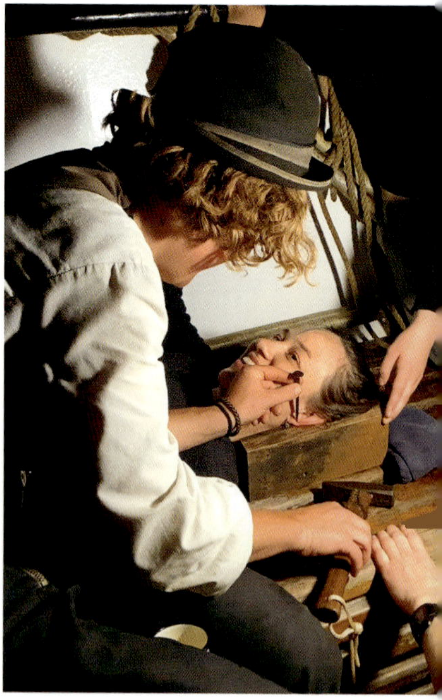

Als Andenken bekommt Anna mit Hamm
und Vierkantnagel neue Ohrlöcher verpass

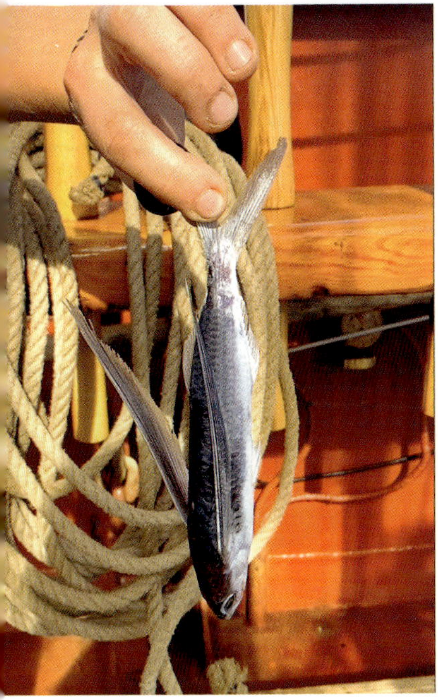

egenden Fischen begegnen wir immer
ufiger.

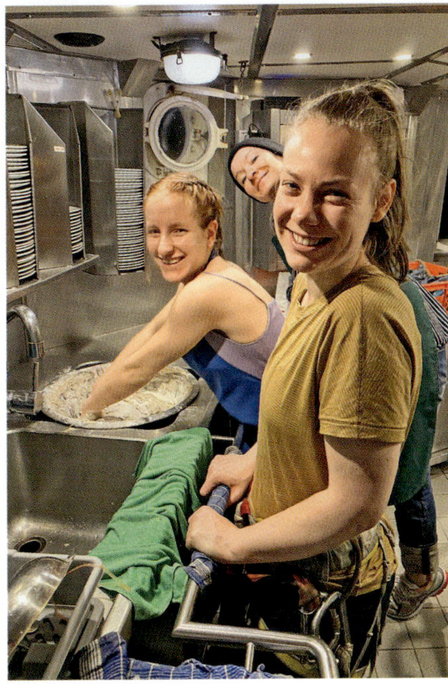

Nachts setzen wir den Teig an. Die nächste
Wache formt daraus achtzig Brötchen.

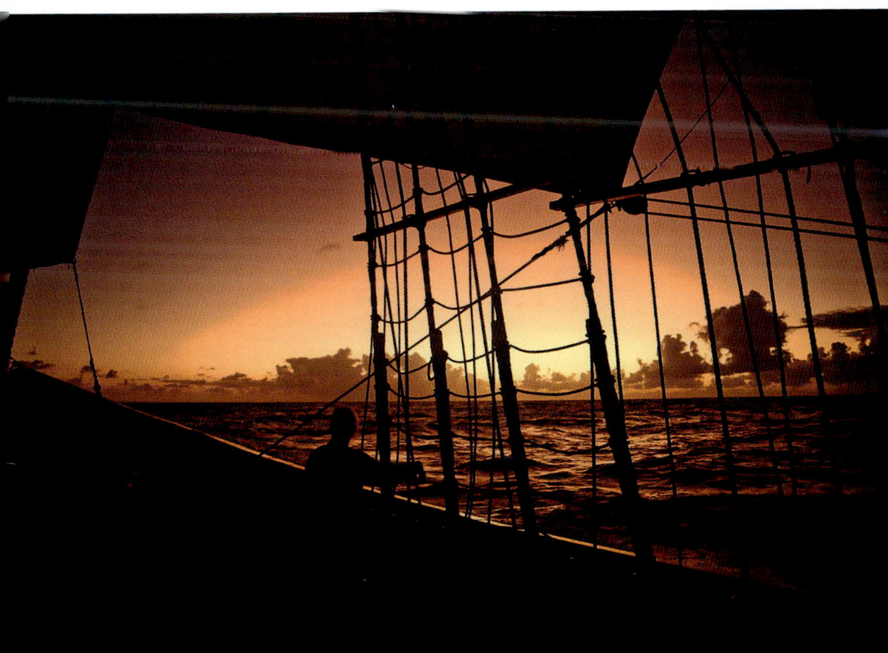

ei Sonnenuntergang wird es an Deck immer ganz still. Kein Wunder: Jeden Tag können wir
n Himmel eine andere Farbpalette bestaunen.

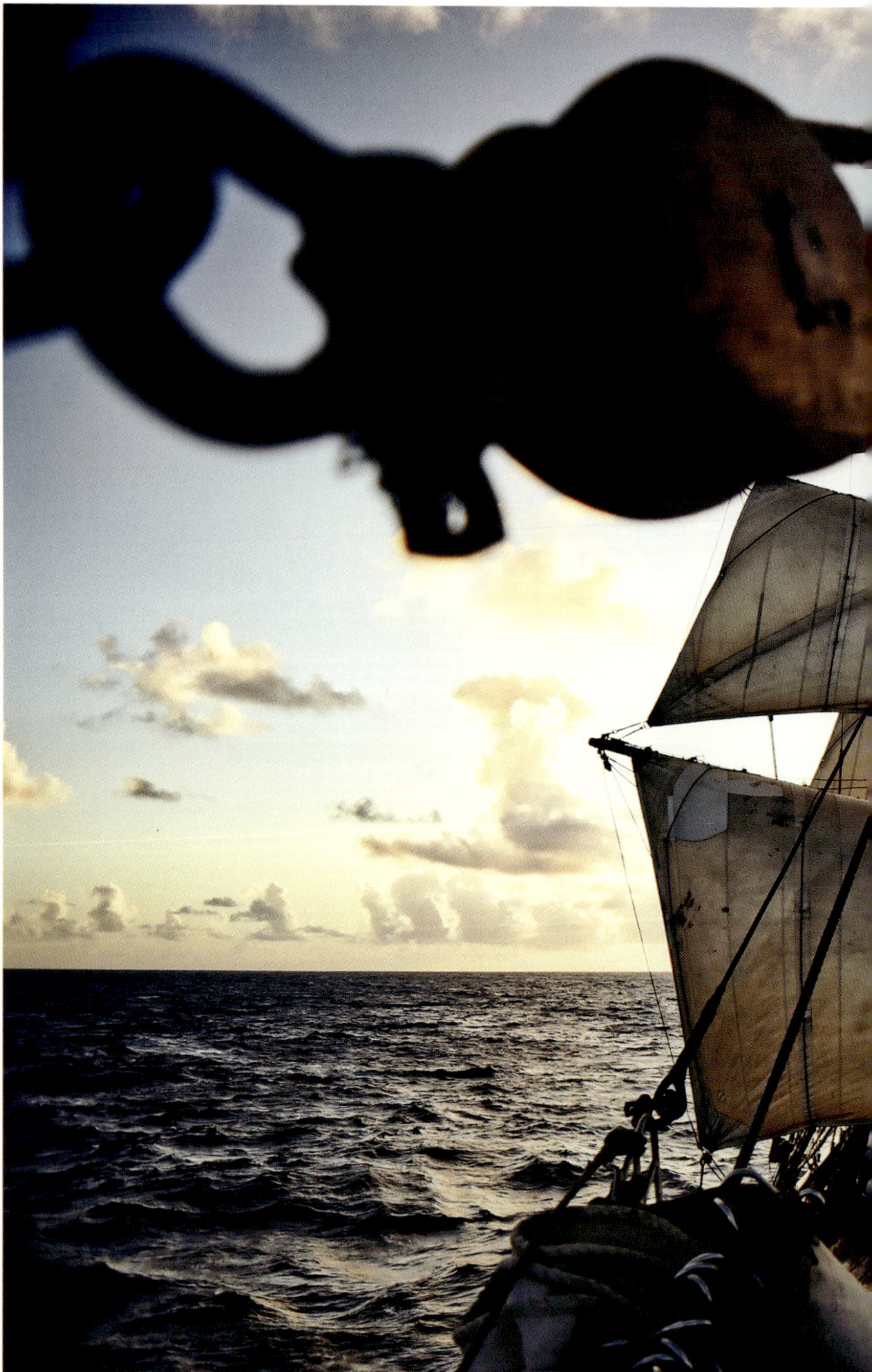

Die Brigg *Roald Amundsen* hat im dritten Leben als Traditionssegelschiff bisher mehr als 440 000 Seemeilen auf dem Buckel. Das entspricht etwa zwanzig Erdumrundungen.

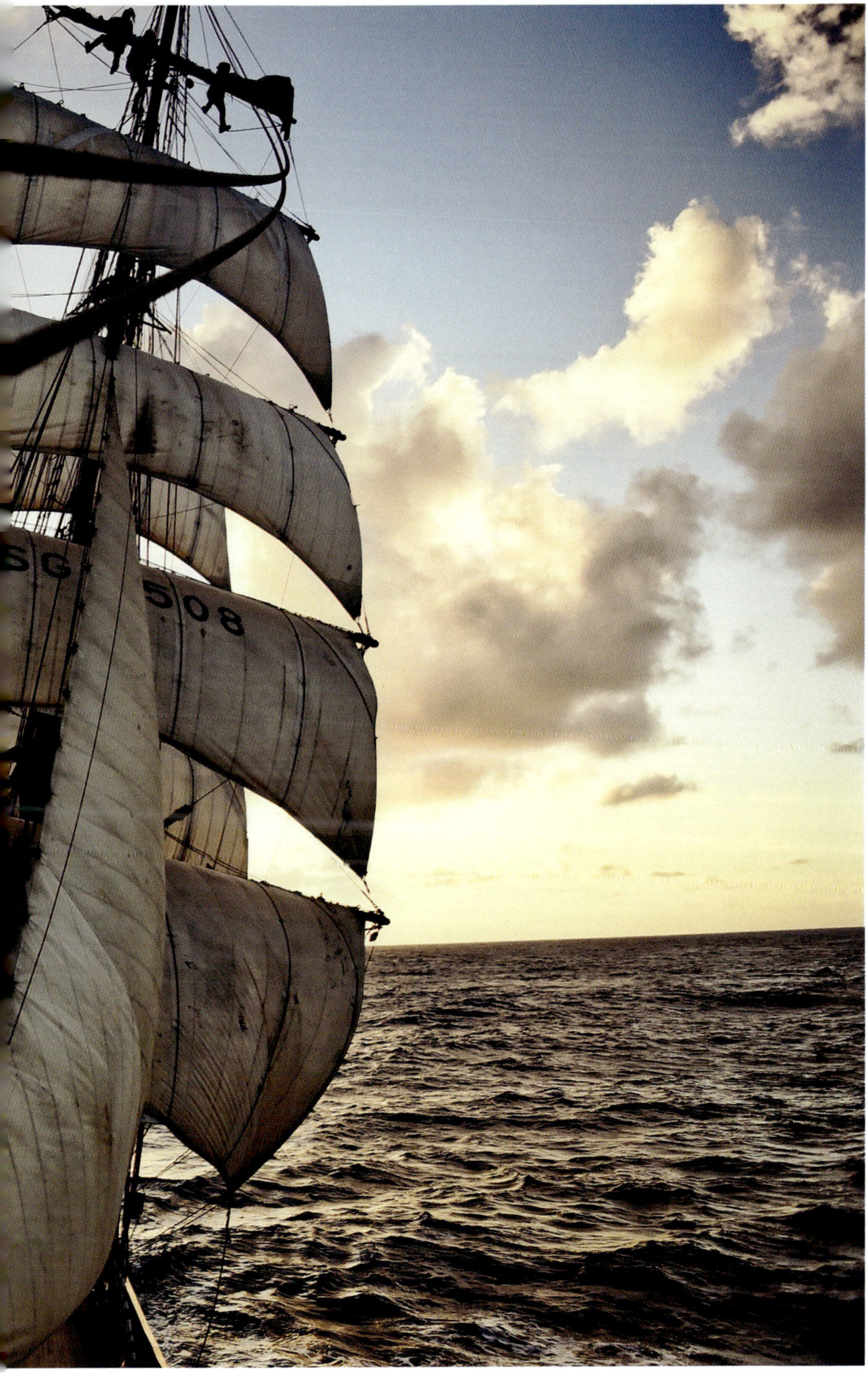
SG
508

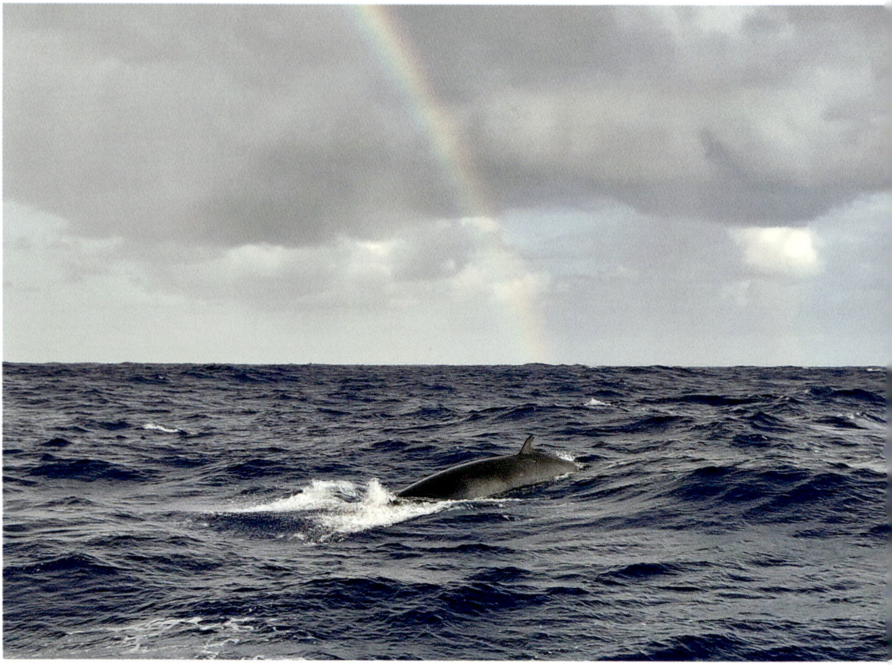

Mein Achtsamkeitstrainer ist ein Zwergwal, auch Minkwal genannt. Wir vermuten, dass er (oder sie) ein neugieriges Jungtier ist, und werden fast den ganzen Tag über begleitet.

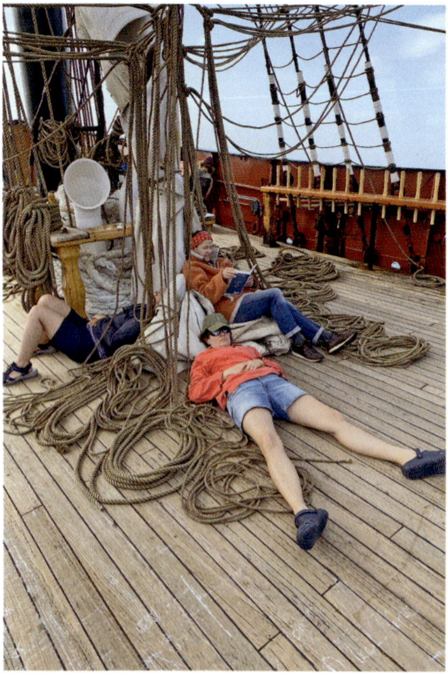

Gemütliche Plätze lassen sich an Deck immer finden, auch im Tampensalat.

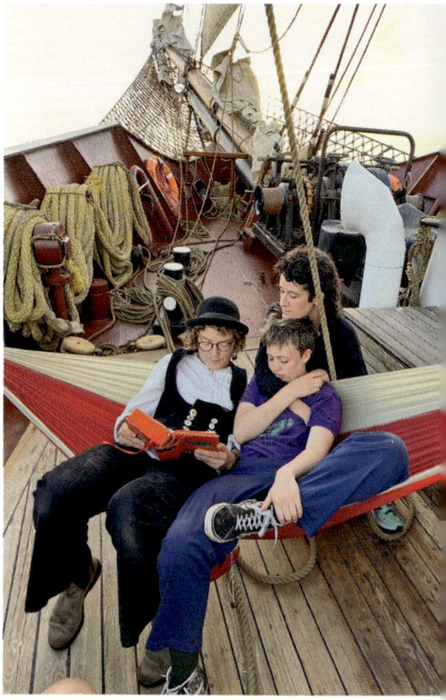

Zwischen Schanzkleid und Niedergang span-nen wir täglich unsere Hängematten auf.

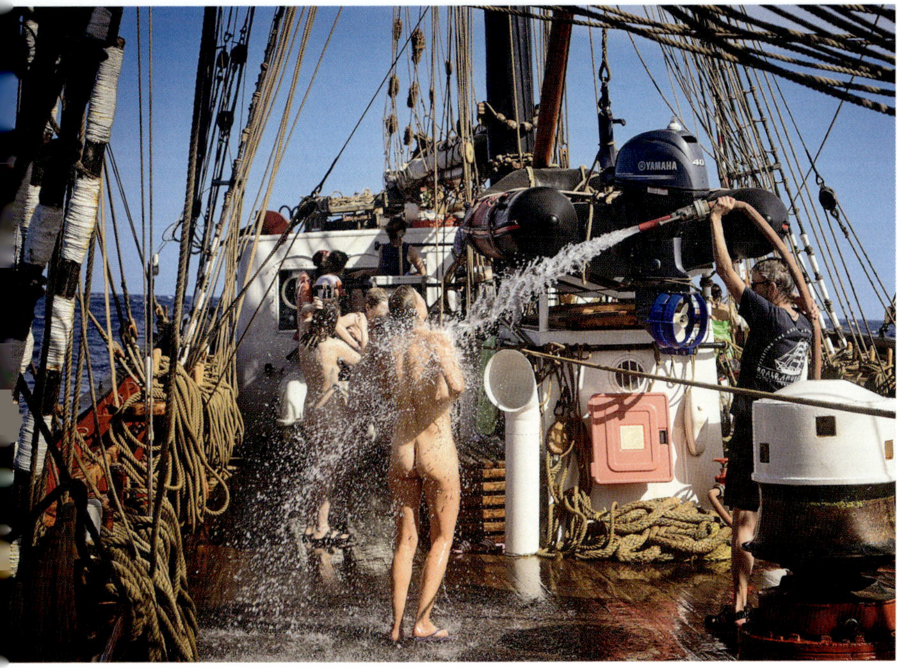

ie kollektiven Seewasserduschen sind uns ein Fest. Ich genieße es, meine nackte Haut von n Sonnenstrahlen trocknen zu lassen und den warmen Wind zu spüren.

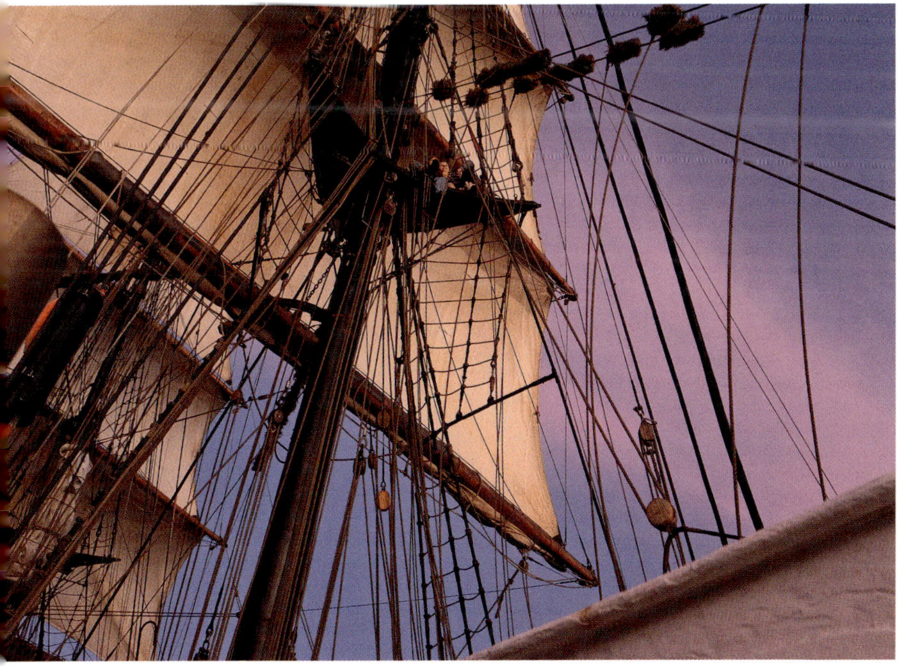

eliebte Orte für alle, die mal etwas Zeit für sich suchen, sind die Salinge. Meine beiden Ie-Time-Lieblingsplätze befinden sich auf dem Klüverbaum und im Ausguck.

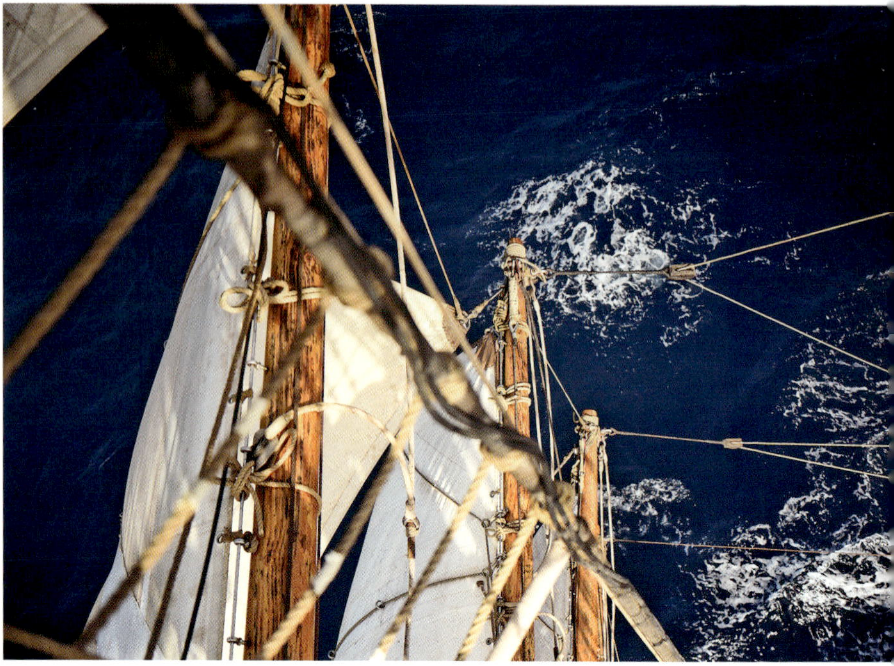

»Janz weit draußen«: Nach sechzehn Tagen auf hoher See erreichen wir den Punkt, an dem wir am weitesten von jeglicher Küste entfernt sind.

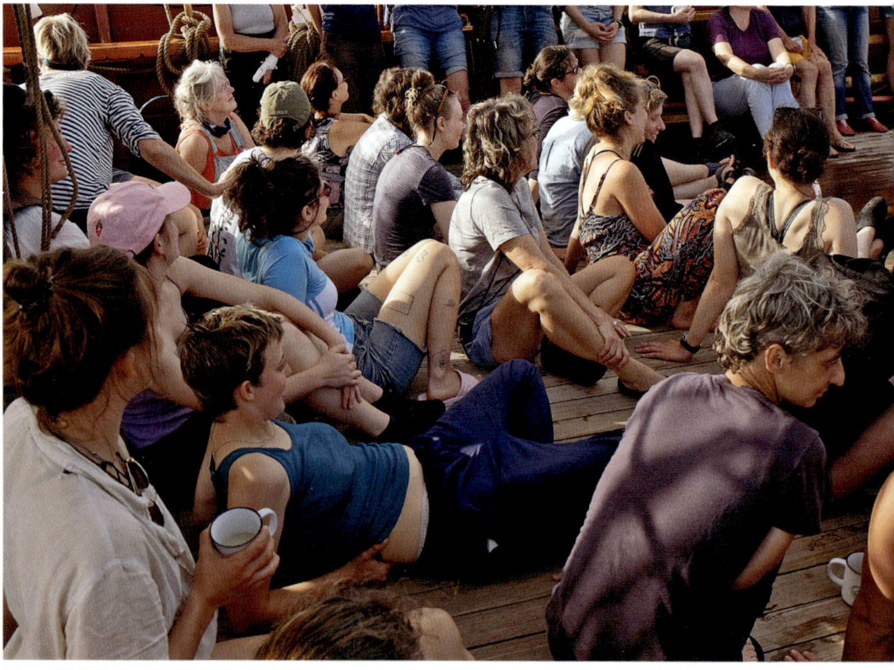

Natürlich feiern wir auch das JWD-Fest auf unsere Art. Die Julia-Wache hat ein Rätsel für uns vorbereitet, bei dem wir mysteriöse Ereignisse wie zerbrochene Gurkengläser aufklären sollen

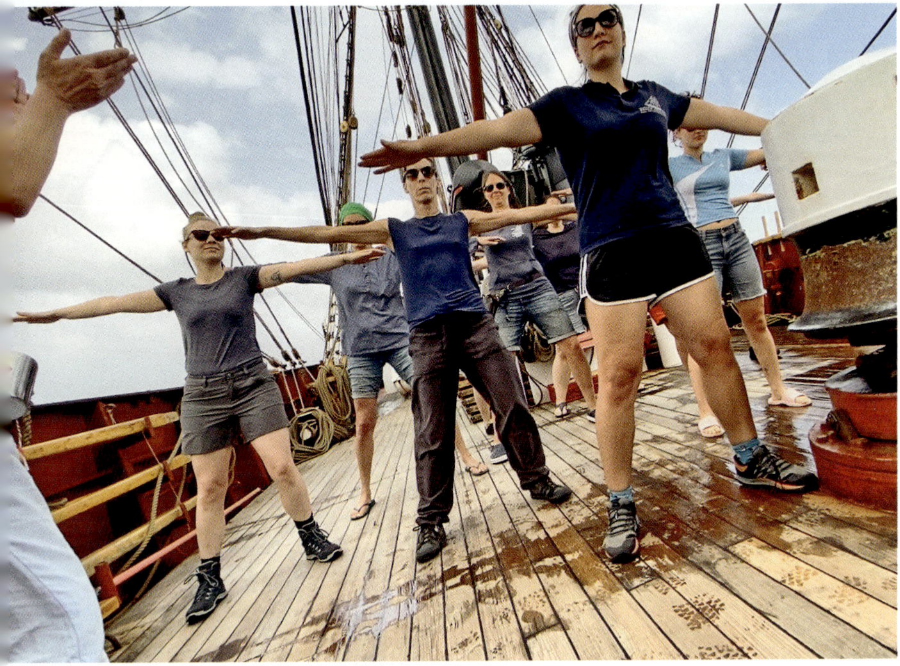

athrin gibt klatschend den Takt vor, und wir führen den Tampentanz auf, der eine super selsbrücke für die Funktion der unterschiedlichen Tampen ist.

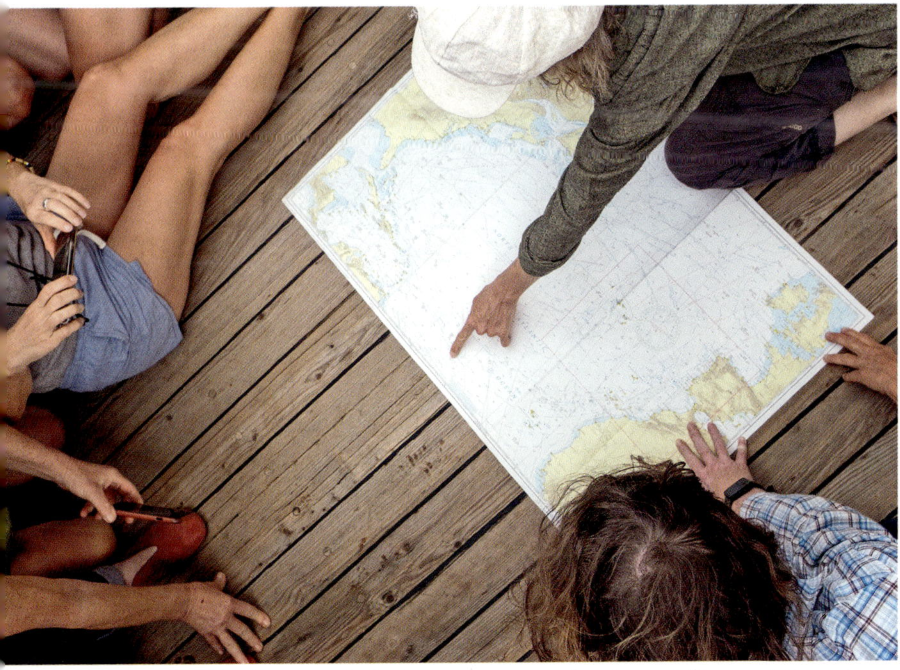

Venn Conni die große Seekarte rausholt, ist das immer total aufregend für uns. Mit aneinan-ergereihten Daumen bestimmen wir dann, wie lange wir noch unterwegs sind.

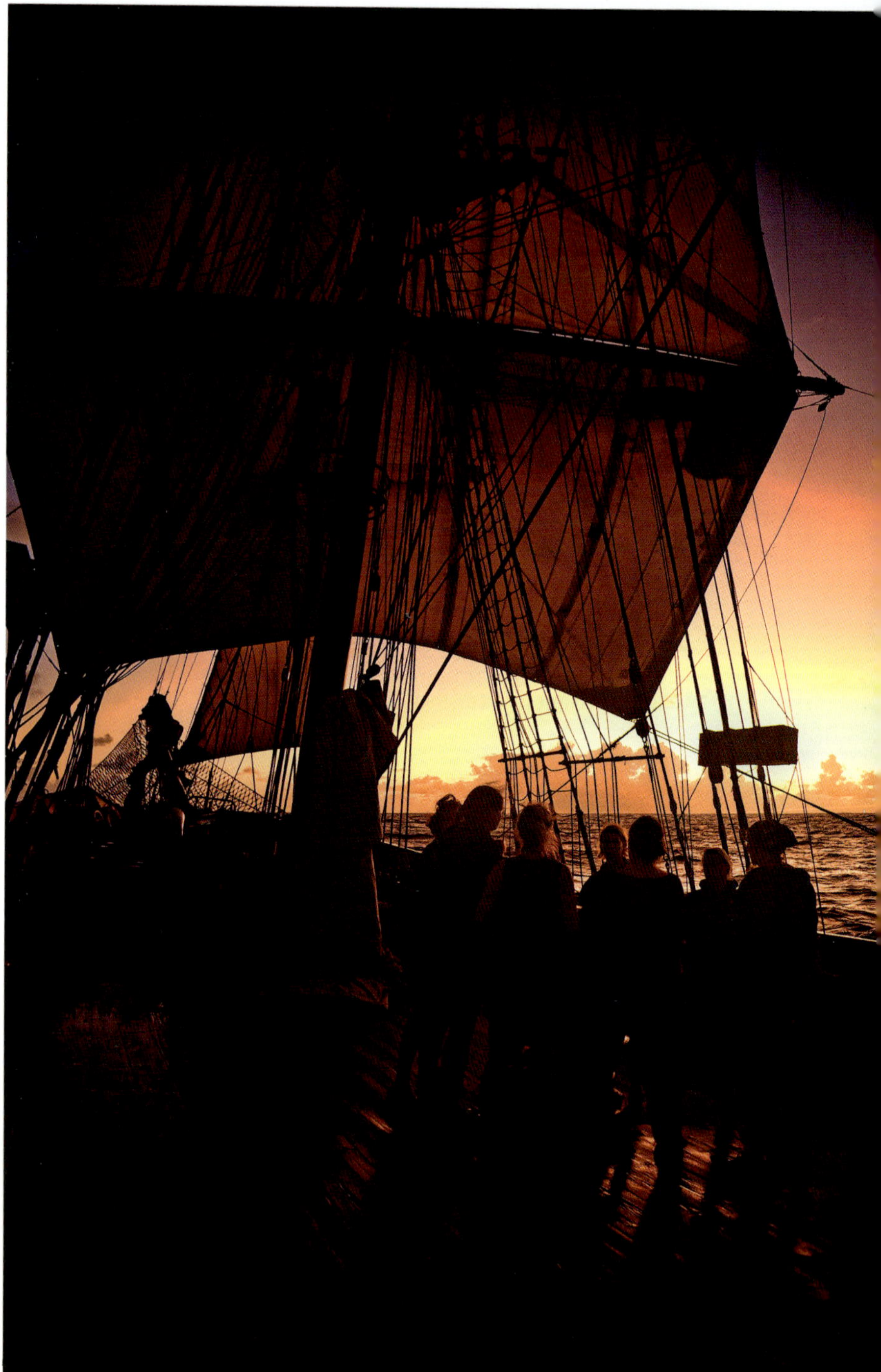

Die meisten Gruppenbesprechungen finden in der Messe statt. Mitunter besprechen wir uns aber auch einfach spontan mitten an Deck oder auf den Backskisten.

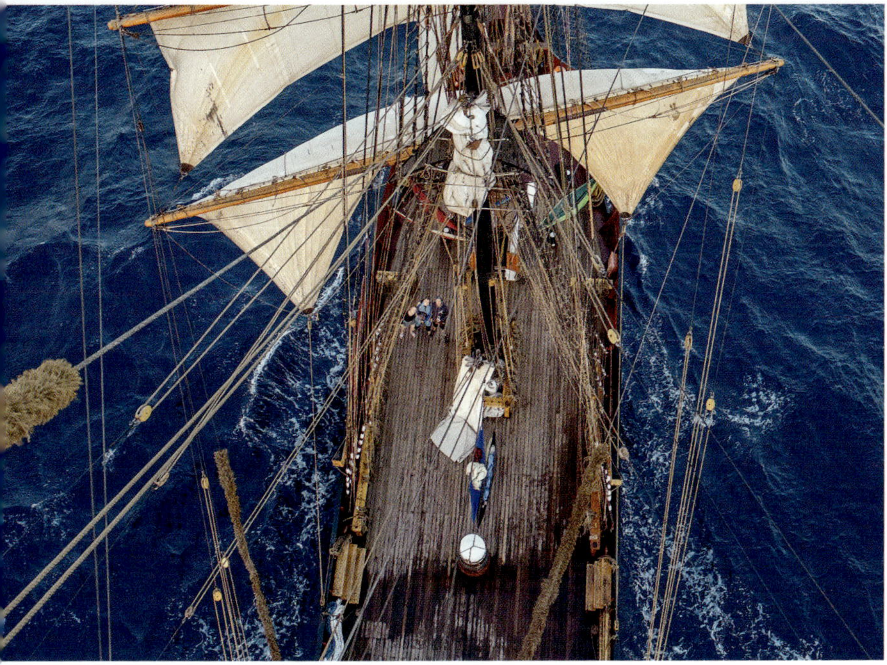

s Rigg zu klettern erfordert Mut, wird aber auch mit einem atemberaubenden Ausblick ohnt. Und zurück an Deck mit einer gekühlten Dose Cola.

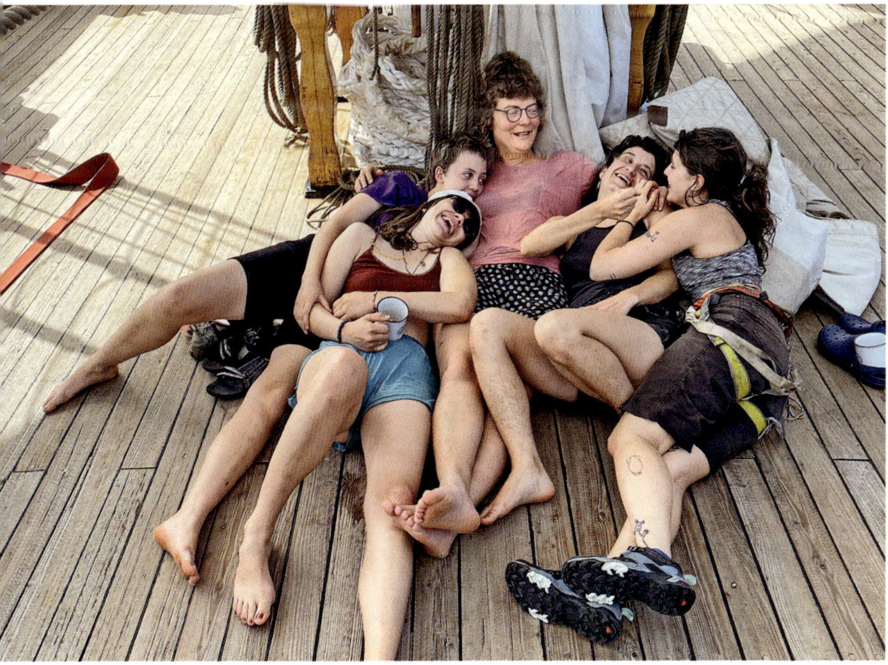

n Laufe des Törns entstehen immer tiefere Freundschaften. Wir teilen so manche Erlebsse miteinander, die sich kaum in Worte fassen lassen.

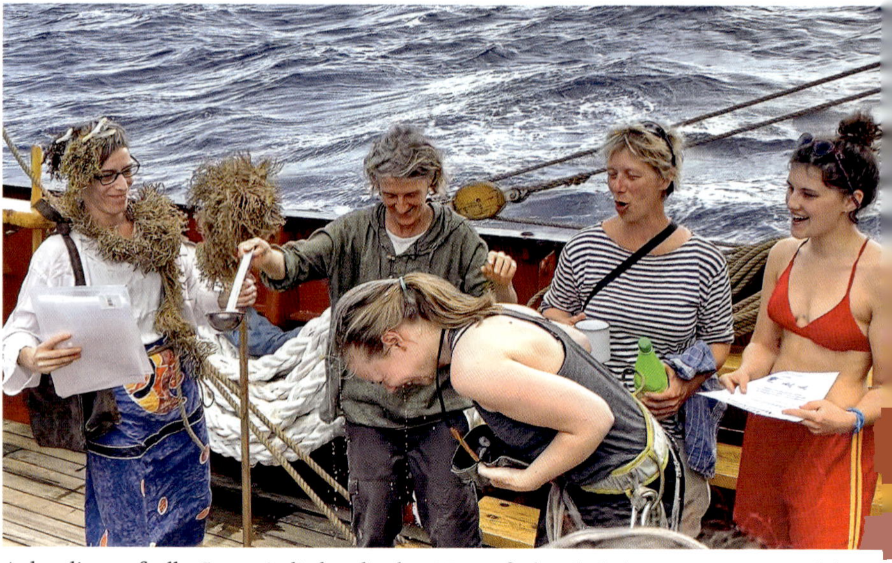

Aphrodite tauft alle Crewmitglieder, die den Mut aufgebracht haben, zum ersten Mal den Atlantik auf dem Seeweg zu überqueren. Jetzt sind wir offiziell erfahrene Seefrauen.

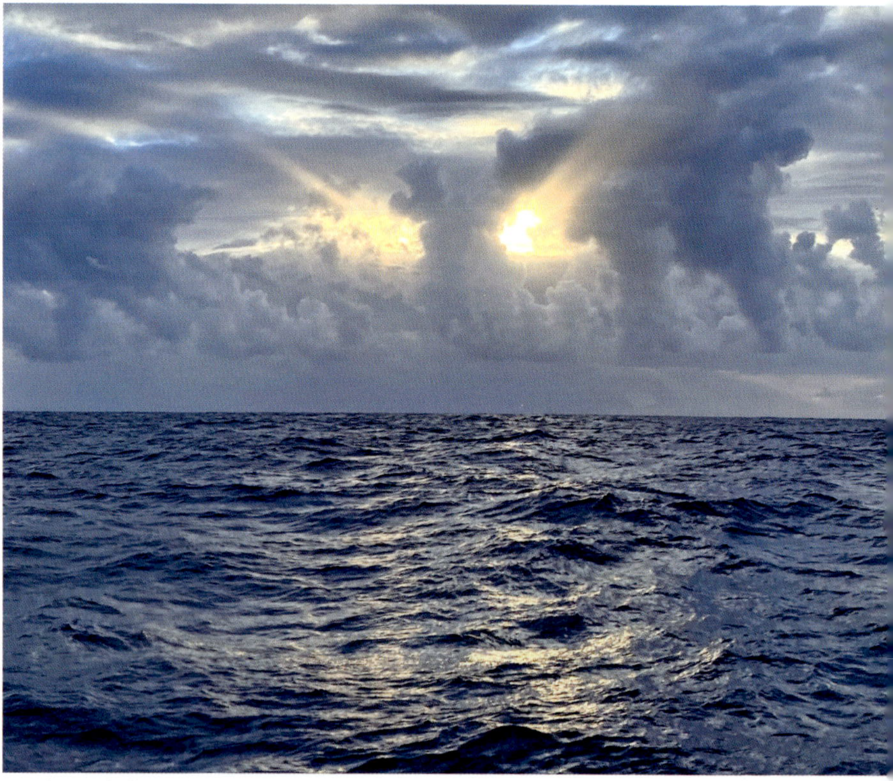

Direkt nach der Atlantiktaufe reißt der Himmel auf. Ob Aphrodite tatsächlich einen Blick au uns wirft? Ich nenne diesen Anblick »Aphrodites Segen«.

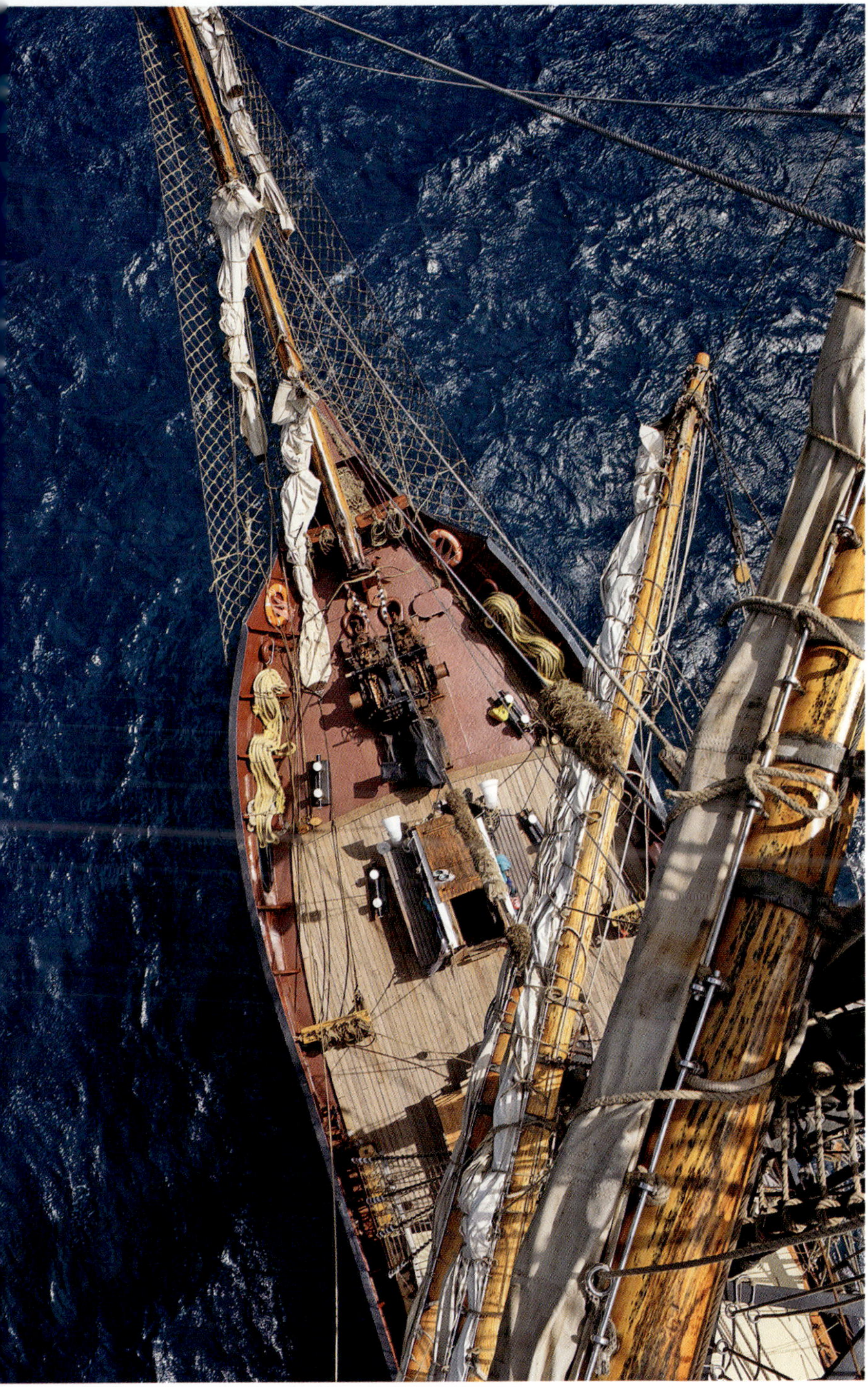

m auf einem traditionellen Segelschiff voranzukommen, müssen wir als Crew zusammen-
·beiten. Jede Tätigkeit ist hier sinnvoll.

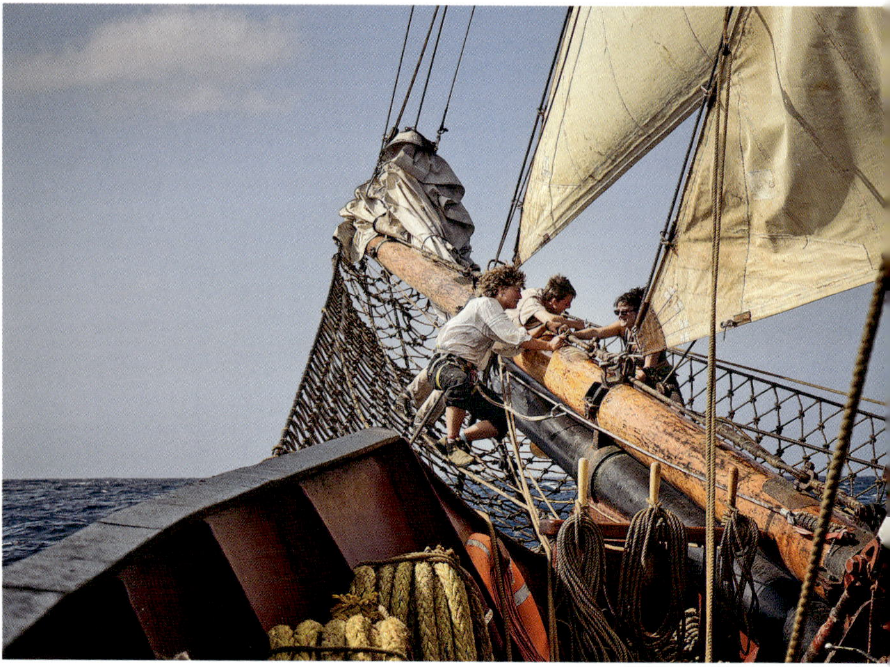

Gemeinsam mit Nora und Lydia schleift Anna Bootsfrau den Klüverbaum. Wir anderen kümmern uns ums Abschleifen der Nagelbänke. Anschließend tragen wir neuen Lack auf.

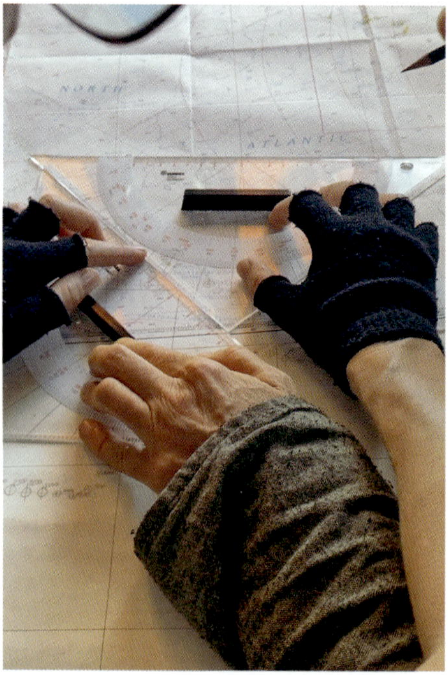


Um herauszufinden, wann wir Martinique erreichen, lernen wir zu koppeln.

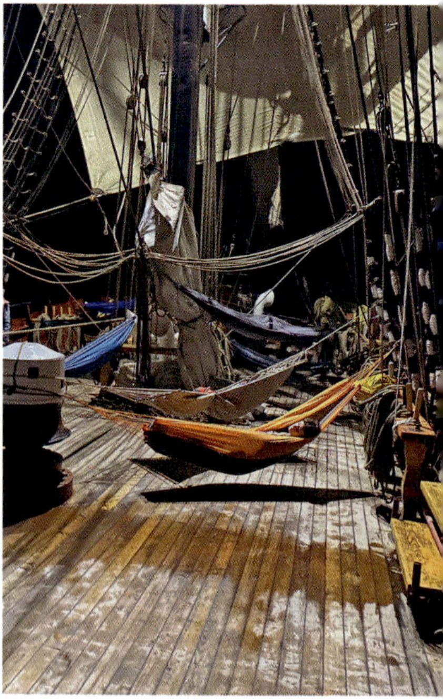

Da es immer wärmer wird, spannen wir nachts Hängematten an Deck auf.

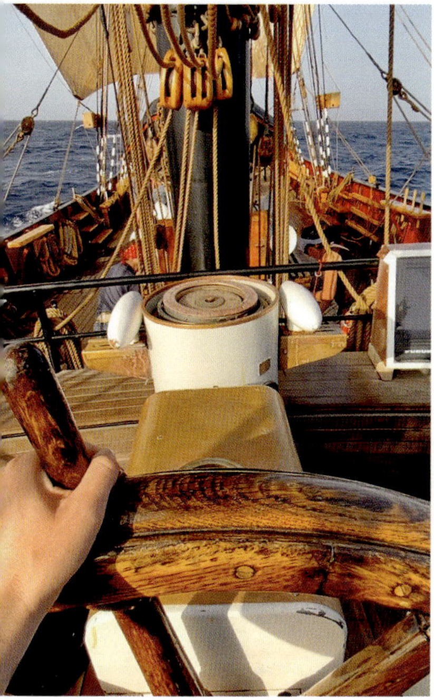

n Rollentauschtag übernehmen wir Trai-
es und Deckshands die Schiffsführung.

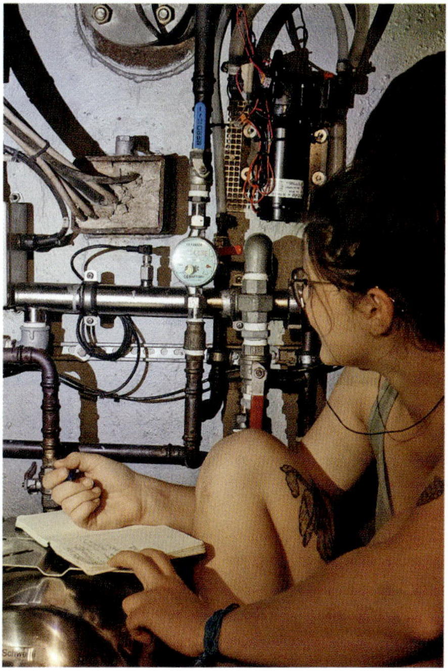

Maschinistinnen-Praktikantin Lydia bekommt von Sascha spannende Aufgaben.

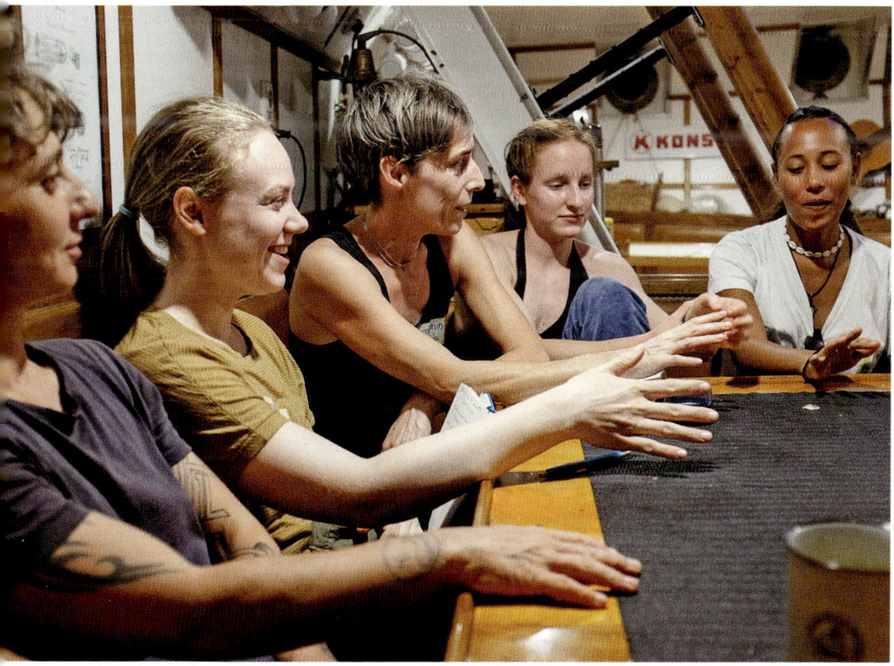

ıja und ich sind vorübergehend Kapitäninnen und leiten die 7-Uhr-Besprechung. Ich bin froh, dass sie an meiner Seite ist.

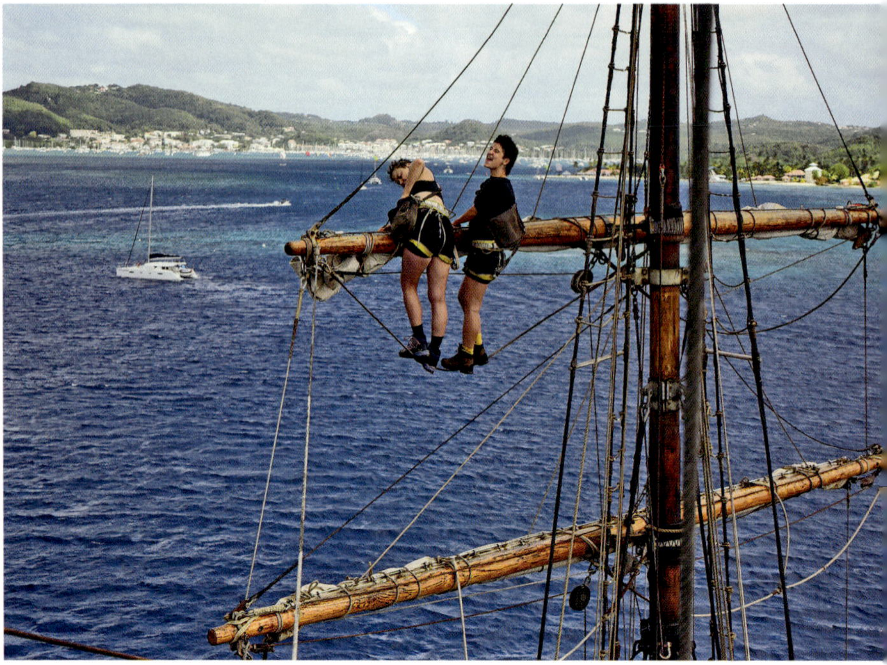

Nach 24 Tagen auf hoher See erreichen wir Martinique und durchleben ganz unterschiedliche Emotionen: Freude, Stolz, Erleichterung, aber auch Abschiedsschmerz

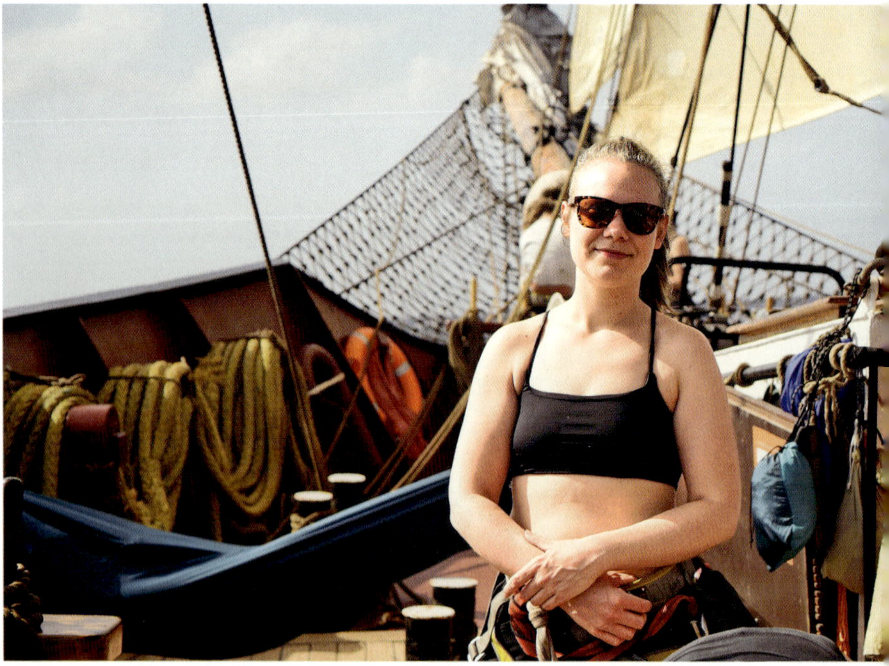

Unterwegs erhalte ich Antworten auf eine Frage, die ich mir gar nicht gestellt hatte: Wer bin ich, ganz ohne äußere Einflüsse? Mein Selbstbild hat sich in diesen vier Wochen gewandelt

»Gleich hier in Kammer 02. Ich glaube, innen oben.« Wir stehen direkt vor der Tür.

»Danke. Falls du Meike suchst, sie ist schon da.« Stimmt, jetzt fällt es mir wieder ein. Warum sollte sie hier unten sein, wenn sie doch gerade als Steuerfrau Wache hatte und wir die Wachübergabe gerade erst machen wollten? Ich gehe nun auch an Deck, zu meiner Wache. Sie sehen geschockt aus. Ich muss jetzt erst mal wissen, wer sich verletzt hat und wie schlimm es ist.

Es ist Doris. Sie hatte den Fliesenboden in der Kombüse mit einem Schlauch abgespritzt, wie wir es in der Backschaftsschicht üblicherweise jeden Abend machen, den Schlauch gerade zurück in die Lotsendusche gebracht und wollte hinausgehen, als eine große Welle kam. Die massive Holztür schlug mit voller Wucht zu, ihre Hand war dazwischen.

Ich vertraue mich Verena an, wie furchtbar ich mich fühle, weil ich auf der Treppe wieder umgedreht bin.

»Glaub mir, es ist besser so. Ich habe hingeguckt und hätte es lieber nicht gesehen.« Maren und Anke bekommen unser Gespräch mit, stimmen Verena zu.

»Jessi, mach dir keinen Kopf. Du hast doch sogar weiterhelfen können. Es können sich nicht alle um Doris kümmern. Ist alles gut so«, will Anke mich überzeugen. »Und wenn du wirklich umgekippt wärst, weil du kein Blut sehen kannst, hättest du weitere Probleme verursacht und nicht geholfen.« Ich solle froh sein, so ein gutes Bauchgefühl zu haben, mich richtig einschätzen zu können. Das kann ich noch nicht annehmen. Ich hoffe nur, dass es Doris gut geht.

Ich versuche, meine Gefühle zu verdrängen, wechsle in die Rolle der Beobachterin, weil ich grad nicht weiß, was ich sonst machen soll, um den Stress loszuwerden, der sich in mir angestaut hat.

Ein paar Frauen reden über etwas ganz anderes, über schöne Dinge, kichern und lachen. Einige brauchen die Stille und reden überhaupt nicht, melden sich zum Rudergehen an oder wollen als Nächste in den Ausguck. Und der Rest hat das Bedürfnis, ganz detailliert über alles zu sprechen, was sie gesehen haben und was sie gerade beschäftigt. Die Gerüchteküche reicht von »Hand gequetscht« über »Ein oder mehrere Finger wurden abgetrennt« bis »Die ganze Hand ist abgetrennt«. Und angeblich wurde das alles »mit eigenen Augen« gesehen und gehört: »Das Ding ist ab!« Das hätte Doris wohl selbst geflucht.

Es fangen auch schon Spekulationen an, was dieser Unfall für uns bedeuten könnte. Ist es das Ende unseres Törns?

»Ich könnte mir vorstellen, dass der Törn jetzt vorzeitig beendet wird und dass wir alle in Kapverden von Bord gehen müssen«, sagt Maren traurig. Alicia schüttelt den Kopf.

»Dafür sind wir schon viel zu weit, glaube ich.«

Seit vier Tagen sind wir nicht mehr auf südwestlichem, sondern auf westlichem Kurs und halten am Horizont Ausschau nach den typischen an einer Ebene kondensierten, eher breiten als hohen Kumuluswolken, die ein eindeutiges Zeichen dafür sind, dass wir den Passatwind eingefangen haben. Die Kapverden sind mehr als einen Tag entfernt, und wir müssten unter Motor fahren, gegen den Wind und die Strömung ankämpfen. Oder werden wir zum nächsten großen Schiff, vielleicht einem Marineschiff, segeln müssen, wo es eine noch bessere medizinische Ausstattung gibt und auf dem ein Rettungshubschrauber landen könnte? Auch das könnte noch Stunden bis Tage dauern, denke ich mir. Auch wenn sie uns entgegenkommen. Seit fünf Tagen hat unsere Steuerfrau Kathrin kein einziges Schiff mehr auf dem Radar gesehen. Wir sind also ziemlich allein hier draußen auf dem weiten Meer, fahren nicht die Route der Kreuzfahrt- oder Containerschiffe, die so viel Power haben, dass sie auch einfach quer über den Atlantik fahren könnten, egal, wie stark die Strömung ist.

Mir wird ganz schlecht. Plötzlich wird mir bewusst, dass sich meine größte Angst, die in den fast zwei Wochen an Bord komplett zurückgegangen ist, nun doch bestätigt. Wenn etwas passiert, haben wir wirklich nur uns.

Ich bin voller Adrenalin, in einem extrem wachen Zustand, quasi auf der Hut. Meine Sinne sind geschärft, ich höre, dass die Segel plötzlich flattern, und sage unserer Steuerfrau sofort Bescheid, dass der Wind sich gedreht hat. »Oh! Ja, das stimmt.« Sie passt den Kurs etwas an, diesmal brassen wir nur ein bisschen. Wie lange der Unfall jetzt her ist, kann ich nur schätzen. Zwei oder zweieinhalb Stunden vielleicht? Je länger ich hier einfach sitze und nicht weiß, was genau los ist, desto unruhiger werde ich.

Theresa kommt zu uns auf die Brücke. Endlich. Sie wirkt müde, aber überhaupt nicht unruhig.

»Doris hat ein Stück von ihrem Daumen verloren. Es geht ihr so weit gut.« Ein Glück, es ist doch nicht die ganze Hand! Ich glaube, wir alle atmen auf. »Die Nacht wird zeigen, wie es weitergeht.« Damit meint Theresa, wie es mit den Schmerzen weitergeht, aber für mich klingt es so, als würde die Nacht entscheiden, ob ihr Zustand stabil bleibt oder doch noch kippen könnte. Sie erzählt auch, dass Conni per Satellitentelefon beim ärztlichen Notfalldienst in Cuxhaven angerufen habe. Die Ärzte dieser Helios Klinik stehen im Auftrag des Bundes allen Schiffen unter deutscher Flagge weltweit zur Verfügung, geben per Telefon Anweisungen, was zu tun ist. Theoretisch könnten sie sogar mit den Mitteln der Bordapotheke eine Operation anleiten, aber das ist hier zum Glück nicht nötig. Per Mail via Satellit habe Conni außerdem Fotos von der Verletzung rübergeschickt.

Die größte Aufregung ist vorüber, mir ist eiskalt, und ich bin so müde, dass mir die Augen zufallen. Ich will einfach nur alleine sein, endlich in meiner Koje schlafen und kann den Wachwechsel kaum erwarten.

Kurz darauf ziehe ich die Decke bis zum Kopf und schlafe sofort ein. Plötzlich befinde ich mich in einer Art Hohlraum. Befinde ich mich in der Wand des Schiffes? Ich weiß es nicht. Wo bin ich? Ich bin orientierungslos. Bin ich gefangen? Ich bin ganz alleine. Es ist eng, bedrückend und dunkel. Ich schreie. »Hilfe! Hilfe!!!« Voller Panik schlage ich gegen eine Wand, will auf mich aufmerksam machen. Dann bemerke ich, dass ich aufrecht in meiner Koje sitze. Ich bin nicht gefangen, es war nur ein Traum. Alles ist gut, ich schlafe wieder ein.

Das Erste, an das ich mich dann wieder erinnern kann, ist, dass ich mit Anna Trainee und Irma im Eingang zu meiner Kammer stehe und die beiden mich umarmen. Ich fühle mich verzweifelt und schluchze, weil ich so müde bin. »Muss ich wirklich schon aufstehen?«

»Ja, leider.«

Moment mal. Was mache ich hier? Wie bin ich überhaupt aus meiner Koje geklettert? Schlagartig bin ich hellwach.

»Ich kann doch noch vier Stunden weiterschlafen, ich hab' doch jetzt gar keine Wache«, sage ich. Denn jetzt dämmert mir langsam, was hier eigentlich vor sich geht – ich muss schlafgewandelt sein. Auf einem Schiff. Und dabei habe ich anscheinend eben sogar Gespräche geführt. Scheiße.

Ich lege mich wieder in die Koje, schlafe nicht mehr sonderlich tief, sondern werde von jedem Knarzen wach. Mein Herz rast zunehmend. Verena steht auf und schaut, ob ich wach bin, fragt mich, ob es mir gut geht, weil ich nachts laut um Hilfe gerufen hätte. Als sie fragte, was los sei, hätte ich gar nicht reagiert. »Oje, ich dachte, ich habe heute Nacht nur im Traum nach Hilfe gerufen.«

Auf dem Handy schaue ich mir lustige Slow-Motion-Videos von Tilda als Welpe an, weil es mich immer aufheitert und ablenkt. Aber es bringt nichts. In einer der Duschen mache ich mich kurz am Waschbecken frisch, ziehe mich an, stecke alle Glücksbringer in meine vielen Hosentaschen. Aber ich schwitze so stark, dass das T-Shirt unter meinen Achseln einen Vollmond gebildet hat, als ich in die morgendliche 7-Uhr-Besprechung in der Messe platze.

»Jessi, brauchst du etwas?«, fragt Conni.

»Ja, ich brauche Hilfe. Kann ich mit einer von euch reden?« Aus der Anspannung komme ich allein nicht heraus. Anke steht ohne Zögern auf, wir setzen uns raus auf eine der Backskisten.

»Na, was ist los?«

»Erst mal – wie geht es Doris?«

»Ihr geht es gut. Jetzt zu dir. Ist es wegen gestern Abend?«

»Ich weiß nicht. Ich fühle mich gerade extrem gestresst. Mein Herz rast wie verrückt, und ich weiß nicht, was ich tun kann, um von diesem Level wieder runterzukommen.«

»Was hat dich denn so stark getriggert?«

»Rational weiß ich, dass ich keine Schuldgefühle haben muss, dass ich nichts falsch gemacht habe. Aber es kommt im Gefühl nicht an.« Vor meiner Therapie vor ein paar Jahren hatte ich oft das Gefühl, dass ich nicht nur für das Glück meiner Mutter verantwortlich bin, sondern auch für die Stimmung und das Wohlergehen aller meiner Mitmenschen. Ich weiß mich davon abzugrenzen, aber ich glaube, wenn man Prägungen hat, ist man im Affekt immer erst mal kurz in dieser Haltung, kann mit der Zeit aber immer schneller überprüfen, ob diese Haltung überhaupt gerechtfertigt ist.

»Was triggert dich noch? Gibt es weitere Auslöser?«

»Ich bin heute Nacht schlafgewandelt.« Das ist der größte Kontrollverlust, den ich mir vorstellen kann. Ein Gefühlscocktail aus Angst, Wut, Scham und Hilflosigkeit überkommt mich. Ich weine bitterlich.

»Na, siehst du, ich glaube, da haben wir es.«

»Schlafwandeln, auf einem Schiff! Ich glaub' das einfach nicht. Weißt du, jeden Tag bekomme ich etwa fünf neue blaue Flecke, und ich versuche, mich extrem doll zu konzentrieren, nicht mehr überall anzuecken. Bisher hilft es nicht. Gestern der Unfall, bei dem uns allen vor Augen geführt wurde, was eine blöde Welle, die im falschen Moment kommt, anrichten kann. Und dann schlafwandle ich und bin währenddessen gar nicht Herrin meiner Sinne.«

»Wie fühlt sich das an?«

»Ich fühle mich schutzlos ausgeliefert.« Nicht nur der rauen Naturgewalt gegenüber, sondern auch meinem Unterbewusstsein. In meiner Kindheit und Jugend bin ich regelmäßig schlafgewandelt. Immer dorthin, wo noch Menschen wach waren, etwa wenn wir Besuch hatten. Im Urlaub habe ich damals sogar mal das Ferienhaus verlassen und bin auf die Terrasse gegangen. Als Erwachsene ist es so extrem jedoch nie wieder vorgekommen. Ich rede nur im Schlaf, und Michi sagt manchmal, dass ich im Bett sitze, auf irgendetwas zeige oder einfach so ins Nichts schaue. Ich habe überhaupt nicht daran gedacht, dass auch das eine Form von Schlafwandeln ist.

»Und was brauchst du jetzt, damit es dir besser geht?«

»Weinen und darüber reden tut gut. Aber ich weiß es nicht, meine Anspannung äußert sich ja total körperlich. Immer noch. Sollte ich vielleicht meditieren?«

Bevor Anke etwas sagen kann, rufen ein paar Frauen vom hinteren Teil des Schiffes »Wal an Steuerbord!«. Anke und ich stürmen sofort ans Schanzkleid, das etwa eineinhalb Meter von uns entfernt ist. Wo ist der Wal? Ach da – im Wasser schimmert ein heller, türkisblauer Fleck. Da scheint ja wirklich etwas neben uns herzuschwimmen. Dann dreht es sich, aus dem Schaum einer sich brechenden Welle erscheint erst ein dunkelgrauer Rücken, dann eine Finne.

Mir fehlen die Worte. Manche Momente kann man wirklich nur fühlen. Ich habe Gänsehaut am ganzen Körper, Schmetterlinge im Bauch und fühle mich ganz ehrfürchtig. Alles, was mich eben noch beschäftigt hat, löst sich in Luft auf. Fühlt sich so das pure Glück an? Das höchste Hoch nach einem mentalen Tiefpunkt, so wie ich ihn gerade hatte? Ich lasse unseren Wal nicht aus den Augen, beobachte ihn ganz genau. Er dreht sich auf den Rücken, streckt die Flossen aus und lässt sich einfach treiben. Dabei wird er etwas langsamer als wir, dreht sich um und nimmt erneut Schwung. Und von vorn. Wieder schimmert sein heller Bauch durch das Wasser. Ein Anblick, der mich sehr beruhigt.

Das Herzrasen ist weg, die Anspannung auch. Dankbarkeit breitet sich in mir aus. Dafür, hier zu sein. Jetzt gerade, auf diesem Törn, in diesem Moment, in dem ich sonst noch in meiner Koje liegen würde, bis ich geweckt werde. Freiwillig früher aufgestanden bin ich sonst zumindest noch nicht.

Leid und Freud können nah beieinander sein, heißt es ja. Aber so unmittelbar? Ich bin richtig geflasht. Nicht nur ich, sondern ich glaube, wir alle brauchen diese Walbegegnung gerade.

Jetzt taucht er ab, und ich verliere ihn aus den Augen. Die anderen sehen ihn auch nicht mehr. »Bestimmt ist er jetzt auf der anderen Seite.« Da spüre ich ein Tippen auf meiner Schulter.

»Jessi? Da ist ja ein Wal. Sag mal, kann es sein, dass du wieder geweint hast?« Anna Bootsfrau zieht die Augenbrauen hoch und kräuselt ihren Mund nachdenklich.

»Ja, hab' ich.«

»Krass, das ist echt unglaublich. Aber dann hätte ich lieber keinen Wal gesehen.« Doch ich finde diesen Zufall witzig. Diesmal ist es mir auch nicht peinlich, geweint zu haben.

»Ich glaube mittlerweile wirklich, du scheinst irgendeine besondere Verbindung zu den Meeresbewohnern zu haben«, sagt Verena, die unser Gespräch mitbekommt. Sie, Anke und Anna Bootsfrau erinnern sich noch genau an die Delfinbegegnung. Wir lachen, sind amüsiert von dieser Situationskomik. Ein Teil in mir möchte glauben, dass ich diesmal einen Wal angelockt habe. Dass die Wale oder Delfine auf mich aufpassen, mir Kraft geben. Dass sie für uns alle da sind, wann immer wir sie am meisten brauchen. So wie heute.

Plötzlich taucht der Wal wieder auf, spritzt etwas Wasser aus seinem Atemloch, während im Hintergrund am Horizont ein doppelter Regenbogen aufgegangen ist. Kitschiger geht es wirklich nicht.

Ich entdecke Doris am Schanzkleid, direkt beim Durchgang ins Deckshaus. Sie lächelt so zufrieden, wie ich es zuvor nur erlebt habe, wenn Anna Bootsfrau und sie ihrer täglichen Verabredung folgen und sich gemeinsam ein Stück Schokolade gönnen.

Der Wal scheint ein Zwergwal zu sein, vermutlich ein neugieriges Jungtier, das noch nicht ganz ausgewachsen ist. Wir schätzen ihn oder sie auf etwa sieben Meter Länge und blättern im Buch über Wale aus der Bordbibliothek. Er folgt uns noch stundenlang. In der Wache machen wir heute auch nur das Allernötigste, damit wir den Fokus auf die schönen Seiten des Segelns nicht verlieren. Tatsächlich bleibt der Wal bis zum späten Nachmittag bei uns, bis kurz vor 16 Uhr.

Dann ruft Conni uns zu einem All-Hands zusammen: »Ich habe meine Mütze auf, also ist es ernst.« Sie spricht lauter als sonst. »Wir müssen diese Kette der Unachtsamkeiten jetzt durchbrechen.« Sie erklärt sich die Häufungen der kleineren und auch größeren Unfälle damit, dass wir mittlerweile alle auf dem Schiff angekommen sind und nicht mehr so gut aufpassen würden. Wir sollen langsamer machen, bedachter.

»Häufig ist es so, dass Frauen einfach nur schlucken und die Fresse halten, wenn etwas ist. Da kann es nur schlimmer werden.« Sie betont, dass alle kommunizieren müssen, wenn sie sich einer Aufgabe gerade nicht gewachsen fühlen. »Hört auf, mit der Mentalität zu leben, alles auch allein hinzubekommen oder euch womöglich noch zu schämen, wenn ihr euch etwas nicht zutraut oder ihr Hilfe braucht.« Dann zeigt sie plötzlich auf mich: »Du hast es heute Morgen richtig gemacht! Das war wirklich gut!«

Oje, ich möchte abtauchen. Mir ist schon klar, dass viele meinen Gefühlsausbruch mitbekommen haben, weil das Schiff nun mal nicht groß ist und an mehreren Stellen oben an Deck Luftröhren nach unten führen, die denselben Effekt haben wie Megafone. Dass ich schlafwandle, hat sich auch rumgesprochen. Anderen kann ich immer zugestehen, sensibel zu sein, doch bei mir denke ich, es ist zu viel. Ich bin zu viel. Wie oft habe ich mir schon gewünscht, diese Eigenschaft einfach ablegen zu können.

Als das All-Hands zu Ende ist, kommt Anke zu mir.

»Du bist für mich ein Vorbild darin, wie du mit Gefühlen umgehst. Es macht dich authentisch und bewegt eben auch ganz viel bei anderen.«

Wenn ich so darüber nachdenke, ist es mir wirklich lieber, ein intensives Leben zu führen als ein eintöniges. Was, wenn meine vermeintliche Schwäche in Wahrheit auch eine Stärke sein kann? Mir wird hier auf dieser Reise so richtig bewusst, dass ich meine Grenzen gut einschätzen kann. Es hapert nur noch etwas, im richtigen Moment auch für sie einzustehen. Und dass ich auch weiß, wann es an der Zeit ist, meine eigenen Befindlichkeiten zurückzunehmen und zu machen, was getan werden muss. Nur lerne ich hier wieder, dass ich meiner inneren Stimme, meinem Bauchgefühl, vertrauen kann. Aufgrund eines risikoreichen Ereignisses Angst zu haben, ist ja auch berechtigt. Da muss ich erst auf einem Schiff schlafwandeln, um zu checken, dass meine sensible Art mir eigentlich genau die Sicherheit gibt, die ich im Außen schwer finden kann.

Und wie auch immer ich es geschafft habe – seit uns der Wal begleitet hat, habe ich meine eigene Kette der Unachtsamkeiten durchbrechen können und die gesamte Reise keinen einzigen neuen blauen Fleck mehr dazubekommen.

# Dynamik unter Seefrauen

»Noch nie habe ich zuvor erlebt, dass ein Team so gut zusammenarbeitet. Alle ergänzen sich optimal mit ihren Fähigkeiten. Wir arbeiten Hand in Hand, ohne groß zu diskutieren.« Conni findet unsere Dynamik besonders, erzählt sie mir und wirkt dabei ganz überrascht. Ob sie ihre Meinung mittlerweile geändert hat, was die Harmonie an Bord betrifft?

Wann immer es Probleme oder Herausforderungen gibt, überlegt unsere Kapitänin mit ihrem Führungsteam, was wir anders, besser machen können. So ist etwa die Idee der Seewasserduschen entstanden. Damit wir nicht noch einen Unfall riskieren, wird die Tür in der Lotsendusche oben im Deckshaus einfach aus den Angeln gehoben. Denn wir alle füllen dort unsere Wasserflaschen auf, da stört die Tür ohnehin nur. Jetzt liegt sie in der unteren Koje der Maschinist:innenkammer. Und weil die Schichten in der Backschaft ziemlich anstrengend sind und Müdigkeit immer ein Risikofaktor ist, unaufmerksamer zu werden, bekommen wir neuerdings den restlichen Tag wachfrei. Das gab es so wohl auch noch nie. Wie die meisten von uns nutze ich diese Tage, um ein paar Mützen Schlaf nachzuholen.

Auch wenn ich davon ausgehe, dass es bei dem einen Mal bleiben wird, zieht mein Schlafwandeln noch Folgen nach sich. Anna Bootsfrau und ich präparieren meine Koje noch am selben Abend. Das heißt, wir stellen das sogenannte Leebrett an der Bettkante auf, das verhindert, bei starkem Wellengang aus der Koje zu fallen. Warum bin ich nicht schon früher auf die Idee gekommen? Damit hätte ich gar keine Angst zu haben brauchen, aus der Koje zu kullern. Dann spannen wir im Zickzack ein schwarzes Seil von den Schlitzen, die alle paar Zentimeter ins Leebrett eingefräst wurden, bis zur Wäscheleine, die knapp unter der Decke hängt. Unsere Idee dahinter: Um aus der Koje zu klettern, muss ich meinen Kopf anstrengen, um die richtigen Stellen zu finden, durch die ich hindurchschlüpfen kann, und dabei werde ich vermutlich wach.

Für den Fall, dass ich es trotz allem schlafwandelnd hinunterschaffe, schenkt Anna mir eine selbst gebastelte Fußkette aus schwarzen dünnen Bändern, die sie in der Bootsmannslast gefunden hat. Darauf hat sie Muttern und Unterlegscheiben gefädelt, die bei jeder Bewegung bimmeln wie das Glöckchen eines Schokoladenosterhasen.

Und wenn ich nachts aufstehe, um kurz aufs Klo zu gehen, was eigentlich durch das permanente Wasserrauschen jede Nacht mindestens einmal nötig ist, spreche ich die Frauen, die mir im Flur begegnen, zuerst an mit: »Ich bin wach.« Die Vorstellung, dass Schlafwandelnde nicht geweckt werden dürfen, hält sich nämlich hartnäckig. Aber es geht noch weiter.

Auf der Feuerrunde, die immer gemacht wird, wenn der Ausguck ausgewechselt wird, um etwa auf ungewöhnliche Gerüche und Geräusche zu achten und rechtzeitig zu bemerken, falls Wasser eindringen sollte, ist meine Koje zu einer weiteren Station geworden. Die Frauen schauen immer nach, ob ich noch drin liege. Jede halbe Stunde bis Stunde steht also jemand an meinem Bett. In der ersten Nacht habe ich mich noch oft erschrocken, doch dann war es für mich schnell ganz normal, und auch den anderen Frauen in meiner Kammer macht es zu meiner Erleichterung nichts aus. Für so viel Fürsorge bin ich echt dankbar. Conni sagt, so kann sie selbst auch besser schlafen. Ihr ist bewusst, dass ich schlafwandelnd schlimmstenfalls rauf aufs Deck gehen und über Bord fallen könnte.

Generell ist es jetzt so, dass wir uns gegenseitig darauf ansprechen, wenn wir den Eindruck haben, dass es einer von uns vielleicht nicht gut gehen könnte. Eine Mitseglerin in unserer Wache meldet sich immer als Erste für freiwillige Aufgaben. Als sie sich mit rotem Kopf schnaufend gerade erst hingesetzt hat und auf Ankes Anfrage in die Runde dann sofort zum nächsten To-do übergehen will, sprechen sie gleich mehrere von uns an: »Lass uns auch mal machen, und ruh dich bitte kurz aus.« Außerdem gibt es in unserer Wache auch regelmäßig Feedbackrunden. So auch nach dem Unfall. Dann heißt es: Wie geht es uns gerade? Was brauchen wir?

Ist eine von uns so erschöpft, dass ihr in der Nachtwache die Augen zufallen, bietet Anke ihr an, früher schlafen zu gehen. Wir sind mit 47 Frauen eine ziemlich große Crew, manche Törns kommen auch mit 35 oder nur 30 Personen aus. Daher kann es sehr gut aufgefangen werden, wenn mal eine von uns fehlt. Bei uns an Bord gilt auch, dass wir nicht unnötig an unsere Grenzen gehen sollen.

Das hier ist ein Safe Space, also ein Ort, an dem wir uns geschützt fühlen können. Silvester war wirklich nur der Vorgeschmack. Dafür spricht auch, dass es hier keine dummen Fragen gibt. Pauline ist so stolz auf sich, weil sie nun endlich weiß, wie die Feuerpumpe bedient wird. »Ich segle ja schon seit Jahren mit und habe den richtigen Zeitpunkt verpasst, nachzufragen. Dann war es mir irgendwann so peinlich, es immer noch nicht zu wissen, dass ich lieber einen großen Bogen drum gemacht habe.« Bei unserem Törn habe es sie jedoch keine Überwindung gekostet, einfach nachzufragen. »Ich wusste, dass ich nicht schräg angeguckt werde.«

Das erinnert mich an das Konzept der psychologischen Sicherheit, ein Thema, mit dem sich immer mehr Unternehmen beschäftigen. Es geht um Verletzlichkeit, Vertrauen und eine

Atmosphäre, in der es kaum zwischenmenschliche Risiken gibt und alle entspannt sein können. Wenn sich niemand für Fehler schämen muss, alles ansprechen kann, steigere es nicht nur das Wohlbefinden der Mitarbeiter:innen, sondern auch die Leistungsfähigkeit in Teams. Auf unserem Törn kann wirklich jede so sein, wie sie ist. Niemand muss sich verstecken oder verstellen. Mir kommt es vor, als seien alle bemüht, verständnisvoll zu sein, sich in die andere hineinzuversetzen und alle Gefühle zu akzeptieren und anzuerkennen, die während unseres Abenteuers aufkommen. Wir gehen respektvoll und rücksichtsvoll miteinander um. Das festigt das Vertrauen jeden Tag mehr und mehr.

Trotz ganz viel Klarheit, was die Regeln an Bord und Sicherheitsvorkehrungen betrifft, kann es auf jedem Törn vorkommen, dass Fehler passieren. Wichtig ist Conni, dass wir daraus lernen. Einer von uns ist ein Handy vom Rigg aufs Deck gekracht. Das war gefährlich, und hätte dort jemand gestanden, hätten wir womöglich einen medizinischen Notfall gehabt. Eine erzählt, dass es auch Kapitän:innen gebe, die das Handy nach so einem Vorfall gänzlich im Meer versenken würden. Hier jedoch gab es keine Schuldzuweisungen. Es war so deutlich, dass diejenige sich selbst kaum verzeihen konnte, was passiert ist.

Als Kapitänin gibt Conni den Ton vor. Für mich ist sie ein Vorbild. Während ich etwa als Rudergängerin direkt daneben stehe, bittet sie unsere Steuerfrau Kathrin um ihre Meinung. Konfliktpunkt sind Flip-Flops an Deck. Kathrin findet die Kritik berechtigt, erklärt ihren Standpunkt, und Conni bedankt sich. Diese Perspektive habe sie bisher zu wenig bedacht.

Sie lebt uns vor, dass wir jederzeit nicht nur Ideen oder Lösungsvorschläge für die Herausforderungen des Alltags, sondern auch Bedenken frei äußern dürfen.

Seit Connis letzter Ansprache, in der sie noch mehr Offenheit – besonders in Bezug auf vermeintliche Schwächen – eingefordert und mich dafür gelobt hat, nach Hilfe zu fragen, sprechen auch andere Frauen offen an, wie es ihnen wirklich geht, was sie brauchen oder was sie stört. Deswegen entspannt sich die Stimmung an Bord nach dem Unfall schnell wieder.

Klar gibt es auch hier Reibungspunkte und Missverständnisse untereinander. Es ist auch nicht so, dass alle zu neuen besten Freundinnen werden. Oder dass alle immer richtig gute Laune haben. Wer hat das schon? Tabuisierte Gefühle wie Futterneid sind auch immer mal wieder Thema. Nur wird das metaphorische Feuer im Keim erstickt, bevor es riesengroß und unkontrollierbar wird. Brenzlige Themen werden also angesprochen, bevor der große Leidensdruck da ist oder sich die Fronten verhärten.

Sascha und ich etwa hatten ein Missverständnis. Sie erzählt beim Frühstück, dass sie in Berlin aufgewachsen ist.

»Kommst du aus Ostberlin?« Ich frage aus Neugierde, weil mich die ganze Zeit über schon interessiert, wie viele von uns 47 Frauen aus der ehemaligen DDR sind, was man nicht wissen kann, da wir ja in ganz Deutschland verteilt leben. Und das Schiff hat ja durch seine Vorgeschichte eine Verbindung dazu.

»Ja.« Sascha wechselt sofort das Thema, und in mir bleibt ein ungutes Gefühl. Habe ich etwas Falsches gesagt? Im Grunde habe ich den ganzen Kontext weggelassen. Und dass ich auch irgendwie ein »Ossi« bin, weiß Sascha auch nicht.

Ich möchte nicht, dass etwas zwischen uns steht, gehe ihr aber gleichzeitig auch aus dem Weg, weil ich Angst habe, wieder etwas Unbedarftes zu sagen. Aber ich will mich hier ja allen Ängsten stellen, also gebe ich mir beim Mittagessen einen Ruck und frage sie um Feedback.

»Ich werde den Eindruck nicht los, dass meine Frage, ob du aus Ostberlin kommst, verletzend für dich war. Hast du das so empfunden?«

»Ja. Ich fand die Frage echt nicht so toll. Kam mir so vor, als würdest du meinen: So wie sie redet oder sich verhält, kann sie nur ein ›Ossi‹ sein oder so.« Das wollte ich nicht und bin froh, dass wir das gleich aufklären können.

Anschließend tauschen wir uns mit Konny, Anja und Conni, die neben uns sitzen, über Vorurteile gegenüber »Ossis« und »Wessis« aus, die auch heute noch bestehen oder sich in den letzten Jahren wieder verstärkt haben. Dabei finde ich endlich heraus: Nur sieben von uns kommen ursprünglich aus der ehemaligen DDR.

Beim Abendessen fühle ich mich von Lydia vorgeführt, was mich irritiert. Sie ist in der Backschaft, und ein paar Frauen fragen sie nach mehr Karottensticks.

»Es gibt keine Karotten mehr.« Sie ist sichtlich genervt von den vielen Nachfragen, spricht laut und gepresst. »Jessi hat so viele auf ihrem Teller, fragt sie doch einfach!« Echt jetzt? Der Tomatenvorfall hat mir eigentlich gereicht, denke ich zuerst. Dann fällt mir auf, dass es mich diesmal jedoch gar nicht trifft. Ich weiß, dass ich nicht mehr Sticks als andere genommen habe, nur wollte ich mir das Beste bis zum Schluss aufheben und esse bekanntlich langsam. Später, als wir uns im Flur begegnen, entschuldigt sie sich. »Ich war voll gestresst, habe die Karotten auf deinem Teller gesehen und nicht weiter nachgedacht. Tut mir leid, Jessi.«

»Das habe ich mir schon gedacht. Kein Problem und danke, dass wir noch mal drüber gesprochen haben.« Ich hoffe, unsere Crewdynamik stärkt mich auch über unseren Törn hinaus, selbst die offene Kommunikation beizubehalten und gleichzeitig nicht alles reflexhaft auf mich zu beziehen.

Kojen werden, wie Conni vermutet hat, tatsächlich vereinzelt durchgetauscht. Aber nur, weil ein paar Frauen schnarchen und bei einigen deshalb langsam die Nerven blank liegen. Diana wechselt die Wache, weil sie nach dem Wachzeitenwechsel merkt, dass sie mit dem neuen Tagesrhythmus nicht klarkommt. Klara und Antoinette gehen in die Karo-Wache, weil es dort vorübergehend die meisten Krankheitsausfälle gibt. Liane wechselt zu uns, weil sie sich mit vielen Frauen aus meiner Wache so gut angefreundet hat. Unsere Wache hat den Ruf, immer pädagogisch-verständnisvoll zu sein. Die Julia-Wache ist die Spaß-und-Kuschel-Wache, in der jede den Zyklus der anderen kennt. Die Stimmung bei ihnen ist immer lustig und leicht. Und in der Karo-Wache sind überwiegend Frauen, die sehr gerne und viel Zeit für sich brauchen, nicht alles immer mit der Gruppe teilen wollen. Für unsere unterschiedlichen Feierlichkeiten haben sie für uns alle gebastelt, für Meike sogar einen Wal geschnitzt und ihn an einem Metallstab mit Winde befestigt, den sie bis an ihr Bullauge hinunterlassen konnten, damit ihr Geburtstagswunsch nach einer Walsichtung direkt nach dem Aufwachen in Erfüllung geht, wenn sie durch das Bullauge in ihrer Kammer schaut. Aber das Schöne ist, dass jede ihren Platz findet, jede im Mikrokosmos Schiff Gleichgesinnte findet und dass die unterschiedlichen Temperamente im All-Hands total gut zusammenarbeiten.

Insgesamt haben wir ein Umfeld, in dem alle ihr volles Potenzial entfalten können. Mir fällt auf, dass ich mir keine Gedanken darüber mache, was andere von mir erwarten. Ich kann mich ganz frei Herausforderungen dann stellen, wenn es sich stimmig für mich anfühlt. Während sich immer mehr von uns trauen, bis nach ganz oben zur Royal zu klettern, fühle ich mich davon nicht gestresst. Ich bin sogar ein bisschen stolz auf mich, der Versuchung nach höher, schneller, weiter zu widerstehen.

Und da so viele von uns klettern, ist es auch nicht notwendig, mich sofort zu überwinden.

Mittlerweile liebe ich es nämlich, mich auf dem Klüverbaum auszutoben. Dort will ich unbedingt alles lernen, alles können und melde mich freiwillig, wann immer es geht, auf das Rundholz an der Schiffsspitze zu klettern. Unter mir ist nicht das Deck, sondern das offene Meer, getrennt durch ein geknüpftes Sicherheitsnetz. Aber ich schaue nur nach vorne, auf die unendliche Weite, während ab und zu etwas Gischt an meine Beine spritzt. Der Klüverbaum ist mein Lieblingsort, nirgends sonst spüre ich so ein starkes Urvertrauen. Da will ich immer mutiger werden, und dort merke ich, wie sehr ich auch bei Manövern über mich hinauswachse.

Aber ist die Dynamik auf einem gemischten Törn wirklich so großartig anders? »Ja«, sagen unsere erfahrenen Seefrauen. Ich weiß es nicht aus eigener Erfahrung, kann mir aber vorstellen, dass jeder Törn anders ist, weil jedes einzelne Crewmitglied – ob Frau, Mann oder nichtbinär – die Gruppendynamik beeinflusst.

Die Wut auf Männer, die meinen, dass ihnen alles ganz selbstverständlich zusteht, ist in den ersten Tagen groß und immer wieder Thema.

Klara und Antoinette haben zum Beispiel schon mehrmals erlebt, dass ein Mann ihnen den Tampen aus der Hand genommen hat. Einfach so, weil er ebendiese Aufgabe ausführen wollte. Und Anja hat keine Lust mehr auf »Mansplaining«.

Anke sei so etwas noch nie passiert. »Ich fahre seit circa siebzehn Jahren auf der *Roald* und habe mich noch nie unwohl gefühlt.« Anke ist auf einem Bauernhof groß geworden. Ihre Brüder durften überall auf dem Hof helfen, sie nicht. Nur im Haushalt. Auf der *Roald* darf sie alles machen, überall mit anpacken. Aber auch sie gibt zu, dass sie in der Vergangenheit von Männern übermäßig gelobt wurde, allein dafür, dass sie als Frau segeln geht und so hart arbeitet, wie Männer es tun. Wenn tatkräftig anpackende Frauen auf einem Segelschiff als etwas ganz Besonderes wahrgenommen werden, sind wir dann überhaupt auf Augenhöhe?

Spannend finde ich, dass für viele die Atlantiküberquerung nicht infrage gekommen wäre, würden auch Männer mitsegeln. Nicht, weil sie keine Männer mögen. Ohne den Zuspruch oder Rückhalt ihrer Partner, die zu Hause die Stellung halten, wäre der Törn für einige von uns gar nicht möglich gewesen. Der häufigste Kritikpunkt an reinen Seefrauentörns lautet: Warum werden pauschal alle Männer ausgeschlossen? Wir Frauen dürften doch auf allen Törns mitsegeln, und bei traditionellen Segelschiffen ist das Geschlechterverhältnis schon beinahe ausgeglichen – nur eben nicht in Positionen mit viel Verantwortung. Da, finde ich, machen die Frauentörns auf jeden Fall Sinn, um Berührungsängste überhaupt zu erkennen und dann abzubauen.

Männer sind nicht so und Frauen so. Das ist viel zu pauschalisiert und oberflächlich. Und ja, im Grunde sind wir alle Menschen. Aber trotzdem halten sich Geschlechterklischees hartnäckig in unserer Gesellschaft. Erwartungen, wie Frauen oder Männer sein sollen, welche Verhaltensweisen sich gehören und welche allgemein als störend empfunden werden. Sich anders zu verhalten, kann auch schnell abgestraft werden, doch an Bord müssen nun mal laute, klare Ansagen gemacht werden, ohne Umschweife und Höflichkeitsfloskeln. Es kann viel Kraft kosten, Vorurteile zu überwinden.

Ohne Männer, so erkläre ich mir jedenfalls das, was auf diesem Törn passiert, sind wir viel befreiter von Geschlechterrollen als sonst im Alltag. In unserer kleinen Bubble können wir als Frauen nicht nur alles schaffen, wir müssen es auch.

Bei einem Manöver muss es im Ernstfall wie bei einem plötzlichen Wetterumschwung auf See richtig schnell gehen. Dann wird von den Toppsgast:innen angeleitet, an welcher Position was gemacht werden muss. Da wird nicht jede:r einzeln aufgefordert, sondern in einem Bruchteil der Sekunde muss jede:r die Entscheidung für sich treffen: Bleibe ich stehen und warte auf eine andere explizite Anweisung, oder gehe ich da jetzt hin? Vielleicht schafft es ein großer Mann, alleine am Tampen zu ziehen, während wir uns manchmal zu zweit oder zu dritt mit unserem gesamten Körpergewicht an den Tampen hängen müssen, wie der Glöckner von Notre-Dame, um genug Kraft aufzuwenden. Aus Pragmatismus lässt man, wenn es schnell gehen muss, auch mal jemand Stärkerem den Vortritt – und schnell bürgert sich das ein und wird zur Gewohnheit. Auch wenn das natürlich nicht heißt, dass Männer immer stärker sind, aber da sind wir wieder bei den Stereotypen und Klischees. Da wir jedoch auf unserem Törn genug Crewmitglieder sind, merken wir, dass sich kein Nachteil daraus ergibt, etwas mit vereinten Kräften zu schaffen. Im Gegenteil, es macht viel Spaß. Und ich merke außerdem, dass ich, wie viele andere auch, stärker geworden bin.

Als wir am Ablegetag die schwere Gangway etwa auf das Deckshaus heben mussten, war das echt heftig. Aber es war auch ein geiles Gefühl, als wir es mit vielen Händen und vereinten Kräften sofort beim ersten Versuch geschafft haben. Das sind etwa die kleinen Erfolgsmomente, wo wir unsere Selbstwirksamkeit spüren. Und die Kraft der Gemeinschaft. Wichtiger noch als die körperliche Kraft ist es jedoch, präsent zu sein. Ohne Ausdauer, Konzentration und Disziplin würde jedes Manöver im Chaos versinken. Denn es gibt immer mal wieder Gegebenheiten, die die Bedingungen erschweren: Nässe, Dunkelheit, Müdigkeit, Wind, stürmische Böen und starker Wellengang.

»Ich bekomme nach Frauentörns immer die Rückmeldung, dass die Frauen sich besonders viel getraut haben.« Conni beobachtet, dass Frauen oft anders an Aufgaben herangehen würden. »Frage ich in einer gemischten Runde, wer etwas übernimmt, melden sich Männer meist sofort, fragen dann erst, was die Aufgabe genau beinhaltet, und machen erst einmal. Frauen hingehen überlegen zuerst, ob sie der Aufgabe gewachsen sind, und denken, sie müssten alles bereits können, bevor sie es übernehmen.«

Anna Trainee, die vor unserem Törn zwei Wochen lang gemeinsam mit Männern auf der *Roald* gesegelt ist, fühlt sich erst in unserer Gemeinschaft so richtig ermutigt, ihre Höhenangst jeden Tag ein Stück weit mehr zu überwinden. Es ist so schön, die Entwicklung jeder Einzelnen von uns mitzuerleben. Was die Selbstzweifel betrifft, mit denen sie sich im Alltag konfrontiert fühlt, so hat Irma mittlerweile das Gefühl, dass sie hier kaum präsent sind.

»Die haben eng mit patriarchalen Strukturen zu tun. Was von mir erwartet wird, was ich darf und was unangemessen ist.« Aber sie schlussfolgert auch, dass sie ihre Glaubenssätze nicht immer für voll nehmen muss. »Ich glaube, viele unserer internalisierten Glaubenssätze kommen eigentlich von außen und stimmen für uns persönlich gar nicht.«

Während die erfahrenen Seefrauen bei gemischten Törns mitunter den Eindruck haben, als Frau im Maschinenraum oder in der Bootsmannslast nicht besonders erwünscht zu sein, gibt es bei uns keine tabuisierten Bereiche. Sascha und Anna Bootsfrau spannen alle mit ein, die sich einbringen oder etwas dazulernen wollen.

Der Maschinenraum ist das Herz der *Roald*, von wo aus das gesamte Schiff mit Wasser und Strom versorgt wird. Die Hauptmaschine heißt Emma und hat 360 PS, ist über die Kurbelwelle direkt mit der Schiffsschraube verbunden. Auf mich wirkt dieser Raum wie eine heilige Kathedrale, in der ich zuerst gar nichts anfassen mag, aus Sorge, etwas kaputtzumachen. Aber es wird besser. Denn Sascha lädt uns immer wieder dazu ein, in ihre Welt abzutauchen, und erklärt uns Geräte, Pumpen, Generatoren und Zusammenhänge so, dass jede es nachvollziehen kann.

»Wir arbeiten sehr daran, dass sich auch bei gemischten Törns alle wohlfühlen, und zeigen deutlich, dass wir sexistisches Verhalten nicht tolerieren«, sagt Conni. »Aber es wächst sich eben nicht von alleine heraus.« Konkret auf den Verein bezogen, der unseren Atlantiktörn ermöglicht, findet die Mehrheit aller Mitglieder, dass Frauentörns wichtig, sinnvoll und notwendig sind. Ziel ist nämlich, in den nächsten Jahren eine ausgewogene Geschlechterverteilung in allen Führungspositionen zu erreichen. Es gibt zwanzig Kapitän:innen, da ist Conni allerdings eine von nur drei Frauen. Maschinistinnen gibt es nur zwei. Der Verein wünscht sich Nachwuchs.

Maren, die ihre älteste Tochter vor mehr als vierzehn Jahren zu einer Klassenreise als Aufsichtsperson auf der *Roald* begleitet hat, erzählt mir, dass einer aus dieser Klasse heute Berufskapitän und ein anderer Bootsbauer ist. Der Schultörn habe diese Leidenschaft entfacht. Ich verstehe es voll. Und ihre Tochter ist seitdem ebenfalls eine begeisterte Seglerin. Ich kann gut nachvollziehen, dass sich auf Seefrauentörns wie unserem auch manche Frauen denken könnten: Kapitänin, Maschinistin oder Steuerfrau sein, Bootsbauerin werden, das könnte ich auch. Denn geht es nicht auch um Vorbilder?

Über Jahrtausende war die Seefahrt Männern vorbehalten. Auf den Weltmeeren waren sie überwiegend unter sich. Klar gibt es Ausnahmen, auch historisch. Largetha, die Schildmaid aus der Netflixserie »Vikings«, gab es laut Überlieferungen wirklich, sie führte eine Flotte von 120 Schiffen an. Mehrere Seefrauen auf unserem Törn erzählen mir auch von den beiden Piratinnen Mary Read und Anne Bonny, die sich als Männer verkleiden mussten. Angeblich hatten sie sogar eine Affäre miteinander gehabt. Und dann wären da noch die Isländerinnen. Laut der Anthropologin Margaret Wilson machten Frauen vom 17. bis Anfang des 19. Jahrhunderts ungefähr vierzig Prozent der Fischer:innen aus.

Heute schaffen es immer mehr Frauen in hohe Ränge und werden damit zu Vorbildern für andere. Dennoch glaube ich, es gibt noch viel zu wenige Erzählungen von Seefrauen, über die weibliche Perspektive in der Seefahrt.

Die »Wege zur See« sind eine kleine Vortragsreihe auf unserem Törn, nachmittags direkt vor der Kaffeepause. Wir haben nämlich Frauen unter uns, die nicht nur ehrenamtlich, sondern auch beruflich in der Schifffahrt tätig sind. Nicki hat etwa eine Ausbildung als Konstruktionsmechanikerin gemacht, in Werften als Schlosserin gearbeitet und war die letzten Jahre Bootsfrau bei der Seenotrettung. »Ich habe es nie komisch gefunden, einen Beruf auszuüben, der sonst eher von Männern dominiert wird.« Deswegen mache es sie traurig, dass sie damals in ihrem Bundesland die einzige Schlosserin ihres Jahrgangs war. Sie rät uns, dass wir einfach machen sollen, was uns glücklich macht, unabhängig davon, ob es ein von Männern dominierter Beruf ist oder nicht, und immer zu hinterfragen: »Was erwarten andere von mir, und was will ich überhaupt?«

Conni erzählt, es habe sie immer schon interessiert, wie das Segeln funktioniert. Mit zwanzig habe sie sich mit ihrem ganzen Ersparten ein Boot gekauft, um damit auf der Ostsee zu segeln. »Ich habe alles falsch gemacht, was man falsch machen kann.« Sie lacht, schwelgt in Erinnerungen. »Aber ich habe so auch sofort am Anfang gelernt, Entscheidungen zu treffen und nicht aufzugeben. Fehler wird man immer machen, faszinierend finde ich immer, wenn ich mit einer Crew segle, dass man trotzdem, egal, was ist, wie schwierig, unmachbar oder kompliziert ein Vorhaben erscheint, immer eine Lösung findet.«

Sie studierte erst Biologie, dann Philosophie und Gender Studies, bevor es sie zurück aufs Meer zog. Sie fing selbst als Trainee auf der *Roald* an. In den Niederlanden, im Wattenmeer, hat sie als Matrosin angeheuert, wurde Steuerfrau und konnte vier Jahre später Kapitänin werden.

»Ihr werdet lachen. Als ich wusste, dass es Rahsegler gibt, hatte ich einen Traum: Ich möchte mit einem Frauentörn über den Atlantik segeln.« Es gibt Applaus, ich bekomme feuchte Augen, weil es mich berührt, dass sich Connis großer Traum jetzt gerade erfüllt.

Heute jedoch, das gibt sie zu, fühle sie sich als Berufskapitänin hin und her gerissen. »Es ist schwer, von der Seefahrt zu leben.« Kapitän:innen auf Segelschiffen verdienen zwischen 2500 und 3000 Euro pro Monat, dürfen laut Arbeitsschutzgesetz aber nur 180 Tage pro Jahr zur See fahren, die restlichen sechs Monate im Jahr müssen sie sich freinehmen, je nach Vertrag unbezahlt. »Aber wenn ich auf Törns ausbilden darf, dann weiß ich genau, warum ich so gerne Kapitänin auf diesen Segelschiffen bin.«

Nach diesem Törn, so hat sie sich vorgenommen, möchte sie ihr Leben weiter sortieren. »Ich weiß echt nicht, wie es beruflich weitergeht.« Dabei wirkt sie total gelassen, voller Vertrauen ins Leben. »Man muss Träume ausprobieren, sie wirklich leben, sie genießen oder scheitern. Hauptsache, man kommt aus diesem Loop aus hätte, wäre, könnte raus.« Sie spricht mir aus der Seele.

Das habe ich doch auch gedacht, als ich mich entschieden habe, auf diesem Törn dabei zu sein. Ich habe nie Angst vorm

Scheitern. Hauptsache, es fühlt sich für mich stimmig an, auch wenn mich andere als Träumerin abtun, vor Unverständnis den Kopf schütteln. Dann gehe ich all-in, sehe jede Herausforderung als Chance an, etwas Neues zu lernen. Über die Welt oder über mich selbst. Auch die Erkenntnis, in einer Sackgasse gelandet zu sein, erfüllt mich, weil ich dadurch weiß, dass ich meine Zeit nicht weiter verschwenden muss. Und trotzdem werde ich auf dem Weg dahin Fähigkeiten gelernt haben, die mir in Zukunft weiterhelfen. So war es bisher immer, und ich denke, solange ich diese Haltung beibehalte, wird es auch immer so sein.

# Ganz weit draußen

»Wir müssen jetzt Segel auf dem Klüverbaum auspacken. Wer kommt mit?« Pauline ist hoch motiviert, ich bin es auch. Emilia und Nora melden sich, ohne zu zögern, auch freiwillig.

Dann tauchen wir unter der Nagelbank durch und klettern erst mal auf einen Vorsprung des Schanzkleides an der Schiffsspitze. Mit einer Hand halte ich mich am Rundholz des Klüverbaumes fest, mit der anderen picke ich meinen Klettergurt am Drahtseil fest, das entlang des Rundholzes bis zu seiner Spitze gespannt ist.

Ab jetzt muss ich mit meinen Füßen auf das sogenannte Fußpferd steigen. Das ist ein Tau, das unter dem Klüverbaum gespannt ist und einen Durchmesser von nur ungefähr drei Zentimetern misst. Gar nicht so einfach, die Balance zu halten. Ich gehe seitlich.

Als wir alle auf dem Fußpferd stehen, wackelt es ein wenig und wölbt sich durch unser Gewicht nach unten. Dazu kommt, dass das Schiff von einer Seite zur anderen schwankt, und hier, an der Schiffsspitze, ist deutlich zu spüren, wie unser Schiff die Wellen hinabstürzt und kurz darauf wieder nach oben gedrückt wird.

Wir sollen kurz warten, Pauline checkt die Lage, muss kurz überlegen, wie wir am besten vorgehen. Ich schaue runter aufs azurblaue Wasser, beobachte, wie die Schaumkronen auseinanderreißen und sich neue Muster bilden.

Lydia ruft uns von Deck aus etwas zu. Ich drehe mich zu ihr um und stelle fest, dass diese Perspektive völlig neu für mich ist. Obwohl ich während des Törns schon öfter hier auf dem Klüver war, habe ich mich wohl noch nie bewusst umgedreht.

»Du wirkst so überrascht.« Vor Emilia, die neben mir steht, kann ich nichts verbergen.

»Ich bin nur erstaunt, wie klein die *Roald* plötzlich auf mich wirkt.«

»Ja, obwohl das Schiff unsere ganze Welt ist. Ein in sich geschlossener Mikrokosmos, in dem wir alles haben, was wir brauchen.« Emilia erzählt, dass es sie fasziniert, wie komplex und vielschichtig sie unseren Bordalltag erlebt. »Ich gehe zur Arbeit und zur Essensausgabe am Kombüsenfenster im Deckshaus, das mir dann wie eine Mensa vorkommt. Wenn ich Pause habe, gehe ich mit meinem Jutebeutel zum Chor, zum Yoga oder in die Bibliothek und, wenn ich müde bin, unter Deck in meine Kammer, was sich anfühlt, wie nach Hause zu kommen.«

Dabei fällt es uns wohl allen schwer, die ganze Zeit zu begreifen, wo wir eigentlich sind, abseits dieses Mikrokosmos. Die Momente, in denen mir bewusst wird, wie weit wir draußen sind, sind rar. Dieser hier ist wieder einer davon. Das merke ich an den Schmetterlingsgefühlen in meinem Bauch. Ansonsten ist es fast, als hätte ich einen Tunnelblick, in dem ich mich gedanklich nur damit beschäftige, was für das gemeinsame Zusammenleben und Arbeiten an Bord jetzt gerade wichtig ist. Und das Meer nehme ich als Kulisse war. Je nach Lichtverhältnissen, abhängig von der Tageszeit und davon, ob ein paar wenige Wolken am Himmel sind oder nicht, verändert sich das meist dunkle, satte Blau des Atlantiks. Mal wirkt es stahlblau, dann tintenblau, traubenblau, marineblau, türkisblau oder auch cyan. Beim Sonnenaufgang etwa schimmert der Ozean silbern, ist fast himmelblau, wodurch der Horizont zu verwischen scheint, bei Sonnenuntergang erscheint das Meer in Indigofarben, Petrol, Mitternachtsblau oder Aubergine. Unser wunderschönes Glitzermeer, ob tagsüber durch die Reflexion der Sonnenstrahlen oder nachts durch das viele Leuchtplankton, das immer mal wieder auf fast magische Weise erscheint. Ansonsten ist der Ausblick immer gleich. Derselbe wie schon vor zwei Wochen. Die Landschaft ist von Wellenbergen geprägt, bis zum Horizont und noch viel, viel weiter darüber hinaus.

Weiter gehts mit unserem Klüver-Manöver. Wir sollen weiter Richtung Spitze aufrutschen. Für kurze Zeit hake ich beide Sicherungsschlaufen meines Gurtes ein – sonst immer die lange für mehr Bewegungsfreiheit, jetzt auch die kurze, weil ich mich umpicken muss, um genug Bewegungsfreiheit zum Arbeiten zu haben. Und die Regel ist, dass wir niemals ungesichert sein dürfen. Eine größere Welle könnte am Bug brechen und uns vom Fußpferd herunterreißen, aber da ich die Sicherheitsvorkehrungen befolge, muss ich davor überhaupt keine Sorge haben.

Um zwei Vorsegel zum Setzen bereit zu machen, müssen wir die Zeiser lösen – etwa eineinhalb Meter lange Tampen, die um das jeweilige Segeltuch festgezurrt wurden. Wie eingewickelte Mumien liegen die Segel jedoch nicht auf unserer Höhe, sondern hängen herunter bis auf das Sicherheitsnetz. Also müssen wir uns weit über das Rundholz beugen. Jetzt stehe ich auf Zehenspitzen auf diesem wackeligen Fußpferd, kann mich nicht mehr am Klüver festhalten, weil ich beide Hände brauche, um an den Zeiser zu kommen, denn das Segel hängt nicht auf der Seite herunter, auf der wir uns befinden, sondern auf der gegenüberliegenden. Ich balanciere freihändig, lehne mich fest an das Rundholz. Mein Oberkörper allein gibt mir Stabilität. Es klappt super. Ich habe überhaupt keine Angst, bin ganz bei mir und nehme jede Schiffsbewegung ganz bewusst war. Mein Körper weiß automatisch, was zu tun ist, um die Balance zu halten, darüber muss ich gar nicht nachdenken. Ich bin im Flow, und die Zeiser lassen sich schnell lösen.

»Pauline, was ist mit dem anderen Segel hier? Soll es eingepackt bleiben?«

»Ja. Oh, warte, das ist ja nicht so ordentlich. Komm, wir machen da noch ein paar Zeiser drum, dann flattert es nicht so doll rum.« Sie kommt zu mir, Schulter an Schulter ziehen wir beide das schwere Segeltuch mit vereinten Kräften hoch. Ganz schön viel Gewicht! Wir raffen es ein bisschen wie eine Ziehharmonika, dann halte ich es alleine, damit Pauline die Zeiser um das Tuch wickeln kann. Jeder Griff sitzt. Erledigt.

Zurück an Deck wird ein All-Hands einberufen. Conni trägt sogar zwei Mützen. Es muss also richtig ernst sein.

»Es gab wieder einen Vorfall, der uns in echte Schwierigkeiten hätte bringen können.« Was ist passiert? Jemand war in der Dosenlast. Wir können entweder die Luke zur Dosenlast öffnen oder die Tür vor Waschmaschine und Trockner. Beides gleichzeitig geht nicht. Und eine von uns hat, nachdem sie in der Dosenlast war, vergessen, die Tür zum Trockner wieder zu öffnen, obwohl dieser gerade lief. Sascha hat es zum Glück gemerkt. »Da kann große Hitze entstehen, weil sie sich hinter der Tür staut.« So etwas dürfe nicht passieren, es sind eben die kleinen, banalen Dinge, die hier für uns riskant werden können.

»Wir können uns glücklich schätzen, dass kein Feuer ausgebrochen ist, die Tür sich zum Glück noch nicht einmal warm angefühlt hat. Klar hätten wir noch Zeit gehabt, einen Notruf abzusetzen, aber dann hätten wir alle von Bord in die Rettungsinseln gemusst. Und das ist kein Spaß.« Ich stelle mir vor, dass die schöne *Roald* dann womöglich auf Nimmerwiedersehen abgebrannt wäre, und mir wird ganz flau im Magen. Eine bedrückende Stille fegt durch unsere Reihen, nur der Wind braust uns um die Ohren. »Hilfe wäre gekommen, vielleicht nach vier, fünf Tagen. Aber glaubt mir, wir wären ausnahmslos alle seekrank geworden, in einer Rettungsinsel ist es alles andere als angenehm.« Niemand sagt etwas. »Ich erwarte, dass so etwas nicht noch einmal passiert. So, das war's auch schon.«

Anke erzählt, dass sie und die anderen Stammcrewmitglieder in den Aus- und Weiterbildungstörns schon einige Übungen mit den Rettungsinseln gemacht hätten. Selbst in der Schwimmhalle im Wellenbad würde es nicht lange dauern, bis den Ersten schwummerig und übel wird. Weil der Boden nicht fest ist, wird jede Bewegung intensiver wahrgenommen, und die sicherheitsnotwendige Geschlossenheit der Rettungsinsel führe sofort zu einem unangenehmen Geruch, der die Übelkeit verstärke. Dieser Vorfall lädt eigentlich geradezu ein, mir vorzustellen, wie schlimm das wohl gewesen wäre. Aber diesmal denke ich mir: »Es ist ja nichts passiert.« Es gelingt mir, nicht weiter zu grübeln, denn meine Strategie ist: zur Kenntnis nehmen, abhaken und weitermachen. Wir haben nämlich noch etwas vorzubereiten. Bald steht das nächste große Fest an. Wann genau, das weiß nur der Wind.

Dafür bereiten wir uns gleich in der nächsten Wache vor. Pauline macht uns den sogenannten Tampentanz vor, der Eselsbrücken dazu liefert, welche Funktion die unterschiedlichen Tampen haben. Nach zwei Durchläufen klappt es gut genug. »Nächster Punkt auf der Agenda.« Wir planen ein Improtheaterstück, bei dem wir in die Rollen der Segel schlüpfen. Wir sollen uns vorstellen, was die jeweiligen Segel wohl für Geschichten zu erzählen hätten. »Wie wäre es mit einer Selbsthilfegruppe?« Schon jetzt tun mir die Bauchmuskeln vom Lachen weh. Ich soll das Vorstengestagsegel sein. Ich möchte gerne öfter in der Sonne sein und ärgere mich darüber, dass ich stattdessen immer im unteren Drittel vom Ankerspill bin und deswegen dreckig werde. Mein Name lässt sich schwer aussprechen, und ohne es zu merken, rücke ich dem Innenklüver, verkörpert von Emilia, andauernd auf die Pelle.

Alicia ist die Untermars, steht mit beiden Schoten fest im Block, darf allerdings nicht überstrapaziert werden. Egal, wie stark der Wind bläst, als Untermars bekommt sie nie frei und steht kurz vorm Burn-out. Nora sieht ein wenig skeptisch aus.

»Wie sehr sollen wir Segelbegriffe mit einbeziehen?«

»Wir versuchen, uns so menschlich wie möglich zu verhalten.« Pauline geht die Liste weiter durch. Maren möchte die Großroyal sein. »Du stehst immer im Schatten von Konny, der Vorroyal.«

»Aber ich bin doch viel höher, schöner, größer«, sagt Maren, und Pauline reagiert darauf.

»Ja, genau, du möchtest auch mal gesehen werden. Das ist gut!«

»Ich möchte auch mal die Erste sein!« Sie ist schon ganz in ihrer Rolle.

»Ja, ich verstehe schon.«

»Und ich finds blöd, dass ich nachts nie die Sterne sehe«, wirft Konny ein. Anja ist anderer Meinung.

»Nee, ich finds total schön, dass du jeden Abend ausgezogen und zu Bett gebracht wirst.« Abends werden die Royal-Segel nämlich eingeholt und zum Sonnenaufgang wieder gesetzt.

»Ich möchte Sterne sehen! Ich habe ein Anrecht darauf«, platzt es aus Maren heraus. Pauline möchte anscheinend aber mit unserer Besprechung vorankommen.

»Lydia, du bist der bipolare Jager/Flieger, fertig.« Das Segel ist nämlich zwei in eins.

»Oh, stimmt, ich bin auch ganz sensibel.«

»Neugierig bist du aber auch, oder? Du bist ja ganz vorne.«

Wir albern weiter, und Anke bringt noch ein weiteres Anliegen ein: »Ich fände es noch wichtig, dass wir versuchen, in den Rollen zu bleiben und nicht mitlachen.«

Pauline hat gar nicht hingehört. Sie hat Michi an Deck entdeckt und ruft ihr winkend zu: »Michiiii!«

»Psssst«, zischt Anja.

»Michi, du wirst gleich mit eingespannt«, sagt Pauline und geht auf sie zu.

»Pauline? Pauline!« Anja wirkt irritiert davon, dass Pauline gerade dabei ist aufzustehen. »Also, Anke war doch gerade mitten im Satz, jetzt warte doch mal.«

»Anke, was wolltest du sagen?«, fragt nun Karin. Mir gefällt, wie feinfühlig sie ist. Ich nehme sie als leise, zurückhaltende, besonnene Person wahr, die immer präsent ist.

»Ja, also cooler fände ich, wenn wir einfach ganz trocken weitermachen, auch wenn die anderen lachen«, sagt Anke.

Pauline nickt den Vorschlag flüchtig ab, und weiter gehts mit Michi im Programm. Sie soll unser Special Guest sein. »Würden uns riesig freuen, wenn du das Bramstengestag spielst, zur Hälfte des Meetings reinkommst, drei Zeiser um deinen Körper gewickelt hast und dann so redest: Hmnünününü hmmm nünühmnünü. Und dann umkippst.« Alle grölen vor Lachen.

»Hat auch keine mitbekommen, dass du zu spät gekommen bist, weil sich keine für dich interessiert.« Anke heizt das Gegröle weiter an. Konny hat auch noch eine Idee.

»Wollen wir dann vielleicht fragen, was hier so gammelig riecht?« In unseren Reihen hat jedenfalls noch nicht eine Einzige jemals mitbekommen, dass das Bramstengestag ausgepackt wurde. Es ist einfach nur da, leicht zu vergessen.

Lydia nimmt Michi in den Arm. »Das ist so cool, Michi, dass du mitmachst, denn eigentlich gehörst du auch irgendwie zu unserer Wache.«

»Ich wollte eigentlich noch Gummibärchen für euch mitbringen, aber ich habe verschlafen und es nicht rechtzeitig geschafft.« Tatsächlich sitzt Michi die letzte halbe bis ganze Stunde jeder Nachtwache schon bei uns, weil sie meistens von alleine wach wird, bevor wir sie wecken gehen. Sie ist engagiert, packt überall mit an, hilft mit und ist einfach ein ganz herzlicher, geselliger Mensch.

»Arg, jetzt ist in fünf Minuten auch schon wieder die Wache um.« Pauline wollte eine Zigarette rauchen, und Anja trifft es auf den Punkt. »Was für ein Stress heute?!« Wir lachen.

Am nächsten Tag, dem sechzehnten auf hoher See, gegen Nachmittag ist es so weit. Wir erreichen den 43. Längengrad. Das bedeutet, wir sind jetzt ganz weit draußen, oder wie die Berlinerinnen sagen: »janz weit draußen«. Das »janz« übernehmen wir anderen sofort in unsere Wortschätze. In alle Himmelsrichtungen sind wir am weitesten von Festland und Inseln entfernt. Mehr als 1500 Seemeilen.

Conni holt wieder die Seekarte heraus, zeigt auf die Markierung von heute. Da sind wir, ein mit Bleistift eingezeichnetes Kreuz auf hellblauem Untergrund, ziemlich mittig im unteren Drittel des Blattes. Der Äquator ist nicht mehr weit entfernt, das merken wir auch daran, dass es jeden Tag heißer und die Luft in unseren Kammern stickiger wird.

»Entweder heute Abend oder morgen früh werden wir halsen. Dann geht es erst mal wieder rauf.« Bei einer Halse wird durch eine Kursänderung das Heck durch den Wind gedreht, sodass der Wind anschließend von der anderen Seite kommt. Sie fährt mit den Fingerkuppen über die Karte. »Und dann sind wir schon fast auf der richtigen Linie, die uns nach Martinique führt.«

»Ach gut, ich hatte schon richtig Sorgen«, sagt eine Mitseglerin erleichtert.

»Ach ja?« Conni wirkt verblüfft.

»Ja. Weil wir die Karte so lange nicht gesehen haben.« Alle lachen.

»Meinst du, wir haben uns verfahren? Sie kann ja viel reinschreiben, ne?« Natalie erlaubt sich einen Scherz, Conni spielt mit, hält demonstrativ den Zeigefinger an die Lippen.

»Pssst.«

Da gibt es nämlich etwas, was einige von uns noch nicht so wirklich wahrhaben wollen. Das Janz-weit-draußen-Fest – kurz: JWD-Fest – ist ein Wendepunkt. Der Blick auf die Karte verrät, dass wir schon mehr als die Hälfte der gesamten Strecke hinter uns haben. Bis dato wirkte es immer so, als würden wir noch Ewigkeiten unterwegs sein, doch wir kommen Martinique immer näher. Wir werden uns langsam bewusst, dass wir nun mit jeder Seemeile, die wir zurücklegen, etwas näher an unserem Ziel dran sind als an unserem Ausgangspunkt. Prompt mischt sich ein bisschen Traurigkeit in die Runde. Wir werden eben nicht ewig auf diesem Abenteuer sein.

»Jetzt ist erst mal Zeit für unser JWD-Fest«, sagt Jana, unsere Steuerfrau, die die heutige Markierung gesetzt hat. Conni übergibt das Wort an Anke – »unsere Zeremonienmeisterin«.

Das Programm beginnt mit unserem Tampentanz. Kathrin klatscht in die Hände, gibt den Takt vor. Wir setzen unsere Sonnenbrillen auf, sollen ganz cool wirken und deswegen keine Miene verziehen. Wir führen unsere Choreografie auf, bewegen die Arme, gehen in die Knie und wieder hinauf. Mit jeder Runde klatscht Kathrin schneller, bis die Choreo aus dem Ruder läuft.

»Fest!«, ruft unsere Steuerfrau, wir frieren die Bewegung ein und ernten Applaus sowie einige Lacher.

Dann spielen wir das Sardinchenspiel: Alle ziehen einen Zettel aus dem Hut von Anna Bootsfrau. Auf einem ist eine kleine Sardine gezeichnet. Die Mitseglerin, die die Sardine zieht, muss sich verstecken. Wer sie findet, muss am selben Ort bleiben. Ich finde das Sardinchen, Emilia, in meiner Kammer, bin aber auch nicht die Erste. Sie liegt unter Verenas Koje, wo ich meine leere Reisetasche liegen habe. Nach fünf Minuten sind wir so viele Frauen in der Kammer, dass wir tatsächlich dicht an dicht liegen und stehen, wie Sardinen in der Dose. Die Luft riecht verbraucht, also brechen wir das Spiel ab. Zwanzig Frauen zählen wir beim Verlassen der Kammer, wobei noch nicht mal Frauen nach oben in meine oder Birgitts Koje geklettert sind.

Dann singt unser Chor »Bread and Roses«, ein feministisches Lied, das die Geschichte von streikenden Textilarbeiterinnen in den USA aus dem Jahr 1912 erzählt. Darin geht es um Gleichberechtigung und darum, dass das Leben nicht nur aus Arbeit und Aufopferung besteht. Ich finde es so schön, dass wir im Chor singen, weil es wirklich gemeinschaftsbildend ist und wir nicht nur Freude am Singen haben, sondern den anderen auch noch einen Glücksmoment bescheren.

Es folgt unser Improtheaterstück. Alle wirken bestens amüsiert, lauschen gespannt. Wir gehen in unseren Rollen voll und ganz auf. Emilia soll ja spielen, dass sie sich von mir bedrängt fühlt. Womit ich nicht rechne: Sie schubst mich beiseite. Erst denke ich mir »Aua!«, dann aber finde ich es richtig cool, wie sie aus sich herauskommt. Und als ich ganz trocken sage, dass ich es überhaupt nicht schön finde, dass ich im unteren Drittel immer so schmutzig bin, checke ich erst mal gar nicht, warum alle lachen. Aber klar, ich sehe nicht aus wie ein Segel, sondern wie ein Mensch. Maren ist bei unserem Auftritt ausdrucksstark und dramatisch wie eine Opernsängerin. Was kann sie eigentlich nicht? Ich hoffe, Anke sieht nicht, dass ich mitlache und nicht, wie wir alle vorher abgesprochen haben, ein Pokerface bewahre. Gelungen ist es ja trotzdem, weil unser Publikum im Anschluss auf Anhieb errät, welche Segel wir jeweils verkörpern.

Jetzt wird der kulinarische Teil des Tages eingeläutet. Wir sollen unsere Becher aus der Messe holen. Zurück an Deck kommt Anna Bootsfrau mit einer Überraschung um die Ecke. Unter ihrem Arm klemmt eine Flasche mit goldenem Etikett. »Diese Flasche Rum ist ein Geschenk vom Kapitän des vorigen Törns. Ich sollte sie für einen besonderen Moment auf unserem Törn aufbewahren und dachte mir, jetzt ist es so weit, oder was meint ihr?« Wir klatschen, jubeln, und Anna geht ringsum und schenkt jeder von uns 47 Frauen ein kleines Schlückchen ein.

Während auch den Letzten eingeschenkt wird, rieche ich die hölzernen, süßen, fruchtigen Aromen des Rums und freue mich schon darauf, ihn gleich zu kosten. Diese kleine Pfütze in meinem Becher, nur vier kleine Nipper, kommen mir unendlich kostbar vor. Alkohol ist an Bord der *Roald* verboten, dies ist eine Ausnahme.

Bevor wir anstoßen, betont Conni noch einmal, dass unser Frauentörn nicht zustande gekommen wäre, wenn es nicht Männer im Verein geben würde, die Seefrauentörns unterstützenswert finden.

Wir heben unsere Becher. »Auf die Männer, die uns unterstützen.«

»Und auf uns Seefrauen!«, ruft eine Mitseglerin.

Unglaublich, dass wir jetzt zu unserem persönlichen »Point Nemo« im Atlantik gekommen sind. Möge die Reise so bereichernd weitergehen, wie sie bisher war. Der Rum schmeckt köstlich. Die Stimmung ist entspannt und ausgelassen. Da schießt mir eine Idee in den Kopf. Denn es gibt etwas, was ich immer schon mal machen wollte. Ab zur Kapitänin.

»Conni, dürfen wir heute ausnahmsweise mal so richtig laut aufs Meer hinausschreien? Uns hört ja niemand.« Da wir bekanntlich »janz weit draußen« auf dem Atlantik sind, weit und breit kein anderes Schiff oder Segelboot auf dem Radar angezeigt wird, kann niemand die Schreie missverstehen. Haben wir hier nicht ein kleines Schlupfloch, um die sonst gängige Regel, leise zu sein, zu umgehen?

»Ja. Aber wir müssen vorher sichergehen, dass niemand in der Kombüse, unter Deck oder gerade auf dem Klo ist. Damit hier keine den Schreck ihres Lebens kriegt.«

Ich gehe los, ein paar Frauen haben unser Gespräch mitbekommen und schauen ebenfalls unter Deck nach.

»Alle sind hier, unten ist niemand.«

»Na, dann los.« Sie wendet sich von mir ab und ruft laut: »Alle mal zuhören, Jessi hat eine Idee.« Ich habe nicht bedacht, dass ich jetzt vor allen sprechen muss. Alle Augen sind bereits auf mich gerichtet, die Gespräche verstummen.

»Ähm, da wir ja heute wirklich *janz weit draußen* sind, mitten auf dem Atlantik, weit und breit kein anderes Schiff um uns herum ist, hat Conni erlaubt, dass wir ausnahmsweise alle gemeinsam aufs Meer hinausschreien dürfen. Und zwar so laut, wie wir können. Also natürlich nur die, die möchten. Wer macht mit? Kommt, wir verteilen uns am Schanzkleid.«

Bis auf Barbara, die gerade am Ruder ist, setzt sich gefühlt die ganze Crew sofort in Bewegung. Diejenige im Ausguck steht ja schon bereit. Dann wird es still. Ich glaube, ich sollte wieder etwas sagen.

»Alle bereit?«

»Ja.«

»Na, dann denkt daran, dass wir mitten auf dem Atlantik sind und niemand uns hören kann. Ich zähle von drei runter, dann geht es los: drei ... zwei ... eins ...«

Wir schreien, kreischen, trillern mit der Zunge. Manche strecken die Arme aus, als würden sie die unendliche Weite um uns herum umarmen, trommeln mit den Händen außen aufs Schanzkleid oder tippeln mit den Füßen. Sogar das Schiffshorn ertönt. Die *Roald* bebt! Zuerst klingt es wie Chaos, das sich zu einem gemeinsamen Ton formt. Erst schreie ich, so laut ich kann, bis mir die Luft wegbleibt. Aber die anderen sind immer noch dabei, also stimme ich wieder mit ein.

Die Stille danach ist himmlisch. Als würde die Luft knistern. Für mich hat sich diese Aktion nicht befreiend angefühlt oder als würde ich etwas loslassen, sondern es ist vielmehr so, als hätte ich dabei richtig viel Energie auftanken können. Alle Gesichter, die ich sehe, strahlen.

Irma dreht die Musik auf, und die Party geht so richtig los. Die Julia-Wache hat wieder gebacken: fluffiges Baguette. Dazu gibt es Tomatenbutter in drei Variationen: klassisch, vegan und ohne Knoblauch. Schmeckt köstlich! Auch vegane Hafer-Bananen-Kekse mit Schokostückchen, die Alicia gebacken hat, werden herumgereicht.

Anna und Irma eröffnen eine Bar auf der Backskiste. Sie haben über Nacht im Backofen Gingerbeer gebraut. Dazu gibt es sogar Crushed Ice. Während sie die alkoholfreie Ingwerlimonade mit einer großen Suppenkelle in die Becher füllen, ertönt »Sonnendeck« von Peter Licht aus der Bluetooth-Box, als wäre es der Soundtrack dieses Tages.

Ich schaue rüber zu Barbara am Steuerrad, weil ich mich frage, ob sie denn auch mit Gingerbeer versorgt ist. Sie hält ihren Becher fest in der Hand. Als sie mich sieht, prosten wir uns von Weitem zu, und sie nimmt einen großen Schluck. Konny neben mir lacht, weil Barbara daraufhin ein wenig hin und her tänzelt. Ohne vorher drüber nachzudenken, singe ich einfach drauflos.

»What shall we do with the drunken sailor?« Sofort stimmen die Frauen um mich herum mit ein, und bald darauf singen einfach alle mit. Ich frage mich, wann ich das letzte Mal in einer Gruppe Menschen, die bis vor Kurzem noch Fremde für mich waren, so viel Leichtigkeit gespürt habe, mir so wenig den Kopf darüber zerbrochen habe, wie mein Verhalten ankommt. Ich kann mich nicht daran erinnern, mich jemals so schnell so wohl und bedingungslos akzeptiert gefühlt zu haben. Hier kann ich einfach ich sein. So, wie wenn ich alleine oder mit Michi bin.

# Veränderte Wahrnehmung der Zeit

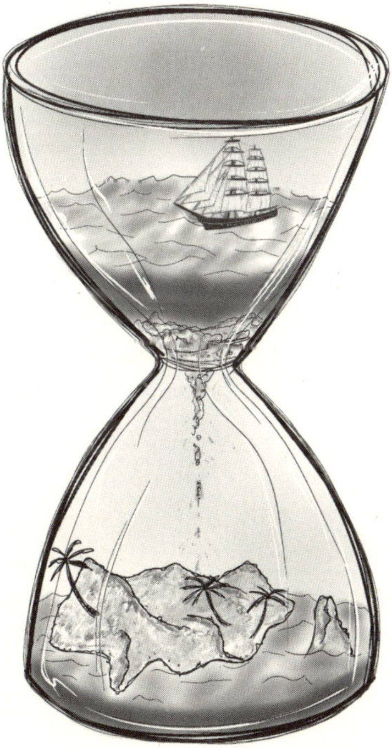

# Erste Male und ungeahnte Zwischenfälle

Obwohl unser Bordalltag, bis auf die Wachzeitenwechsel-Tage, gleich strukturiert ist, ist kein Tag wie der andere. Immer passiert irgendetwas Aufregendes und Unerwartetes.

An *Tag 14* bittet Conni uns, nach Sargassokraut Ausschau zu halten. Das sind schwimmende Braunalgen, die zur Gattung Sargassum gehören und Lebensraum und Nahrungsquelle für unzählige Meereslebewesen sind, sich gleichzeitig aber auch wohl infolge der Klimaerwärmung und Überdüngung des Atlantiks unkontrolliert verbreiten, in hohen Mengen an Stränden angespült werden und verrotten. Diese Algen sind ein Indikator dafür, dass wir uns tropischen Gewässern nähern. Conni sagt, sie habe Sargassokraut immer erst nach den Kapverden entdeckt, einer vulkanischen Inselgruppe vor der Westküste Afrikas, meist aber auch erst auf dem letzten Viertel der Überquerung. Dass wir die Algen so früh schon sichten, ist äußerst ungewöhnlich. Mit einem blauen Eimer versuchen Conni und Doro, sie aus dem Wasser zu fischen. Nach mehreren Versuchen gelingt es.

»Seht ihr diese Kugeln an der Alge?« Conni durchtrennt eine dieser Kugeln mit dem Fingernagel. »Die sind innen hohl, deswegen schwimmt die Alge auf der Wasseroberfläche.«

»Kann man die essen?«, fragt Anna Bootsfrau.

»Giftig sind sie nicht.«

Anna probiert. »Hmm. Ganz okay, schmeckt aber eigentlich nach nichts, nur etwas salzig.«

»Also kein neuer Snack für uns?«, frage ich. Conni lacht, greift in die Salzstangentüte auf der Backskiste. »Ihr könnt euch alle auch gerne daran bedienen.«

Ich habe Lust darauf, mehr über die Sargassoalgen zu erfahren. Conni erklärt mir in der Navi ein paar Einzelheiten zur Sargassosee, einem Meeresgebiet ohne Küsten mitten im Atlantik, das in etwa so groß ist wie das Mittelmeer und das Karibische Meer zusammen. Conni erzählt mir etwas vom Antillenstrom und vom Mittelatlantischen Rücken. Dann zeigt sie auf die Wetterkarte auf dem Computerbildschirm. Zwischen Azorenhoch, einem Tiefdruckgebiet weiter südlich und den Tiefs im Norden fließe die Luft sozusagen immer im Kreis um das Azorenhoch herum. Da wir auf dem Ozean sind und nicht auf dem Land, wo noch Hügel und Berge dazwischen sind, wird die Luftströmung auf dem Meer nicht gestört, so entstehe die Oberflächenströmung. Weil der Wind da ist. »Wir werden quasi angestupst.« Deswegen kommt der Wind auch meist von Nordosten.

»Kann es sein, dass hier irgendwo ein Müllstrudel ist?« Ich habe heute im Ausguck nicht nur Sargassoalgen gesichtet, sondern auch Treibgut, eine ungefähr dreißig Zentimeter lange schmale Holzlatte und etwas, was mich an die alten Plastikeislöffel einer bekannten internationalen Fast-Food-Kette erinnert.

»Das hab ich noch nie gesehen. Die sind eher dort, wo die Strömung wie ein Strudel im Kreis verläuft.« Wahrscheinlicher ist das also eher in der Sargassosee östlich von Florida.

»Danke, dass du mir die Zusammenhänge erklärt hast.«

»Nichts zu danken. Wusstest du, dass unsere Süßwasseraale aus den Flüssen zum Laichen auch in die Sargassosee schwimmen?«

»Voll spannend! Ich denke die ganze Zeit, dass ich so vieles gerne googeln würde.«

»Aber es gibt hier so viel Wissen, man muss nur fragen: Wie geht das eigentlich? Wie war das noch mal? Irgendwer weiß es immer.«

Einfach zu fragen, der Neugierde zu folgen, fällt mir gar nicht schwer. Aber ich werde auch in unserer Bordbibliothek fündig, wo mehrere Bücher über Fische stehen. In einem steht etwas über den Europäischen Aal, der im Nordatlantik, Mittelmeer, in Nord- und Ostsee sowie in Binnengewässern vorkommt, also auch in Seen und Flüssen, die in Verbindung mit diesen Meeren stehen. Ihr Lebenszyklus sei einzigartig, ihre Entwicklung beginnt tatsächlich in der Sargassosee. Im Buch steht: »Von dort treiben die weidenblattförmigen Larven mit Meeresströmungen an die Küsten Europas, wandeln sich in Glasaale und beginnen mit dem Aufstieg in die Flüsse.« Fünf bis fünfzehn Jahre würden sie im Süßwasser leben. Dann komme eine Phase, in der sie keine Nahrung mehr zu sich nehmen, »Blankaale« heißen sie dann, und sie wandern zurück ins Meer. Und dann, das finde ich einfach unglaublich faszinierend, schwimmen sie bis zu 7000 Kilometer zurück in die Sargassosee, um sich zu paaren, so wie Conni es mir erzählt hat. Das ist doch Wahnsinn. Wie machen die das? Laut Fischporträt im Buch wird vermutet, dass sie sich an magnetischen Feldern orientieren.

Die Sargassoalgen werden von Tag zu Tag mehr. Sie bilden kleine Teppiche, von denen manche aber geschätzt bis zu fünfzig Quadratmeter groß sind und auf dem tiefblauem Wasser senfgelb leuchten. Es sieht beeindruckend aus, wenn Wellen das Algengestrüpp erfassen, eine richtige Augenweide. Ein bisschen Abwechslung. Ich frage mich, ob die Sargassoalgen auch Menschen tragen können, wie eine Art Luftmatratze.

Aber nicht nur die Algen, auch die Lufttemperatur verrät, dass wir mittlerweile in der tropischen Klimazone sind. Unter

Deck ist es jetzt richtig stickig und heiß. Ich schlafe nackt, decke mich nur noch mit meinem lila Mikrofaserhandtuch zu. Da es manchen von uns schwerfällt, bei dieser Hitze zu schlafen, erlaubt Conni, an Deck Hängematten aufzuspannen.

Alle selbst mitgebrachten Hängematten kommen zum Einsatz. Manche Frauen machen Schichtschlafen. Anja zum Beispiel teilt sich die Hängematte mit Anna Trainee aus der Wache nach uns. Doro schläft nicht in der Hängematte, sondern in voller Ölzeugmontur auf dem harten Holzdeck, weil sie Rückenschmerzen hat. Damit sie nicht wegrollt, klickt sie beide Karabiner ihres Gurtes fest. Sie liegt auf dem Rücken, die Kapuze über den Kopf gezogen, und hat nicht mal ein Kopfkissen dabei. Das kann doch nicht gut für den Rücken sein, denke ich mir. Fehlanzeige. »Meinem Rücken geht es schon wieder viel besser«, sagt Doro am Morgen danach. Wobei ich auch sagen muss, dass die Schiffsbewegung meinen gesamten Körper lockert, wenn ich in der Koje liege. Fühlt sich an wie eine Schüttelmassage.

Alle, die an Deck schlafen, müssen sich bei der stehenden Wache an- und abmelden. Das ist nicht nur für die Sicherheit wichtig, sondern auch für die Seefrauen, die die nächste Wache wecken gehen.

Jede von ihnen kommt ins Schwärmen, und keine wird müde zu erzählen, wie schön es in der Hängematte unter freiem Himmel ist. Zwar schlafen sie nicht unbedingt besser oder länger als unter Deck. Im Gegenteil, weil es doch auch diesen atemberaubenden Sternenhimmel zu bestaunen gibt. Dennoch ist es ein tolles Erlebnis. Ich muss leider passen. Manche von uns haben immer noch Sorge, ich könnte wieder schlafwandeln, und ich möchte nichts riskieren.

Meine Strategie gegen die Angst, etwas zu verpassen: Ich lege mich fast jede Nacht für ein paar Minuten aufs Deck und schaue zum Himmel, beobachte, wie der Mond durch das Schaukeln des Schiffes hinter den Segelmasten verschwindet und wieder auftaucht. Wie der Sternenhimmel tanzt. Und in meinem Bauch tanzen währenddessen die Schmetterlinge.

Es sind im Grunde Kleinigkeiten, die mein Herz ganz doll berühren. Als an *Tag 19* des Törns das erste Mal ein Basstölpel über uns kreist, freue ich mich auch extrem. Er sieht aus wie eine Mischung aus Reiher und Gans, ist schneeweiß bis auf die schwarzen Flügelspitzen und etwa einen Meter lang. Sein Gekrächze ist jedenfalls mal ein anderes Geräusch, das wir hören. Dieser Vogel ist sogar an der Nordsee heimisch und brütet auf dem Helgoländer Lummenfelsen. Im Grunde ist er an allen Küsten entlang des Golfstromes zu finden, besonders am Nordatlantik. Die Vögel legen zur Nahrungssuche Hunderte Kilometer zurück. Wow, da sind wir so weit weg von zu Hause und treffen doch auf Vogelarten, die auch bei uns heimisch sind. Nur ist der Meeresvogel vielleicht auch ein weiteres Zeichen dafür, dass wir uns der Zivilisation nähern.

Geflügelte tierische Begleiter haben wir aber noch mehr: Fliegende Fische. Auf der ganzen Welt gibt es mehr als fünfzig Arten. Die kleinsten sind ungefähr fünfzehn und die größten bis zu 45 Zentimeter lang. Auch sie leben eher in subtropischen und tropischen Gewässern. Mit ihren Schwanzflossen peitschen sie sich regelrecht aus dem Wasser hinaus, um bei Geschwindigkeiten von fünfzig bis siebzig Stundenkilometern vor Raubtieren zu fliehen. In der Luft breiten sie ihre vergrößerten Brustflossen wie Flügel aus und gleiten über die Wasseroberfläche. Manchmal sieht es aus, als würden sie mit ihren Flossen wie ein Vogel flattern. Manche kommen nicht weit, tauchen sofort wieder ab, andere fliegen vielleicht sieben, acht Meter hoch in die Luft und segeln dann noch mal bis zu dreißig Meter weit, und das ist nicht mal die längste Distanz, die diese Fische bei optimalen Bedingungen schaffen könnten.

Als der Erste an Deck landet, schlafe ich gerade. Ich wache auf von einem flappenden Geräusch, auf das Getrampel folgt. Die fahrende Wache hat den Fliegenden Fisch nämlich schnell entdeckt. Von Tag zu Tag sehen wir immer mehr Fliegende Fische, ganze Schwärme springen aus dem Wasser, so dreißig, vierzig Tiere auf einmal. Von ihrer Silhouette her erinnern sie mich durch ihre Körperhaltung während des Fluges oft an Tinkerbell, die Fee aus *Peter Pan*. Fliegende Fische zu beobachten, wie sie in der Sonne glitzern, ist wunderschön. Wie das Pendant zum Leuchtplankton, das wir regelmäßig nachts bestaunen können.

Während unserer Nachtwache, als Emilia mich im Ausguck gerade ablösen will, landet plötzlich ein Fliegender Fisch an Deck.

»Jessi, kannst du ihn bitte zurück ins Wasser werfen?«

Ich versuche es etwas widerwillig, aber jedes Mal, wenn ich nach ihm greife, flutscht er mir wieder aus der Hand. Er zappelt und zappelt wie verrückt. Und so richtig zupacken will ich nicht. Nach fünf, sechs Versuchen werde ich langsam nervös und bin wütend auf mich selbst. »Emilia, kannst du es mal versuchen?«

»Ich traue mich nicht.«

»Ich mich auch nicht so wirklich.« Irgendwie ekle ich mich ein bisschen davor, wie sich der Fisch in meinen Händen anfühlt.

»O nein.« Emilia wirkt verzweifelt.

Ich atme tief durch, will mich nicht so anstellen. Ich möchte tun, was getan werden muss. Immerhin geht es hier um den Fisch, der weiterleben soll. Also ziehe ich meinen Jackenärmel über die rechte Hand. »So, jetzt sollte es klappen.« Ich bin ganz stolz auf diesen Einfall, greife den Fisch. Diesmal entwischt er mir nicht. Doch dann kommt die Ernüchterung: »Er zappelt nicht mehr.«

»O nein.«

»So ein Scheiß, ey! Ich war zu langsam.« Wir sind beide bedrückt. Ich schäme mich. Entschuldige mich in Gedanken beim Fisch, während ich ihn über das Schanzkleid werfe. Mit einem »Flapp« landet er im Wasser, und Emilia versucht, tröstende Worte zu finden.

»Vielleicht war er nur bewusstlos und kommt gleich wieder zu sich.« Schön wär's.

Als ich zurück auf der Brücke bei den anderen bin, merkt Kathrin sofort, dass mich etwas bedrückt. Ich erzähle ihr vom Fliegenden Fisch, der gestorben ist, weil ich gezögert habe. »Gestorben wäre er auch, wenn du ihn sofort wieder ins Wasser geschmissen hättest«, sagt sie trocken. »Du musst dir vorstellen: Der ist mit voller Wucht auf unser Deck geprallt. Die sind meistens stark verletzt. Wenn schon einige Schuppen ab sind, was ganz sicher der Fall war, haben sie keinen Schutz mehr vor dem Salzwasser.« Sie hilft mir dabei, die Angelegenheit nüchtern zu betrachten. Ich gehe deswegen noch mal zu Emilia, um ihr davon zu erzählen.

Plötzlich flattert es neben unseren Köpfen. Da ist doch tatsächlich eine Seeschwalbe oder ein ähnlich großer Vogel gelandet. Dabei ist es stockduster. Bin ich im falschen Film? Das kam ja überraschend. In der Wasserrille zwischen Holzdeck und Schanzkleid kauert der Vogel sich hin.

»Emilia, ich glaube, den sollten wir jetzt einfach in Ruhe lassen und nicht stressen.«

Ein paar Stunden später ist er einfach weg. Bestimmt hat er sich kurz ausgeruht und ist dann weitergeflogen. Unterwegs in die Karibik, so wie wir. Es gibt massenhaft Geschichten von Vögeln, die auf Schiffen und Segelbooten gestrandet sind. Weil sie sich verirrt haben, erschöpft und ausgehungert sind. »Die sterben leider fast immer«, sagen die erfahrenen Seglerinnen unter uns.

So ganz allein kommen wir uns langsam nicht mehr vor. An *Tag 20* segelt eine Jacht an uns vorbei. Die ersten anderen Segler, die wir seit mehr als zwei Wochen sehen. Ein richtiges Highlight für alle. Zumal das Segelboot so nahe kommt, dass wir sogar die Silhouetten der Segler:innen durch mein kleines Minifernglas erkennen können. Emilia und ich schauen abwechselnd hindurch. Unser Schiffshorn ertönt, wir trommeln gegen das Schanzkleid, machen als Crew alle gemeinsam mehrere La-Ola-Wellen hintereinander, winken, jubeln und klatschen. Es ist einfach etwas ganz Besonderes für uns, auch mal wieder andere Menschen zu sehen. Wenn auch aus der Ferne. Ich frage mich, was sie wohl bisher alles erlebt haben.

Ob sie auch viel reparieren mussten? Ein paar Seefrauen haben bei uns am achten Tag auf hoher See ein kleines Loch im Segeltuch der Obermars des Vortopps entdeckt, mit einem Flicken überklebt und diesen dann abwechselnd in mehreren Schichten umgenäht. Und das alles in ungefähr zwanzig Metern Höhe. Mehr als acht Stunden hat es gedauert. Überraschungen sind auf hoher See nämlich nicht ausschließlich supererfreulich. Aber wie immer machen wir das Beste daraus. Ich finde es richtig bewundernswert, dass einige andere Trainees mithelfen, etwa Irma und Anna. Und sie sagen selbst, dass sie bei dieser Aufgabe ganz viel Selbstbewusstsein tanken konnten. Für sie sei es eine spannende Herausforderung, die alles andere als alltäglich ist.

Wir gehen zum Wachwechsel, stellen uns in zwei Reihen in derselben Reihenfolge auf wie immer. Damit unsere Toppsgastinnen immer schnell den Überblick haben, ob wir vollzählig sind oder eine von uns fehlt. Dann tritt Karo vor.

»Es gibt nicht ganz so viel Spannendes zu berichten. Wir haben die Wache mit Reinschiff begonnen in größerem Umfang, dann sind ein paar Leute geklettert, wir haben Knoten wiederholt, dann haben wir das Deck geduscht, uns gleich mit und euch. Ja, und dann gab es noch diesen anderen Segler dort, worüber Klara jetzt ein bisschen was berichtet.« Klara räuspert sich kurz und geht einen Schritt nach vorne.

»Kathrin und ich haben den angefunkt, über das Funkgerät in der Navi, weil es eine größere Reichweite als die Handfunkgeräte hat. Die sind zu dritt an Bord, seit sieben Tagen unterwegs und haben erzählt, dass wir das erste Schiff sind, das sie sehen. Sie segeln nach Antigua.« Alle hören gespannt zu, ob es noch mehr Einzelheiten gibt. »Die haben uns zwar nichts gefragt, aber ich habe denen erzählt, dass wir 47 Frauen sind.« Alle lachen und klatschen in die Hände. Klara erzählt weiter.

»Dann haben sie gesagt, dass wir ein sehr, sehr schönes Segelschiff haben.«

»Und dass wir eine *powerful crew* wären«, wirft Kathrin lachend ein. Weil wir so laut gejohlt und geklatscht hätten.

»Gut, dann freuen wir uns jetzt auf das Mittagessen und wünschen als abziehende Wache der aufziehenden Wache eine – jetzt alle zusammen« – Karo hebt die Lautstärke an, und alle sagen im Chor: »Gode Wach!« Jetzt ist Anke an der Reihe, sie rückt noch ein Stück weit in die Mitte, stellt sich neben Karo.

»Schön, dass ihr dieses tolle Schiff da drüben angefunkt habt«, übernimmt Anke. »Ich fühle mich ein bisschen bedrängt davon, wie nah es ist. Und, ähm, wir werden auch noch Reinschiff machen und haben damit eben nach dem Mittagessen auch schon angefangen. Damit wünscht die aufziehende Wache der abziehenden Wache eine – jetzt alle: Gode Ruh!«

Anke fragt wieder, wer ans Ruder und wer in den Ausguck möchte, während sich die Versammlung auflöst. Vorübergehend sind die Tampen nicht mehr ordentlich auf den jeweiligen Nägeln belegt, sondern kreuz und quer. Weil alle Nagelbänke mehrmals abgeschliffen und lackiert werden müssen. Und dann muss jede neue Schicht etwa einen Tag trocknen. Obwohl ich jetzt tatsächlich den Belegplan so gut wie auswendig kann. Na super, bringt mir gerade auch nichts mehr.

Wenn wir jetzt brassen, Segel setzen oder einholen, müssen wir unseren Kopf viel mehr anstrengen. Das hat aber auch etwas Gutes. Wir müssen schauen, sie mit den Augen nachverfolgen und wirklich begreifen, welche Funktion die jeweiligen Tampen haben. Belegplan Next-Level also.

Dabei merke ich, dass ich trotzdem ganz gut damit zurechtkomme. Viel besser als erwartet. Meinen Wachkolleginnen geht es da ganz ähnlich. Und was wäre ein Abenteuer ohne ungeahnte Herausforderungen?

Schließlich putzen wir noch in einer der Lasten, in der Plastikkanister mit Handseife und Spülmittel ausgelaufen sind, was wir als eingespieltes Team jedoch schnell wieder in den Griff bekommen haben. Meine Aufgaben: Strichliste über den Bestand führen, Eimer mit sauberem Wasser weiterreichen, Schmutzwasser entgegennehmen, es auskippen und Tücher auswringen.

Durch den Wellengang gehen außerdem Gurkengläser kaputt. Pauline wird gebeten zu helfen, nur ist sie gerade in der Backschaft eingeteilt. Ich springe für sie ein. In der Kombüse soll ich einfach nur einen großen Topf voller Suppe festhalten, der gerade auf dem Herd steht.

Je mehr Zeit vergeht, umso beklemmender fühlt es sich an, einfach nur einen Topf festzuhalten, während alle um mich herum wie wild rotieren und gestresst wirken.

»Soll ich wirklich nur den Topf halten?«

»Jessi, auch wenn es nicht den Anschein macht, hast du gerade den wichtigsten Job«, sagt Smut Anna und lächelt mich an. Wo ich so darüber nachdenke, ist es ja wirklich wichtig, dass eine von uns den Topf festhält. Würde er umkippen, könnten wir uns Verbrennungen zuziehen, blieben hungrig, und es würde Ewigkeiten dauern, die Sauerei wieder wegzumachen.

Auf die Frage, was sie am Segeln so sehr liebt, hat Alicia mal gesagt: »Alles, was ich auf dem Schiff mache, ist sinnvoll.« Jetzt verstehe ich auch, was sie meint.

# Rigg-Kick und Aphrodites Segen

Eine Art der intensiven Selbsterfahrung ist auf unserem Atlantiktörn das Klettern. Da das Thema Ankommen seit unserem JWD-Fest immer präsenter wird, haben viele von uns sich vorgenommen, jetzt doch noch das sogenannte Mastgeheimnis zu lüften, indem sie noch ein Stückchen höher klettern, bis ganz hinauf zur Mastspitze. Ich habe gehört, dass das Geheimnis ein Wort sein soll. Mehr wird nicht verraten.

Ich bin neugierig, möchte aber auch nicht übermütig werden und verabrede mich deshalb mit Anja, um mit ihr gemeinsam auf die erste Saling zu klettern. Es ist das erste Mal außerhalb des Hafenbeckens. Bisher habe ich mich immer davor gedrückt, weil ich mich an Deck oder auf dem Klüverbaum wohler fühlte, wo auch immer helfende Hände gebraucht werden.

Anja macht beruflich unter anderem Artistik an der *Chinese Pole*. Ich dachte die ganze Zeit, sie habe uns Segelneulingen gegenüber im Umgang mit der Höhe deswegen einen riesigen Vorsprung. Aber das ist für sie nicht vergleichbar. »Es ist ein Unterschied, ob ich in fünf Metern Höhe arbeite oder in dreißig. Hier ist ja auch nichts senkrecht, bis auf die beiden Toppe, an denen wir ja aber auch nicht direkt hochklettern. Alles ist angeschrägt. Außerdem schwankt das Schiff. Und im Rigg darf ich natürlich keine Artistik machen.«

Anja geht voraus. Die Wanten, an denen wir hochklettern, erinnern mich an eine fest gespannte Strickleiter. Ich halte mich am äußeren Stück der Wanten fest, steige mit einem Bein vorsichtig auf die Nagelbank, ziehe mich hoch und setze in der

Bewegung meinen rechten Fuß sofort auf die zweite Querleine. Das ist ohnehin eine der Regeln, denn sollte die unterste Leine, warum auch immer, reißen, dann gäbe es keine Sicherheitsleine darunter. Meinen Klettergurt einpicken, das geht erst wieder kurz vor der ersten Saling.

Je höher ich komme, desto stärker spüre ich, wie die *Roald* in Schräglage geht.

»Warte, bis das Schiff sich wieder auf die richtige Seite neigt, und klettere dann erst weiter!«, ruft Anja mir durch den Wind zu. »Und sonst alles okay?« So wie Anja klettere ich immer nur dann, wenn die Schwerkraft mich Richtung Schiff drückt.

»Ja, alles supi.«

Nach diesem Prinzip muss ich echt weniger Kraft aufwenden. Den Kniff habe ich schnell raus, ich spüre genau, wann das richtige Zeitfenster ist.

Ich merke, dass ich nicht mehr so verkopft ans Klettern herangehe und nun überhaupt keine Angst davor habe, ohnmächtig zu werden und zu fallen, wie noch zu Beginn auf Teneriffa. Nach obenhin werden die Wanten schmaler und steiler. Etwa eineinhalb Meter unter der ersten Saling picke ich mit einer Hand meinen Karabiner ein. Mit dem Daumen drehe ich den Sicherungsring fest. Gleich muss ich auf den Vorsprung raufklettern.

»Das ist eigentlich auch der kniffligste Part«, sagt Anja, »Weiter oben wird es einfacher.« Selbst hier ist es doch ziemlich unkompliziert. Ich klettere so weit hinauf wie möglich, um mit meiner rechten Hand an einer Stange anzukommen, die mit dem Plateau fest verschraubt ist. Dann schaffe ich es mit den Füßen noch ein paar Schritte weiter hoch, kann mit meiner linken Hand eine andere Stange greifen und mich auf die Saling hinüberschwingen.

Dort anzukommen, ist das Mindestziel, das ich mir selbst gesetzt habe. Von hier aus möchte ich nur den atemberaubenden Ausblick aufs Meer genießen. Anja klettert derweil höher, bis zur Mastspitze, und will mich später auf dem Rückweg abholen, damit wir gemeinsam nach unten klettern. Ich freue mich, einen Moment nur für mich zu haben, und genieße die Stille. Von hier aus scheint der Horizont in noch weiterer Ferne zu liegen. Ich habe Gänsehaut.

Der Abstieg verläuft viel einfacher und schneller als erwartet. Ich bin so richtig stolz auf mich.

»Na, wie fühlst du dich?«

»Fantastisch, und du, Anja?«

»Ich hab' den Rigg-Kick.« Sie strahlt richtig.

»Jetzt kann ich erahnen, was du meinst. Was macht den Rigg-Kick genau für dich aus?«

»Das Hochgehen ist für mich total abgefahren, weil ich dabei so konzentriert bin. Ich bin mir darüber bewusst, dass jeder Griff oder Schritt daneben Konsequenzen hat. Deswegen bin ich dann ganz im Moment, ganz bei mir.«

»Schaust du dich dann gar nicht um?«

»Doch. Immer mal wieder lasse ich den Blick schweifen. Besonders beeindruckend ist es auf der Royal, in etwa dreißig Metern Höhe, wenn das Schiff unter mir ganz klein aussieht. Das ist echt einfach nur wow.« Jetzt strahlt sie noch mehr. »Dieser weite Blick über den Horizont, das ist schon der Wahnsinn. Ich kann so weit gucken, bis quasi die Erdkrümmung mir die Sicht nimmt. Und ich spüre mich dort oben total krass. Ja, und auch nach dem zehnten, fünfzehnten Mal klettere ich mit einem breiten Grinsen herunter. Deswegen nenne ich dieses Gefühl den Rigg-Kick.«

»Meinst du, das kommt vom Adrenalinkick?«

»Es ist, als wäre ich high von körpereigenen Drogen.« Sie überlegt, schließt dabei die Augen und schüttelt den Kopf. »Nein, es sind einfach viele Glückshormone. Vielleicht auch die Freude, dass ich es überlebt habe.« Wir lachen laut. Ich glaube, Anja meint das im Scherz, auch wenn dahinter ein wahrer Kern steckt. »Hoch konzentriert zu sein, ist auch etwas, was mich sehr glücklich macht. Das habe ich beim Arbeiten, wenn ich Artistik mache, auch manchmal.«

»Voll spannend! Was hilft dir dabei, dich zu konzentrieren?«

»Bevor ich hochgehe, verbanne ich alle anderen Gedanken. Denn es geht nur um das Hier und Jetzt, um den Moment.«

»Das klappt?«

»Ja, das macht diese Erfahrung für mich auch so intensiv. Weil ich mich selbst nicht ablenke durch Gedanken wie: Wie war das Mittagessen? War ja schon wieder keine Milch mehr für den Kaffee da, und so weiter. Mein Kopf ist dann leer, und das ist voll schön.« Am liebsten möchte ich gleich noch mal hoch und noch viel höher klettern. Denn so ähnlich habe ich es auch empfunden, ich habe auch an nichts anderes gedacht und bin jetzt richtig neugierig, wie es sich wohl für mich anfühlen würde, von weiter oben aufs endlos weite Glitzermeer zu schauen und auch mal einen Blick hinunter aufs Deck zu riskieren, wo mir die Höhe womöglich erst so richtig bewusst wird.

Anja ermutigt nicht nur mich, sie begleitet ganz viele Frauen beim Klettern. »Ich finde es so schön, wenn Leute Bock haben, ihrem Körper, ihren Fähigkeiten aber noch nicht so ganz trauen und dann fragen, ob wir zusammen gehen. Es ist das Schönste, live dabei zu sein, wie sie dieses Glück ebenfalls erleben und ganz viel Selbstvertrauen da oben gewinnen.«

»Also würdest du schon sagen, dass die Royal der schönste Ort im Rigg ist?«

»Schwer zu sagen. Einer meiner Lieblingsplätze ist auf jeden Fall das obere Eselshaupt am Großtopp.« Das ist neben der Royal. »Da kann man sicher drauf stehen, sich mit den Händen links und rechts an den Wanten festhalten und ist eingepickt.

Der Blick ist vollkommen frei. Der Wind kommt von vorne. Und wenn ich da so stehe, fühle ich mich wie Wonderwoman oder eine andere Figur aus einem Abenteuerfilm. Auf jeden Fall fühle ich mich ganz heroisch, im guten Sinne.« Auch andere Mitseglerinnen erzählen, dass sie den Ausblick und das Gefühl, das sie haben, wenn sie im Rigg klettern, für immer abspeichern möchten. Um es jederzeit, in jeder Lebenslage wieder hervorholen zu können.

Die Schiffsglocke läutet, Conni ruft uns zum All-Hands zusammen, hat sogar drei Mützen dabei. Oje! Doch bevor ihre Ansprache überhaupt losgeht, ertönt Musik in sphärischen Klängen.

Von achtern an Steuerbord her kommt ganz langsam eine Frau auf uns zugewankt. Sie wirkt gebrechlich, geht gebeugt und stützt sich auf einen Schrubber, der mit Sargassokraut behangen ist und wie ein Dreizack aussieht. Ihre Haare schmückt ein Diadem aus Sargassokraut, sie trägt einen bunten Rock, ein lockeres Leinenhemd und hat sich Leinen wie eine Federboa um den Hals geschwungen. Wer könnte das sein? Die Frau geht barfuß auf uns zu. Ihr Gang wirkt unsicher. Als sie unsere Gruppe erreicht, lächelt sie breit, ihre Augen strahlen, und sie breitet die Arme zum Himmel aus.

Conni eilt zu ihr. »Oh, Aphrodite, schön, dass du da bist!« Die Frau nickt. »Herzlich willkommen an Bord.«

Die Unbekannte spricht bedächtig, mit lauter, alles durchdringender Stimme.

»Seid gegrüßt! Ich bin Aphrodite. Aus dem Schaum geboren, und im Schaum werde ich vergehen.« Sie zittert, schaut eindringlich in unsere Runde. Oje, was kommt denn jetzt? Doch zum Glück reißt sie den Arm lächelnd in die Luft. »Um dann wieder aus dem Schaum geboren zu werden.« Alle grölen und klatschen.

Aphrodite überlegt, macht den Mund auf, doch es kommt kein Wort heraus. Sie fasst sich an den Kopf und winkt dann ab. »Aber das ist eine andere Geschichte. Willkommen in meinem Reich: dem Atlantik.« Jetzt sucht sie etwas in ihrer braunen Ledertasche, die sie um die Schulter trägt, und holt einen weißen Zettel hervor, der an einer Seite ganz ausgefranst ist, so als hätte sie die Seite einfach aus einem Buch gerissen. Um den Text darauf lesen zu können, hält Aphrodite ihn so weit weg, bis sie ihren Arm nicht weiter strecken kann, und kneift die Augen zusammen. Sie ist wohl ein wenig in die Jahre gekommen, die Sehkraft lässt nach. Dann erhellt sich ihr Blick.

»Poseidon lässt herzlich grüßen. Ich habe ihn auf Dienstreise in den Pazifischen Ozean geschickt. Denn ich habe gehört, dass es hier einen Frauentörn gibt.« Wir jubeln. »Da wollte ich es mir nicht nehmen lassen, höchstpersönlich vorbeizuschauen.« Alle klatschen, grölen und jubeln jetzt noch viel lauter.

»Ich freue mich, alte Bekannte hier zu treffen.« Aphrodite spricht Conni mit dem Namen Flügelrochen, Natalie mit Putzerfisch und Lydia mit lustiger Lachs an und richtet das Wort wieder an uns alle. »Dies sind tapfere Seefrauen, die schon einmal den Atlantik überquert haben. Und ...« – es folgt eine dramaturgische Pause, sie macht es aber auch spannend – »... die eine Atlantiktaufe erhalten haben.« Sie habe ihre Botinnen ausgeschickt, erzählt sie weiter, um uns zu beobachten: Delfine, Wale, das Sargassokraut, die Seeschwalben und den Basstölpel. Nun erhebt sie ihre Stimme noch mehr.

»Alle haben mir berichtet, dass ihr mutige, starke Seefrauen seid. Würdig, die Atlantiktaufe zu empfangen, die nur jene bekommen, die einmal unter Segeln den Atlantik überquert haben.« Das Jubeln geht weiter. »Zeremonie!!« Aphrodite stampft mit ihrem Dreizack auf das Holzdeck.

Conni, Lydia und Natalie sollen ihr helfen. Während sie loslaufen und Hilfsmittel suchen, holt Aphrodite einen ganzen Stapel DIN-A4-Blätter aus der Tasche.

»Die Fliegenden Fische haben ganze Arbeit geleistet und eure Namen herausgefunden.« Während sie das sagt, trägt Conni einen orangenen Eimer voller Seewasser zu Aphrodite. Diese klopft noch dreimal aufs Deck, und es geht los.

»Die Urkunde für die Atlantiktaufe erhält ... Jessica Benjatschek.« Ich bin überrascht, dass ich als Erste aufgerufen werde. Soll ich jetzt nach vorne gehen? Was soll ich machen? Da Aphrodite die Buchstaben kaum erkennt, nimmt Lydia ihr die Urkunde ab und liest weiter vor.

»Für deinen Mut und deine Abenteuerlust, den Atlantik unter Segeln zu überqueren, taufen wir dich auf den Namen *Jessi Jager*.«

Alle jubeln, während ich beschwingt von der Stimmung nach vorne tänzle. Ich nehme meine grüne Cap ab und halte sie mir stolz vor die Brust. Jessi Jager, benannt nach dem ersten Stagsegel, das ganz vorne an der Spitze des Klüverbaums befestigt ist.

»Einmal nach vorne beugen bitte.« Mit einer großen Suppenkelle aus der Kombüse schöpft Conni Wasser aus dem Eimer und gießt es über meinem Kopf aus. Alle applaudieren und jubeln.

»Jetzt noch einen Schluck.« Natalie hält mir einen Becher hin. Schmeckt wie purer Limettensaft. »Mensch, Jessi, nicht mal das Gesicht verzogen.« Ich lache, will höflich zu unserem hohen Besuch sein und knickse vor Aphrodite: »Es ist mir eine Ehre.« Dann drückt Lydia mir die Urkunde in die Hand, und während ich zu den anderen zurückgehe, fühle ich mich ganz doll glücklich. Jetzt bin ich also getauft, mit Seewasser. Was für ein schöner Tag.

Etwa eine Stunde dauert die Zeremonie noch an. Am Ende muss Aphrodite dringend weg, drückt Conni den letzten Zettel aus ihrem Stapel in die Hand und verschwindet. Das muss die Urkunde für Anja sein, die etwa dreißig Sekunden später verdutzt vor uns steht.

»Was ist denn hier los? Hab' ich was verpasst?«

»Aphrodite musste leider schon wieder los.« Das Spiel spielen alle natürlich mit, auch wenn ich es feiere, dass gerade Anja Aphrodite verkörpert hat, da sie bisher so viele Frauen von uns ermutigt und unterstützt hat. Ich glaube, niemand hätte Aphrodite besser repräsentieren können als sie.

Direkt nach der Atlantiktaufe werde ich Zeugin des für mich schönsten Sonnenuntergangs unseres Törns. Der Himmel ist grau und bewölkt, doch die Wolkendecke bekommt immer mehr Risse. Aus ihnen erscheint ein strahlendes Hellblau am Himmel. Besonders deutlich können wir gerade die typischen Passatwind-Wolken erkennen, die knapp überm Horizont stehen und unten eine klare Kante haben. In ihrer Form grenzen sie sich klar von der anderen Wolkendecke im Hintergrund ab, vor allem durch die runden, fluffigen Kuppeln, die sich wie Wattebausche übereinanderstapeln, ganz weit in den Himmel hinein.

Der Wind bewegt die Wolken natürlich, deswegen sieht der Ausblick aus wie ein aufwendiges Bühnenbild aus mehreren Ebenen. Während ich beobachte, wie immer mehr kleine Risse in den Wolken entstehen, durch die sogenannte Wolkenstrahlen fächerartig hindurchscheinen, fühle ich mich richtig ehrfürchtig.

Doch dann reißt der Himmel zwischen den Passatwind-Wolken an zwei Stellen so richtig auf, und es erscheinen zwei Lichtstrahlen, die wie breite Säulen aussehen. Das Licht strahlt in goldenem Schimmer.

Irma steht neben mir und bestaunt den Himmel mit offenem Mund. »Wow, wie schön! Einfach nur schön!« Wir beide haben schon so oft gemeinsam auf einer der Backskisten gesessen und gemeinsam in die Wolken geschaut, Figuren in ihnen erkannt und beobachtet, wie sich ihre Gestalt fließend verändert.

»Sieht doch aus wie zwei Augen. Oder was meinst du?«

»Ja, find ich auch. Boah, ich bekomme richtig Gänsehaut!«

»Vielleicht ist das die echte Aphrodite, die jetzt einen Blick auf uns wirft.«

»Hallo? Na klar. Wir wurden schließlich gerade getauft. Kann doch sein.« Wie wir manchmal rumalbern – ich liebs. Auch, wie wir nach Bedeutung suchen. Für mich zählt, dass dieser Anblick schöne Gefühle in uns allen ausgelöst hat und der perfekte Abschluss dieses Tages ist, an dem wir unseren Mut gefeiert haben. Mir kommt es vor wie Aphrodites Segen.

# Plötzlich Kapitänin

Für *Tag 21* hat sich unsere Schiffsführung etwas Besonderes überlegt. Wir können die Rollen tauschen, das bedeutet, alle Trainees und Deckshands, die mitmachen möchten, dürfen dann die alltäglichen Aufgaben der Schiffsführung übernehmen. Dafür fragen zunächst die Toppsgastinnen in ihren Wachen, wer überhaupt mitmachen will und welche Position jede interessiert. 24 Stunden lang können wir dann Toppsgastin sein, Steuerfrau, Kapitänin, Maschinistin oder Bootsfrau. Die Verantwortung der Smut übernehmen – da winken wir alle sofort ab. »Viel zu anstrengend!«

»Jessi, möchtest du auch eine Rolle übernehmen?«, fragt Anke in unserer Wache. Ich überlege lange, wie ich es am besten sagen kann, denn ich habe keine Lust, Verantwortung zu übernehmen, möchte lieber angeleitet werden. Ich bin schon froh, dass ich den Belegplan auswendig kenne, und denke, dass ich mich ansonsten so wenig auskenne, dass ich mit dem Rollentausch vollkommen überfordert wäre. Doch mich intensiver mit den anderen Positionen zu beschäftigen, ist für mich als Journalistin besonders spannend.

»Ach, Anke, ich weiß nicht so recht. Wenn ich darf, würde ich Conni gern mal einen Tag lang begleiten. Die Rolle der Kapitänin interessiert mich schon sehr. Aber das wäre dann wohl eher etwas für einen anderen Tag.«

»Alles klar, habe ich notiert.«

Ich decke in der Nachmittags-Backschaft gerade die Tische unten in der Messe ein, als Verena dazukommt und mir freudig erzählt, dass ich am Rollentauschtag mitwirken soll.

Als Kapitänin!

»Was??« Ich bin jetzt schon nervös und fühle mich überrumpelt, was Verena sofort bemerkt.

»Du wirst aber nicht alleine in dieser Rolle sein, Anja und du seid eine Doppelspitze.«

»Also, das finde ich super!« Puh, das erleichtert mich. Mit ihr als Co-Kapitänin muss ich keine Herausforderungen allein bewältigen, ich glaube, wir werden als Team sehr gut harmonieren, und bin mir sicher, dass wir viel Spaß haben werden. Außerdem ist Conni ja auch noch da und bleibt im Hintergrund Kapitänin.

Jetzt, da es konkret wird, rattert es in meinem Kopf. Was macht Conni eigentlich genau den ganzen Tag? Sie ist 24 Stunden am Tag auf Bereitschaft. Ich nehme sie als jemand wahr, die immer präsent ist, den Überblick behält, gefühlt auf alle Fragen eine Antwort weiß und unser Schiff in- und auswendig kennt. Obwohl ich weiß, dass wir gar nicht den Anspruch haben sollten, sie ersetzen zu können – wäre ja auch vermessen –, möchte ich doch nicht komplett unvorbereitet sein. So bleibe ich am Vorabend noch länger in der Messe und lese in Büchern über die Seefahrt. Darunter ist ein vergilbtes, historisches Buch, in dem steht, wie sich die Crew dem Kapitän gegenüber verhalten soll, der anscheinend im damaligen Sprachgebrauch auch als »der Alte« betitelt wurde. Maren fragt, warum ich die Augenbrauen hochziehe.

»Du guckst so irritiert, aber gleichzeitig auch amüsiert. Lies mal vor.«

»Hier steht, dass die Crew die Schiffsseite wechseln muss, wenn der Kapitän das Deck betritt.« Maren lacht empört.

»Wie gut, dass wir in einer anderen Zeit leben.«

Ich klappe das Buch zu und werde aus den anderen auch nicht schlauer. Es ist wohl besser, ich lege mich einfach in die Koje und schlafe.

Am nächsten Morgen ist es so weit, ich werde zur 7-Uhr-Besprechung geweckt. Anja und ich bekommen uns vor Lachen kaum ein, als wir uns im Flur begegnen. Wir beide tragen zufällig die gleiche olivgrüne Cap.

»Na, schau mal, als hätten wir uns abgesprochen.«

»Ja, siehste. Wir sind halt auch jetzt schon wie ein eingespieltes Team!« Oder wie Kathrin, die heute zum ersten Mal als Trainee auf der *Roald* mitsegelt, sagt: »Ihr erinnert mich irgendwie an begeisterte Whale-Watcher.« Unsere Mützen sind der heutige Running Gag.

Conni erklärt noch einmal alle Spielregeln:

1. Alle Alarme sind ernst und keine Übung.
2. Fragen geht immer.
3. Wir dürfen nur mit Bleistift ins Logbuch schreiben.
4. Niemand soll zu Schaden kommen, auch das Schiff nicht.
5. Wir sollen wenig Geld ausgeben. Das heißt, wir dürfen nur zweimal am Tag die Wetterdaten abrufen und nichts machen, was Extra-Generator- und Maschinenstunden verursacht.
6. Spätestens am 23. Januar, also in sechs Tagen, wollen wir planmäßig auf Martinique ankommen. Umwege und große Kursänderungen sind deswegen untersagt. Aktuell liegt der Kurs bei 267°.
7. Beim Ausruf »Freeze« wird eine Pause eingeläutet, damit die echte Schiffsführung intervenieren kann. Und »Übung abgebrochen« bedeutet, dass das gesamte Experiment beendet ist. Das ist es aber auch automatisch, wenn ein Alarm ertönt.
8. Zur Nacht müssen beide Royalsegel geborgen werden.

Dann werden noch ein paar Aufgaben festgelegt. Die erste Wache soll die Royal bergen und setzen, die zweite den Innenklüver und die dritte Wache das Vorstengestagsegel. Außerdem sollen sich alle Wachen mit Segeltheorie beschäftigen, genauer gesagt mit dem Ankerspill, und herausfinden, wie es funktioniert und gehandhabt wird. Diese Kenntnisse brauchen wir nämlich, um den Anker auf Martinique fallen zu lassen.

Obwohl der Rollentauschtag offiziell erst um 8 Uhr beginnt, legen wir alle gleich nach der Besprechung, also um 7:20 Uhr, los. Erst mal sind Anja und ich orientierungslos. Wir fragen die neuen Steuerfrauen und Toppsgastinnen, ob alles okay ist oder ob sie irgendetwas brauchen, aber sie wollen sich erst mal allein in ihre neuen Rollen einfinden. Dabei kommen schon die ersten Frauen mit ihren Anliegen auf uns zu. Doris bemerkt:

»Unten hängt nasse Wäsche im Gang, da kann man sich nicht festhalten. Die muss weg.«

Beim anstehenden Wachwechsel um 8 Uhr stellen Anja und ich uns dazu und bitten darum, dass die Kleidung aus Sicherheitsgründen nicht auf die Handläufe gehängt werden darf und dass alle Anwesenden einmal nachschauen sollen, ob irgendetwas davon ihnen gehört.

Und da ein paar Frauen gerade Reinschiff machen, fragt Barbara, ob sie beide Schotten im Deckshaus öffnen darf. Da wir heute keinen starken Wellengang haben, ist das in Ordnung.

Ich bin total nervös und zappelig, weil ich mich die ganze Zeit frage, ob wir alles richtig machen oder unsere Aufgaben verfehlen.

»Anja, meinst du, wir müssen irgendwo eingreifen? Sollte uns auffallen, wo unsere Hilfe gebraucht wird? Oder lassen wir die Steuerfrauen und Toppsgastinnen einfach machen, bis sie auf uns zukommen?« Auch wenn ich eh nicht denke, dass ich bei nautischen Fragen oder generell weiterhelfen könnte.

»Ich glaube, wir sollten sie erst mal machen lassen. Hast du herausgefunden, welche Aufgaben wir noch als Kapitäninnen haben?«

»Leider nicht.«

Während unseres Gesprächs ertappe ich mich selbst. Ich bin supergestresst davon, nicht zu wissen, worum ich mich kümmern sollte, sodass ich mich automatisch für alles verantwortlich fühle. Ich erwarte von mir selbst eine Art hellseherischer Superkraft, mit der ich anderen an der Nasenspitze ansehe, was sie brauchen.

In dem Moment, in dem ich dieses Muster durchschaue, kann ich es auch entkräften. Die innere Anspannung verschwindet komplett, und ich kann wieder klarer denken. Stattdessen erinnere ich mich an Connis meistgesagte Vorschrift. Und zwar, dass jede offen ansprechen soll, wenn sie Hilfe braucht.

»Gut, dass wir Conni fragen dürfen.«

»Ja. Aber, Anja ... wie soll ich's sagen ... mit welcher Frage fangen wir denn an?«

»Gute Frage!«

Plötzlich steht Conni hinter uns. »Na, ihr beide, wie ist es?«

»Joah.« Anja und ich schauen uns an, ratlos, und lächeln ein bisschen verlegen. Ich glaube, bisher haben wir beide eher den Eindruck, dass wir nur reagieren, als dass wir uns wirklich wie Kapitäninnen verhalten.

»Ihr wisst ja, dass ihr jederzeit Fragen stellen könnt.« Ich schaue zu Anja, zu Conni, wieder zu Anja und überlege, wie ich es am besten formuliere.

»Conni, ganz ehrlich? Ich würde am liebsten fragen: Was sollen wir heute machen?«

»Leider ist das keine konkrete Frage. Das muss schon etwas genauer sein. Aber mein Angebot steht. Bis später.«

Ich habe einen Geistesblitz und ärgere mich, dass ich nicht schon früher drauf gekommen bin. Im Bordhandbuch der *Roald* werde ich bei der Suche nach Aufgaben und Verantwortungsbereich der Kapitänin endlich fündig.

»Anja, ich habs! Kapitän:innen tragen die Leitung und Gesamtverantwortung für die Schiffsführung, delegieren und verteilen Aufgaben«, lese ich vor. »Sie sind für die Atmosphäre an Bord, also die allgemeine Stimmung, und für die Sicherheit an Bord verantwortlich. Natürlich auch für die Arbeitssicherheit.«

»Ah super, das haben wir uns ja schon gedacht. Ist doch gut!«

»Wir haben bisher jedenfalls nichts falsch gemacht, wie es scheint. Hier steht, Kapitän:innen leiten die Crewbesprechungen, bilden Nautiker:innen aus und schreiben jede Menge Berichte. Außerdem achten sie auf den Umweltschutz, und hier steht noch, dass sie die alleinige Befehlsgewalt haben.« Ich habe schon gesehen, dass Conni immer mal wieder in die Navi geht und etwas aufschreibt. Wir sollten alles einfach auf uns zukommen lassen. So wie immer.

Anja geht kurz zu den beiden Steuerfrauen, und ich fülle meine Wasserflasche auf. Dann mache ich mich auf die Suche nach Anja, kann sie jedoch nirgends finden. Wie geht das? Auf so einem Schiff können wir uns doch gar nicht verlieren. Ich bleibe stehen, frage Kathrin, ob sie Anja gesehen hat. »Sie läuft hier auch suchend rum.«

Da kommt Anja auf uns zu. Anscheinend sind wir die ganze Zeit aneinander vorbeigelaufen, haben einander immer verpasst. Ich bin wohl ins Deckshaus rein, als Anja gerade wieder herausgegangen ist.

Wieder vereint, gibt Conni uns eine Aufgabe. Wir sollen ausrechnen, in wie vielen Tagen wir auf Martinique ankommen werden. Dann geht sie einfach, legt sich zurück in die Hängematte, die sie vor dem Klüverbaum aufgespannt hat.

»Und wie machen wir das, Anja?«

»Sollen wir unsere Steuerfrauen mal fragen, wie wir das berechnen können?«

»Gute Idee.« Nicki und Jelka haben als neue Steuerfrauen gerade Wache und kennen sich tatsächlich in Sachen Navigation aus. Wir sollen koppeln. Jelka drückt uns ein Buch in die Hand, weil sie dringend zu ihrer Wache muss. Ich blättere ein wenig, verstehe aber nichts und gebe Anja das Buch. Auch sie liest und versteht genug, um zumindest zu wissen, welche konkreten Fragen wir Conni stellen können.

Zwischendurch sagt Emilia, dass sie als Toppsgastin mit den To-dos durch ist, und fragt, ob es sonst noch etwas gibt, was sie anleiten kann. Da die letzte Schicht Lack auf den Nagelbänken endlich getrocknet ist, besprechen wir uns kurz, ob es an der Zeit ist, die vielen Tampen, die lose kreuz und quer, einfach irgendwo festgemacht sind, wieder auf den Nagelbänken zu belegen. Conni hat nichts einzuwenden, also übergeben wir die Aufgabe an Toppsgastin Emilia. »Wird gemacht.«

Dann will Conni mit Anja und mir in die Navi, die mich von der Temperatur her an eine Sauna erinnert. Wir breiten die große Seekarte vor uns aus, Conni legt einen Zirkel, Bleistift und zwei Geodreiecke auf die Tischplatte. Wir koppeln: rechnen, zeichnen, schieben die Geodreiecke hin und her. Mithilfe des Zirkels finden wir schließlich heraus, wie lange wir noch brauchen würden, angenommen wir blieben bei derselben Durchschnittsgeschwindigkeit der letzten 24 Stunden. 110 Seemeilen haben wir in 24 Stunden zurückgelegt und sind laut unseren Berechnungen aktuell 570 Seemeilen vom Ankerplatz auf Martinique entfernt. Wir fahren fast auf dem Sollkurs, mit nur zwei Grad Abweichung.

Gerade als ich aussprechen will, wie viele Tage auf hoher See uns noch übrig bleiben (viereinhalb), sollte die Windstärke ähnlich bleiben, kommt Sascha in die Navi und unterbricht mich ohne Umschweife.

»Ich weiß nicht, wie das passieren konnte, aber beide Wassertanks sind mit Salzwasser verseucht.«

»Hä? Nein. Das ist doch ein Scherz«, sage ich.

»Doch, doch. Wir haben kein Trinkwasser mehr.« Sascha geht weg, und auch Conni lässt Anja und mich alleine in der Navi stehen.

»Jessi, ich konnte gerade wie in Zeitlupe beobachten, wie mein Gehirn den Rückzug angetreten ist. So nach dem Motto: Tschau, ich bin dann mal weg.«

»Das ist bestimmt nur ein Scherz oder ein Test.« Sascha hat das so trocken und unaufgeregt vorgetragen, dass es Teil des Rollentauschs sein muss.

»Ähm ...« Anja wirkt auch total verwundert. »Was Sascha sagt, geht doch gar nicht. Sie hat doch mal erzählt, dass wir noch einen dritten Tank haben, als Not-Wasserreserve.«

»Ich frage Sascha noch mal und sag ihr, dass wir den Test durchschaut haben«, sage ich und gehe zum Maschinenraum zu Sascha. Wir sollen bestimmt nur lernen, nicht alles sofort zu glauben, sondern die Infos kritisch hinterfragen und überprüfen. Sascha aber erzählt daraufhin die Story noch einmal, ausgeschmückt mit Infos, die ausgedacht klingen. Dann sind die verseuchten Wassertanks also Teil des Rollentauschs. »Und was sollen wir jetzt machen?« Anja kommt auch zum Maschinenraum, und Sascha gibt uns einen Tipp.

»Was würde Conni jetzt tun?«

»All-Hands!« Es platzt aus mir heraus, und ich will schon losgehen und die Schiffsglocke läuten, doch Anja ruft mich zurück. Sie findet, wir sollten erst mal mit unseren Steuerfrauen der fahrenden Wache sprechen, mit Konny und Verena. Zum Glück, denn wir beschließen zwar gemeinsam, ein All-Hands einzuberufen, können uns jetzt jedoch kurz überlegen, wie wir vorgehen wollen.

»Wenn das Wasser verseucht ist, sollte auch niemand mehr Trinkflaschen auffüllen.« Konny denkt an Aspekte, die ich auf die Schnelle gar nicht bedacht habe. Im Augenwinkel sehe ich, wie Conni gerade ins Deckshaus geht.

»Du, Conni? Sollen wir jetzt wirklich so tun, als hätten wir wirklich kein Trinkwasser mehr in den Tanks? Also zum Beispiel echt anordnen, dass niemand etwas trinken darf, bis wir das Problem gelöst haben?«

»Ihr sollt so handeln, als wäre die Situation echt.«

Ich darf endlich die Glocke läuten und bin überrascht, wie schnell alle an Deck kommen, auch wenn ein paar Frauen maulen, dass es hoffentlich etwas richtig Wichtiges ist, wenn sie schon geweckt werden.

Anja bittet mich darum, vor allen zu reden. Damit habe ich gar nicht gerechnet. Überrumpelt, wie ich bin, entsteht zum Glück jedoch erst gar keine Aufregung in mir, und ich kann mit klarem Kopf improvisieren.

Wie Sascha zuvor, schildere nun ich das vermeintliche Problem. Dass es nur eine Übung ist, erwähne ich nicht, da ich davon ausgehe, dass alle wissen, dass der Rollentausch bei so einem Vorfall sofort beendet wäre. Ich will mir gar nicht vorstellen, wie krass diese Situation für uns ansonsten wäre und wie es dann um die Atmosphäre an Bord stünde, hätten wir nichts mehr zu trinken.

»Für uns als Crew bedeutet das jetzt, dass ab sofort niemand mehr Wasser in Trinkflaschen auffüllen darf. Wir arbeiten aktuell an einer Lösung und bitten euch, bis dahin Ruhe zu bewahren. In ungefähr einer Stunde, wenn die Glocke läutet, treffen wir uns wieder und stellen euch einen Plan vor.« Alle sind still, manche wirken etwas schockiert.

»Hat noch jemand eine Frage? Sonst ist das All-Hands beendet.« Keine Fragen. Alles wird akzeptiert.

Mona soll eine Bestandsaufnahme machen und herausfinden, wie viele Wasserflaschen, Softdrinks, Milchpackungen und Haferdrinks aktuell noch in den Lasten sind. Und unsere neuen Bootsfrauen Nora und Anna probieren mithilfe von Eimern und Küchenutensilien, Kondenswasser aufzufangen. Anja und ich überlegen, was wir sonst noch klären oder uns überlegen sollten. Conni kommt zu uns.

»Wie wollt ihr vorgehen?«

»Wir überlegen gerade noch«, sagt Anja.

»Nur ihr beide? Denkt daran, je mehr ihr seid, desto unterschiedlicher sind auch die Ideen und Lösungsansätze.«

»Jessi, wollen wir die Steuerfrauen mal zusammentrommeln?«

»Ja, gerne!« Ich will schon losgehen, da geht Conni einen Schritt auf mich zu, als wollte sie mir den Weg abschneiden.

»Warte, warum willst du denn jetzt die Steuerfrauen suchen? Habt ihr nicht gerade Wichtigeres zu tun? Schickt doch jemanden los.« Ich hätte mich wohler gefühlt, selbst loszugehen, aber sie hat recht. Wäre es ein Ernstfall, würde ich auch nicht erwarten, dass Conni als Kapitänin das Schiff nach allen Steuerfrauen absucht. Michi, die am nächsten bei uns steht, hilft uns. Drei Minuten später stehen wir zu acht am Spill und brainstormen. Wichtig ist jetzt, welche Maßnahmen wir ergreifen. Conni hat auch noch einen Tipp für uns.

»Jede Idee sollte fünf Minuten als die beste, tollste Idee angesehen werden. Dann fragt euch: Warum eigentlich nicht? Wichtig ist erst mal, dass ihr nichts sofort ablehnt.« Anja leitet das Gespräch, ich mache Notizen, für den Überblick. Derweil kommt Mona mit einer Liste zurück. Viel schneller, als ich dachte.

Jetzt können wir auch ganz konkret über den Plan für die Wasserversorgung sprechen. Wir haben noch 340 Liter Wasser in 0,5-Liter-Flaschen im Notvorrat. Das brauchen wir nicht nur zum Trinken, sondern auch für die Kombüse. Auch auf Frauen, die vielleicht in den nächsten Tagen Kreislaufprobleme bekommen könnten, sollten wir Rücksicht nehmen. Sie brauchen mehr Wasser.

Da wir noch viereinhalb Tage bis nach Martinique brauchen, das haben wir ja bereits mit Conni ausgerechnet, rechnen wir genau durch. Pro Tag könnte jede Frau einen Liter Wasser zugeteilt bekommen. Eine Flasche morgens und eine nachmittags. Für die Kombüse können wir vierzehn Liter Wasser pro Tag rechnen, dann bleiben pro Kopf und Tag noch 0,3 Liter Wasser übrig. Das ist die Reserve für die, die Kreislaufprobleme bekommen, und für den Fall, dass der Wind abflaut und wir doch ein wenig länger nach Martinique brauchen.

Wenn alle Stricke reißen, denke ich mir, haben wir ja immer noch die Softdrinks, 338 Liter Milch und 194 Liter Haferdrink für die letzten Tage. Die anderen sind der Meinung, dass die Softdrinks nicht weiter verkauft oder getrunken werden sollten, weil der Zucker durstig macht.

Nicki schlägt vor, einen Seenotruf abzusetzen. Natürlich nicht in echt. Wir funken mit Conni, die vorne beim Klüverbaum steht und sich in die Rolle der Seenotretter:innen in Bremen begibt. Wir werden nicht als Notfall eingestuft, weshalb es kein Problem ist, dass momentan kein Schiff in der Nähe ist. Es heißt, wir sollen in Kontakt bleiben.

Es ist schon komisch, aber mir kommt es gar nicht mehr vor wie eine Übung, sondern als würden wir alle dieses Szenario total ernst nehmen. Mich begeistert, wie schnell wir gemeinsam auf Lösungen kommen. Das Problem gehen wir Schritt für Schritt an. Jetzt verstehe ich, dass der Erfolg unseres Törns wirklich damit zusammenhängt, dass unsere echte Schiffsführung so gut als Team zusammenarbeitet. Und wie wichtig es ist, dass sie offen dafür ist, auch andere in ihre Pläne einzubeziehen und die Schwarmintelligenz zu nutzen.

Bevor die Stunde um ist, läuten wir die Messingglocke. Anja stupst mich seitlich an. Sie möchte, dass wieder ich spreche. Ich starre auf die Stichpunkte, die ich unsauber im Stehen in mein Notizbuch gekritzelt habe, und verkünde unseren Plan. Im Laufe des All-Hands kommen Fragen auf, die innerhalb der Crew aber auch gleich wieder beantwortet werden.

»Das Problem ist gelöst und das Wasserspiel hiermit beendet«, verkünden Anja und ich wie im Chor nach kurzer Rücksprache mit Conni. Alle applaudieren, trinken erst mal einen Schluck Wasser. Spannend finde ich, worauf Ulrike mich aufmerksam macht.

»Nach unserem ersten All-Hands sind mehrere Frauen sofort zum Kiosk gegangen und haben sich Schokoriegel gekauft.« Stimmt, ich habe auch Appetit bekommen, weil ich bestimmt zwei, drei Frauen damit gesehen habe.

»Voll spannend und irgendwie auch witzig! Meinst du, sie wollten damit etwas kompensieren?«

»Ja, bestimmt. Aber total unbewusst. Ich denke, durch den Stress brauchten sie einfach Nervennahrung. Es haben ja alle mitgespielt, ich habe keine Einzige gesehen, die zwischendurch etwas getrunken hätte.«

Kurz nach unserem Wasserspiel gibt es Abendessen, und Julia, eigentlich Toppsgastin, heute mal Trainee, kommt zu uns und sagt, dass sie sich Sorgen um Toppsgastin Michi mache. Sie wirke heute sehr müde und sei trotz Einbruch der Dunkelheit noch auf dem Klüverbaum. Dort möchte sie nur noch schnell das letzte Stückchen abschleifen. Morgen soll der Klüverbaum nämlich auch eine neue Schicht Schutzlack bekommen.

Ich gehe zum Klüverbaum und bitte Michi herunterzukommen. Sie sei gleich fertig, sagt sie. Dass ich hartnäckig bleibe und sie erneut bitten muss, empfinde ich als sehr beklemmend. Aber hier geht es immerhin um Arbeitssicherheit.

»Deine Sicherheit geht vor, dann ist es eben so, dass der Klüverbaum heute nicht fertig wird.«

»Okay, bin schon unterwegs.« Michi wirkt auf mich richtig traurig und enttäuscht. Aber ich denke, daran kann ich gerade nicht viel ändern.

Eigentlich können wir sofort zur Abendbesprechung gehen. Die leiten Anja und ich gemeinsam und sind mit unserer Ansprache zufrieden. Erst machen wir eine Stimmungsrunde, lassen den Tag kurz Revue passieren und sprechen darüber, was in der Nacht anliegt. Wir alle sind total müde vom Tag. Viel müder als sonst. Als To-do schreiben wir auf, dass das Schott, also die Tür vom Deckshaus, an Backbord wieder geschlossen werden sollte.

Nach dem Wachwechsel um 20 Uhr beschließen Anja und ich, dass für uns beide jetzt auch mal Feierabend ist. Die Toppsgastinnen sollen uns wecken, wenn etwas ist.

Dann gönnen Anja und ich uns jeweils eine Dose Softdrink und Anke fragt, wie der Tag für uns als Kapitäninnen war. Ich fand es super, auch wenn mir gerade auffällt, dass Anja und ich beide seit heute Morgen um 7 Uhr wie angeknipst waren und bis auf die Mahlzeiten nicht ein Mal still gesessen und innegehalten haben. Der Tag verging extrem schnell. Es kommt mir vor, als wären erst drei Stunden vergangen.

Ich schlafe wie ein Stein bis kurz vor 6 Uhr morgens. Bevor wir die Rollen wieder zurücktauschen, gehe ich zur fahrenden Wache und frage nach dem aktuellen Kurs. Er sollte bei ungefähr 280° liegen, jetzt sind wir jedoch bei 305°. Das wundert mich sehr. Hätten wir nicht geweckt werden müssen? Genau das hätten die Wachen nachts auch überlegt, als ihnen die Abweichung auffiel. Nur konnten sie daran nicht viel ändern und wollten uns nicht belästigen. Conni kommt dazu und wirkt sauer.

»Anja und du hättet geweckt werden müssen, und ihr hättet mir dann Bescheid geben sollen.«

»Das habe ich schon befürchtet. Sie wollten uns durchschlafen lassen.«

»Ich weiß, sie wollten rücksichtsvoll sein. Aber das ist genau der Grund, warum man irgendwann gar nicht mehr schlafen kann. Weil man sich immer fragt, ob denn wirklich alles in Ordnung ist oder ob sie sich nur nicht trauen, Bescheid zu sagen.«

Lässt sich das nicht auch generell auf Beziehungen übertragen? Etwa wenn etwas vorfällt, was als Kleinigkeit abgetan wird – nicht so schlimm, dass es überhaupt angesprochen werden muss. Doch dann stauen sich Kleinigkeiten auf, entwickeln eine Eigendynamik, und es wird viel komplizierter, eine Lösung zu finden.

Am Nachmittag machen wir noch mal eine Feedbackrunde mit der gesamten Crew. Wir sollen berichten, was wir für uns daraus mitnehmen. Besonders beeindruckt und glücklich sind die fünf Seefrauen in der Rolle der Maschinistin. Sascha war die ganze Zeit über an ihrer Seite, und sie haben sich intensiv mit der Technik des Schiffes beschäftigt. Jetzt begriffen sie Zusammenhänge, die sie zuvor nicht mal hinterfragt hatten.

Klara etwa findet es bestärkend, dass jede:r im Verein Maschinist:in werden kann, ohne Ingenieur:in zu sein, und Irma sagt: »Wir haben uns sehr gut bei Sascha aufgehoben gefühlt, hatten Aufgaben und auch Erfolge.« Sascha habe sich viel Mühe gegeben, mögliche Herausforderungen spannend aufzubereiten und die verschiedenen Schaltstellen im Maschinenraum logisch und nachvollziehbar zu erklären. Lydia und Pauline sagen beide, dass sie bei einem anderen Törn auf der *Roald* als Maschinist:innen-Praktikantinnen mitfahren wollen. Denn bis dato dachte Lydia, dass ihr das technische Verständnis fehle. »Ich habe mir diese Aufgaben einfach nur nicht zugetraut, jetzt jedoch gemerkt, dass ich in alles hineinwachsen kann.«

Durchweg sagen alle, die in neue Rollen geschlüpft sind, dass sie viel Selbstvertrauen gewonnen haben. Das habe ich besonders bei Emilia bemerkt, die als eine der jüngsten Seefrauen als Einzige alleine in der Rolle der Toppsgastin war. Sie sagt: »Für mich war es richtig schön, zu sehen, dass ich für so viele Leute Verantwortung übernehmen kann. Da habe ich ganz neue Seiten an mir kennengelernt, die sich aber auch gut angefühlt haben. Und obwohl ich längst nicht alles wusste, war ich nicht verunsichert oder überfordert.«

Ein Aspekt, der auch häufig genannt wird: Wir haben gelernt, wie wir unter Zeitdruck Lösungen finden und gut arbeiten können. Das finde ich auch, selbst wenn es anfangs schwierig war, die Aufgaben angemessen zu priorisieren. Deswegen bin ich auch froh, dass Anja ebenfalls Kapitänin war und wir uns immer austauschen konnten.

Steffi, die zusammen mit Pia Steuerfrau der zweiten Wache war, hat sich in dieser Konstellation viel sicherer gefühlt. »Ich habe mir oft vorgestellt, wie es mir wohl alleine in manchen Situationen gehen würde. Durch die Absprachen waren wir viel entscheidungsfreudiger. Allein hätte mir manchmal etwas Vertrauen in meine Fähigkeiten gefehlt.«

Die Supervisorinnen, also die eigentlichen Seefrauen aus der Stammcrew in den Positionen der Schiffsführung, sind mit unserem Rollentauschtag auch sehr zufrieden. Sie konnten ihre Aufgaben auch mit einem ruhigen Gewissen abgeben.

Bei manchen ist das Feedback etwas ernüchternder, auch wenn sie viel für sich mitnehmen konnten. Nicki und Jelka, ebenfalls in der Rolle der Steuerfrauen, sagen, dass sie für ihren Geschmack zu viel in der Navi waren und zu wenig mit ihrer Wache zu tun hatten. Das würden sie rückblickend anders machen. Auch Mona und Michi, die Toppsgastinnen, seien trotz Spaß an ihrer Rolle manchmal an ihre Grenzen gekommen. »Ich glaube, dass ich immer alle Herausforderungen schaffen will, es anderen recht machen will und dann nicht mehr so auf mich selbst achte. Wir hatten den Anspruch, alle Aufgaben zu erfüllen, und standen deswegen unter großem Zeitdruck. Aber ich glaube, es ging auch darum, Fehler zu machen und aus ihnen zu lernen«, sagt Mona. Richtig schön finde ich, dass Michi sagt: »Ich kann nicht immer allen gerecht werden, das ist aber auch in Ordnung.«

Conni verrät, dass das Ziel dieses Experiments von Anfang an war, uns an die Grenzen zu bringen. »Es war beabsichtigt, dass ihr entweder das Gefühl habt, überfordert zu sein oder zu wenig Zeit zu haben.«

Wenn ich in mich gehe, hatte ich nur in den ersten Stunden das Gefühl, überfordert zu sein, und alle Unsicherheiten nach und nach ablegen können. Aber zu hundert Prozent waren wir eben nicht in der Rolle der Kapitäninnen. Dafür habe ich umso mehr Achtung vor Connis Verantwortung und sehe viel klarer, warum ich sie als Kapitänin so stark finde. Bei ihr sieht alles so einfach aus, und sie wirkt immer gelassen und selbstsicher, in den richtigen Momenten streng und autoritär und dabei nie unfair oder unnötig harsch.

Aber einen Punkt gibt es am Ende doch noch, der für Irritation sorgt. Beim Wasserspiel hätten manche gar nicht gewusst, ob sie wirklich nichts trinken dürfen, gerade zur Mittagszeit sei diese Anordnung bei der Hitze eine Zumutung gewesen. Dafür sind Anja und ich verantwortlich, denke ich und grüble. Denn Sascha hat ihren Maschinistinnen erlaubt zu trinken, da es im Maschinenraum mittlerweile so warm ist, dass allen sofort der Schweiß übers Gesicht läuft. Warum habe ich das gestern nicht wahrgenommen? Hätte ich das bedenken müssen?

»Danke für die Kritik, das habe ich gar nicht mitbekommen, dass manche nicht wussten, ob sie trinken dürfen oder nicht. Ich frage mich, warum das eigentlich niemand angesprochen hat, wenn sich so viele unsicher waren? Das machen wir ja sonst auch.« Conni stimmt mir zu. Sie hatte tatsächlich von uns erwartet, dass niemand etwas trinkt, um das Szenario so realistisch wie möglich zu erleben.

# Wunderheilung in der schamanischen Schwitzhütte

»Heute Morgen, als wir die Wetterdaten in der Navi abgerufen haben, hat uns eine Mail von einem Vereinsmitglied mit Koordinaten erreicht«, berichtet Anke zu Beginn unserer Wachzeit. »Katrin wird deswegen gleich einen kleinen Workshop geben, um gemeinsam abzuwägen, in welcher Bucht der perfekte Ankerplatz für uns liegt.«

»Wie jetzt? Wir ankern noch?« Ich wende mich an Alicia. »Werden wir nicht direkt am Tag unserer Ankunft in Fort-de-France einlaufen und von Bord gehen?«

»Nein, wir kommen ja ein paar Tage früher an.« Daher müssen wir noch in einer geeigneten Bucht ankern, bis wir in den Hafen dürfen. Das enttäuscht mich mehr, als ich mir zugestehen möchte. Wenn es nach mir ginge, würden wir das Törnende möglichst lang hinauszögern, noch mal halsen, um auf dem offenen Meer zu bleiben, oder zumindest Martinique umsegeln. Ein abruptes Ende des Segeltörns wäre mir lieber als ein seichtes Ausschleichen. Hier lerne ich jedoch auch, offen zu bleiben für alles, was kommt.

»Alicia, ich glaube, dass ich wohl einfach noch nicht wahrhaben will, wie bald wir ankommen.«

Ganz schön komisch, dass das Ende des Törns immer näher rückt und wir uns zwangsläufig mit dem Thema Ankommen beschäftigen müssen.

Um den perfekten Ankerplatz zu finden, müssen wir einiges bedenken. Als großes Traditionsschiff ist die *Roald* nicht so wendig wie eine Jacht. Außerdem brauchen wir genug Wasser unterm Kiel, weshalb nicht mehr viele Optionen für Ankerplätze übrig bleiben. Vor Piraterie werden wir auch gewarnt, deswegen erscheint die Bucht des Fischerdörfchens Sainte-Anne am sinnvollsten. Moment mal, genau da haben Verena und ich unsere Unterkunft gemietet, von der aus wir nach dem Törn noch ein paar Tage die Insel erkunden wollen. Erkunden oder faul am Strand liegen, je nachdem, wonach uns dann ist. Ein witziger Zufall.

Am liebsten würde ich einfach noch weitersegeln. Mir gefällt es hier an Bord. Aber die Zeit rennt. Wir werden nur noch ungefähr vier Tage auf hoher See sein. Der bloße Gedanke daran stresst mich.

»Der Weg ist wichtig, das Ziel aber auch«, sagt Maren. Das sei ihr Antrieb. Jetzt einfach die Route ändern, einen Umweg fahren oder noch zu dieser oder jener karibischen Insel segeln? »Das wäre für mich sehr frustrierend.«

Wer noch gerne so schnell wie möglich ankommen möchte, ist Diana. »Am liebsten auch schon morgen.« Sie ist hier an Bord unsere wandelnde Reiseführerin, weil sie bereits vor der Reise genau überlegt hat, welche Ausflüge und Aktivitäten Martinique zu bieten hat und wo die besten Schnorchelplätze zu finden sind. Mit ihr zu quatschen, hilft mir dabei, mich auch auf die Zeit in Martinique zu freuen und nicht traurig zu werden.

Und wenn ich es schwierig finde, im Hier und Jetzt zu sein, geselle ich mich zu Irma. Sie ist für mich das Sinnbild einer Genießerin. Wenn sie ihre Zähne putzt, stellt sie sich im Gang so hin, dass ihr Gesicht die Sonnenstrahlen einfängt, und schließt dabei die Augen. Oder wie friedlich sie von innen heraus lächelt, wenn sie am Schanzkleid steht, aufs Meer schaut und der Wind in ihr Gesicht weht. Sie strahlt so viel Lebensfreude und Leichtigkeit aus und inspiriert auch mich dazu, immer wieder einen Moment lang innezuhalten und meine Sinne achtsam wahrzunehmen. Oft denke ich dann: »Ah, stimmt, es ist echt so schön gerade.«

Ich brauche gerade einfach ganz viel Wirgefühl und setze mich in der wachfreien Zeit zur Julia-Wache auf die Brücke, zu denen, die gerade nichts Konkretes zu tun haben.

»Na, wie geht es euch gerade so?«, frage ich in die Runde.

»Hier spalten sich die Lager in die, die nicht ankommen wollen, und die, die unbedingt ankommen wollen«, sagt Maggie. »Ab und an fließen sogar ein paar Tränen.«

Maggie ist Tierärztin und macht Akupunktur. Nach unserem Törn will sie nach Kuba weiterreisen und hat einen ganzen Ziplock-Beutel voller Nadeln mitgebracht. Es ist ihre erste große Reise in siebzehn Jahren.

»Die waren eigentlich für die Straßenhunde, denen ich etwas Gutes tun wollte. Jetzt ist der Beutel fast leer, und auf meiner Liste stehen noch acht Frauen, die sich eine Akupunkturbehandlung wünschen.«

»Was meinst du, woran es liegt?«

»Ich weiß es nicht. Viele Frauen tragen große Päckchen mit sich herum. Es sind alles mutige Frauen. Macherinnen. Frauen, die viel Verantwortung tragen, sich selbst um alles und alle kümmern. Hier ist das ganz anders. Jetzt, da der Alltag oder die Probleme, von denen sie Abstand gewinnen wollten, wieder näher rücken, öffnen sich auch die Letzten. Die Gespräche werden jedenfalls immer tiefgründiger.«

Das nehme ich auch wahr, und wir diskutieren darüber auch in unserer Nachtwache. Liane erzählt zum Beispiel eine Anekdote aus ihrem Leben. Damals, als ihre Kinder noch klein waren, machte sie eine Ausbildung zur Heilpraktikerin für Psychotherapie und arbeitete mehr als zehn Jahre lang als Psychoonkologin in einem kleinen Krankenhaus.

»Wie kannst du diese Arbeit bloß schön finden oder Freude empfinden, wenn es den Menschen dort so schlecht geht?«, fragten Freund:innen und Bekannte sie damals oft. »Na, weil die Menschen keine Zeit haben, über Banalitäten zu reden. Sie sprechen über die Dinge, die ihnen im Leben wirklich wichtig und bedeutsam sind, und sie reden nicht so viel um den heißen Brei herum.« Ich mag ihre Haltung sehr.

Es ist aber nicht so, dass wir die ganze Zeit nur Deeptalk haben. Anna Trainee hat mir vor Kurzem zum Beispiel gesagt: »Dass man hier manchmal einfach nur Blicke austauscht, sich gegenseitig anlächelt oder zunickt, finde ich so schön. Weil es daraus entsteht, dass man merkt: Ich fühle es und bin gerade in diesem Moment mit dabei und sehe dich.« So ist es. Genau so. Es ist, als würden wir einander wahrhaft sehen. Und Nora sagt: »Ich weiß nicht von jeder von euch, wie eure beste Freundin heißt oder welche Musik ihr am liebsten hört. Aber ich erkenne euer Lachen, und wenn ich in der Messe sitze und ihr die Treppe herunterkommt, erkenne ich euch an eurem Gang und an euren Schuhen. Das ist, was Intimität für mich auch ausmacht.«

Ich finde es auch total krass, dass mehreren Mitseglerinnen aufgefallen ist, dass ich mehr gestikuliere und dass meine Stimme lauter und tiefer klingt, wenn es um ein Thema geht, das mir wirklich wichtig ist. Das ist mir ja selbst kaum aufgefallen. Sie meinen, es ist, als würde ich jedes Wort fühlen und mit meiner Körpersprache unterstreichen. Seitdem achte ich drauf. Sie haben recht.

In Schweden hat Julia mal in einem Hafen einen alten Seemann kennengelernt, der ihr alles über Seeleute und ihre Tattoos erklärt hat. Sie zeigen, wie viel Erfahrung in der Seefahrt jemand hat. Ein spannendes Thema, finden wir alle, und Julia hält für uns einen Vortrag darüber. Viele aus unserer Wache können die Zeit aber nicht finden, ich auch nicht, also gibt sie mir nach dem Abendessen die Infos, sodass ich ihren Vortrag in unserer Nachtwache halten kann.

Eine Seeschwalbe symbolisiert 5000 Seemeilen, der Anker, meist auf dem Unterarm, eine Atlantiküberquerung, und ein Schiff in Vollzeug, bei dem also alle Segel gehisst sind, ziert meist den Oberarm und steht für die Umrundung von Kap Hoorn. Waren die Seeleute in Asien, so ließen sie sich einen Drachen tätowieren, und eine Schildkröte würde für eine Äquatorüberquerung stehen. Je nach Position in der Crew gab es auch unterschiedliche Tattoos. Deckshands haben Tauwerk ums Handgelenk und Bootsmänner und -frauen zum Beispiel zwei gekreuzte Werkzeuge zwischen Daumen und Zeigefinger tätowiert. Und dann gibt es universellere, wie die Meerjungfrau, die für die Versuchung steht, Schmetterlinge für die Liebschaften in anderen Hafenstädten, Rosen für die Liebe und das Schwert für Loyalität.

Der Aberglaube spielt in der Seefahrt bekanntlich eine große Rolle. Er ist der Grund, warum die Wörter »hold fast«, auf die Fingerknöchel tätowiert, als Schutzbringer so beliebt sind. Oder eben Julias Lieblingstattoo, das der alte schwedische Seemann selbst trägt: einen Hahn und ein Schwein auf dem Fuß. Denn damals wurden auf längeren Überfahrten lebende Tiere gehalten. Bei Schiffbruch überlebten dann meist nur die Tiere, weil ihre Holzkäfige auf dem Wasser trieben. Und der Seemann glaubt daran, dass sein Tattoo ihn vor dem Ertrinken retten würde.

Maren hat gehört, es sei ein Mythos, dass die Seeleute vor Hunderten von Jahren nicht schwimmen konnten, weil sie es damals nicht gelernt haben. Die meisten von ihnen hätten sich bewusst dazu entschlossen, nie schwimmen zu lernen, damit sie bei Schiffbruch schneller ertrinken und somit nicht so lange leiden.

Ich bin aber auf jeden Fall gespannt, wie viele von uns Seefrauen sich nach unserem Törn einen Anker stechen lassen. Anna Bootsfrau jedenfalls, die vermutlich durch die Anschlusstörns ihre 5000 Seemeilen locker voll bekommen wird, möchte sich eine Schwalbe stechen lassen. Allerdings nicht den Vogel, sondern den Motorroller.

Als ich am *23. Tag* unseres Törns von Klara geweckt werde, bin ich heiser. Mein Hals tut weh, ich habe Kopfschmerzen und bin so platt, dass ich die Augen kaum offen halten kann.

»Ich glaube, ich bin krank.«

»Oje, so klingst du auch. Bleib liegen, ich sag Anke Bescheid und schicke gleich mal Meike zu dir.«

Ich will nicht krank sein. Vor allem nicht jetzt. Ich will doch noch das Mastgeheimnis lüften. Gestern hatte ich zwar schon eine trockene Kehle, es jedoch darauf geschoben, dass ich vermutlich zu wenig getrunken habe. Schönreden kann ich mir meine Situation allerdings nicht mehr.

Meike vermutet, ich könnte die Sommergrippe oder eine hartnäckige Erkältung erwischt haben, die Kathrin bis vor Kurzem hatte und mit der sie für ein paar Tage ausfiel. Zu Connis Glück ist Alicia als Steuerfrau-Anwärterin sehr begabt, stand unterstützend an ihrer Seite und vertrat Kathrin gebührend.

Komisch finde ich, dass es mich erst jetzt erwischt hat, obwohl wir doch alle permanent eng an eng zusammenstehen. Meike bemitleidet mich und spricht an, was ich jetzt am wenigsten hören möchte.

»Bleibst du noch ein paar Tage auf Martinique?«

»Ja, fünf Tage.«

»Es tut mir so leid, dass du vermutlich krank zurück nach Hause fliegen musst, aber ich will dir auch keine falschen Hoffnungen machen. Ruh dich gut aus.«

Anders als ich es sonst von mir kenne, habe ich überhaupt keine Schuldgefühle, nicht arbeiten beziehungsweise meine Wache antreten zu können. Werde ich etwa endlich mal nachsichtiger mit mir selbst? Bin ich zur Abwechslung mal nicht meine härteste Kritikerin, sondern begegne mir mit einem liebevollen Blick? Mich drüber aufzuregen, bringt ja wirklich nichts.

Ich schlafe und schlafe, bin zwei Tage nur unter Deck in meiner Koje, bis auf ein paar Teepausen an der frischen Luft. Dann höre ich aber aus allen Ecken die Gespräche der anderen, wer was am meisten vermissen wird, will das aber gar nicht hören, weil ich mich eh schon miserabel fühle. In unserer Kammer wird es immer stickiger. Die Außentemperatur ist subtropisch, die Luftfeuchtigkeit hoch, und die Nächte sind so mild, dass es überhaupt keine Abkühlung mehr im Schiffsinneren gibt. Trotzdem liege ich hier zugedeckt, trage Halstuch und Mütze.

Zum Glück bekomme ich ab und zu Besuch von meinen Wachkolleginnen. Anja füllt meine Wasserflasche wieder auf, Anke schenkt mir Datteln aus Teneriffa, und Liane bringt mir regelmäßig einen Becher Tee.

»Ich habe Lindenblütentee gefunden, der ist schweißtreibend, das wird dir guttun. Außerdem habe ich ihn für dich mit guten Wünschen besprochen.« Wie lieb von ihr. Auch wenn ich hier schon genug schwitze.

»Liane, ich fühle mich, als würde ich hier unten in einer Schwitzhütte liegen.«

»Schwitz alles aus, das ist gut!«

Auch Konny kommt mich besuchen, gibt mir ein paar Vitamintabletten und sagt, sie habe Kathrin schon gebeten, mir die Nasendusche mitzubringen. Und Natalie bringt mir alkoholfreies Mundhöhlenantiseptikum vorbei, damit ich die Viren in meinem Rachen weggurgeln kann. Ich bin wirklich dankbar für so viel Mitgefühl und Herzlichkeit. Doch wenn ich mich bedanke, sagen sie alle unabhängig voneinander, dass sie wissen, ich hätte das Gleiche auch für sie getan, und dass sie es gerne machen.

Kathrin bringt mir eine Nasendusche und gibt mir eine Einweisung: »Wenn du das noch nie gemacht hast, probier es erst mal mit lauwarmem Wasser, damit es nicht so brennt.«

Ich setze alles um, was ich an Genesungstipps bekomme. Auch die Nasendusche teste ich. Konny fragt, ob es hilft.

»Geht so. Selbst mit purem Wasser brennt meine Nase wie die Hölle.«

»Komisch, das sollte sie eigentlich nicht. Wie viel Salz hast du denn hineingetan?«

»Na, gar keins.«

»Deswegen brennt es auch. Da muss Salz rein, aber nur so viel, dass es leicht salzig schmeckt.«

Ich unternehme noch einen Versuch, darf mich am Meersalztopf aus der Kombüse bedienen. Erst als der Schwall Wasser schon durch meine Nase rauscht, wird mir schlagartig klar, dass ich den Zuckertopf erwischt habe! Immerhin brennt es nicht, und ich kann über mich selbst lachen. Aber ich bin ganz froh, dass ich hier keine Möglichkeit habe zu googeln, ob es schädlich es sein könnte, die Nase mit Zuckerwasser durchzuspülen. Nach einem dritten Fehlstart mit zu heißem Wasser passt schlussendlich nach ein paar Stunden beim vierten Versuch alles.

Wenn ich wach in meiner Koje liege, lese ich ein Buch über ein Geisterschiff, das Verena mir ausgeliehen hat, oder schaue mir lustige Videos von Tilda auf dem Handy an. Meine Wache vermisse ich sehr. Eigentlich kann ich sehr gut mit mir allein sein und ziehe mich eher zurück, wenn es mir nicht gut geht. Jetzt hingegen möchte ich nichts lieber, als bei den anderen sein. Zum ersten Mal in meinem Leben habe ich *Fomo* – Fear of missing out. Und zwar richtig doll.

Den Sonnenaufgang will ich auf keinen Fall verpassen, auch wenn alle um mich herum davon reden, wie sehr sie die Sonnenauf- und -untergänge vermissen werden, den 360-Grad-Horizont, die Farbe des Meeres, das Schaukeln der *Roald*, vor allem aber die anderen Seefrauen. Mit einem Kamillentee setze ich mich auf die Backskiste. Es dauert noch ein Weilchen, die Sonne steht hoch überm Horizont, Konny und Steffi gesellen sich zu mir.

Steffi erzählt, dass sie als leidenschaftliche Seglerin auf unserem Törn ist, weil sie sich geschworen hat, sich jeden Traum zu erfüllen, sobald sich die Möglichkeit ergibt.

»Vor über zwanzig Jahren, im Studium, sagte mal ein Kommilitone zu mir, ich solle jetzt leben und meine Träume nicht auf später verschieben. Ich könnte morgen tot sein. Da meinte ich zu ihm, dass ich es mir jetzt noch nicht erlauben kann, weil es wichtiger ist, fertig zu studieren und beruflich Fuß zu fassen.« Sie kommt ins Stocken, wischt sich Tränen aus dem Gesicht. »Vor ein paar Jahren ist ein Mensch, der mir viel bedeutet hat, mit nur 53 Jahren gestorben. Seitdem hinterfrage ich mein Leben und will nichts mehr aufschieben.«

»Das tut mir sehr leid für dich.«

»Mir auch. Man weiß echt nicht, wie viel Zeit einem noch bleibt.« Konny legt den Arm um Steffis Schulter.

Wir sprechen über den Verlust von geliebten Menschen. Konnys Vater ist gestorben, als sie gerade erst dreißig war.

»Das hat mich auch geprägt. Es war viel zu früh. Aber ist es das nicht immer?«

»Das ist es.«

»Und hast du schon jemanden verloren, Jessi? Ich hoffe nicht, du bist ja noch jung.«

»Leider ja. Mein Papa ist gestorben, als ich sieben war.«

»Oh, wie schrecklich!« Konny hält sich die Hand vor den Mund, als würde sie bereuen, mich gefragt zu haben. Aber ich finde die Frage nicht schlimm. So ist es eben. »Woran denn? War er krank? Du musst es aber nicht sagen.«

»Alles in Ordnung. Er hat Suizid begangen.« Gefühlt zum ersten Mal kann ich diesen Satz aussprechen, ohne mich zu schämen oder das Gefühl zu haben, anderen zu viel mit dieser Info zuzumuten. Gerade verstehe ich gar nicht mehr, warum ich mich überhaupt für etwas geschämt habe, was nichts mit mir zu tun hat und woran ich nicht mal etwas ändern kann. Konny und Steffi wollen mich trösten, aber das, finde ich, ist gar nicht nötig.

»In den letzten Jahren habe ich meine Perspektive auf Trauer und den Tod verändert. Als mein Opa gestorben ist, konnten wir uns aufgrund seiner Erkrankung darauf einstellen und Abschied nehmen. Zwei Wochen früher ist sein bester Freund überraschend verstorben. Das war ein krasser Schock für alle. Und mein Vater hat diesen Weg selbst gewählt. Egal, unter welchen Umständen jemand stirbt, es ist immer schlimm und tut weh. Sie zu vermissen, zeigt aber auch, wie viel uns diese Menschen bedeutet haben. Ich finde, das ist auch etwas Schönes.«

»Ich finde es auch tröstlich, dass man irgendwie auch immer das eigene Leben nach so einem Verlust reflektiert«, sagt Konny. Steffi stimmt zu, und ich bin vermutlich auch ein wenig aus dem Grund hier, weil die letzten Worte meines Papas waren, dass ich immer meinen Weg gehen und meine Ziele nie aus den Augen verlieren soll. Und ich merke, dass meine innere Antreiberin vor allem ein Ziel hat: immer wieder Freiheit und Leichtigkeit erleben, egal, wie viel Mut es mich auch kostet.

Zurück in der Koje, versuche ich im Liegen zu meditieren. Will mir vorstellen, dass die Erkältung aus meinem Körper verschwindet. Doch ich nehme nur die gluckernden Geräusche intensiver wahr, die entstehen, wenn die *Roald* im Wasser hin und her schaukelt oder eine Welle bricht und die Wassermassen im Bullauge wie ein kleiner Strudel wieder abfließen. Wie steht es um die meditative Versenkung? Unmöglich. Ich nicke immer wieder ein. Macht aber auch nichts, denn ich fühle mich zwar platt, bin dabei jedoch tiefenentspannt.

Am nächsten Morgen geht es mir viel besser. Die Halsschmerzen sind verschwunden. Ich kann endlich wieder an der Wache teilnehmen, bei den anderen Frauen sein und merke, wie im Tagesverlauf meine Energie zurückkommt und die Kopfschmerzen weniger werden.

Das Erste, was ich mache: klettern. Anja und Anke sind auf der ersten Saling. Sie wirken verwundert, wie schnell und fokussiert ich zu ihnen die Wanten hochklettere. So, als hätte ich das schon Hunderte Male gemacht. Und ich fühle mich so mutig und befreit, dass ich beim Klettern tatsächlich meinen Kopf ausschalte und ganz bei der Sache bin. Ich bin so richtig glücklich und stolz auf mich in diesem Moment. Weil ich einfach mache und nicht darauf hoffe, dass noch mal eine Chance auf mich zukommt. Weil ich mich fit genug fühle.

Ich klettere noch ein Stückchen weiter hoch, näher zur zweiten Saling, genieße den Ausblick kurz und konzentriere mich darauf, wie der Wind um mich herumpfeift und mir ein paar Haarsträhnen verweht. Dann steige ich wieder hinunter, und ich nehme mir vor, bei der nächsten Gelegenheit, wenn es sich stimmig anfühlt, wieder ein Stück höher zu klettern. Sei es auch auf einem anderen Törn. Vielleicht brauche ich auch einfach einen guten Grund, um noch weitere Male auf der *Roald* mitzusegeln.

Niemand hat daran geglaubt, dass es mir so schnell wieder gut geht. Ich glaube, es liegt daran, dass ich mir die Ruhe genommen habe, die ich brauchte, um gesund zu werden, und dass ich bei den hohen Temperaturen in meiner Kammer tatsächlich alles ausgeschwitzt habe. Wie eine Wunderheilung in einer schamanischen Schwitzhütte. Jetzt will ich die letzten Tage einfach nur noch genießen.

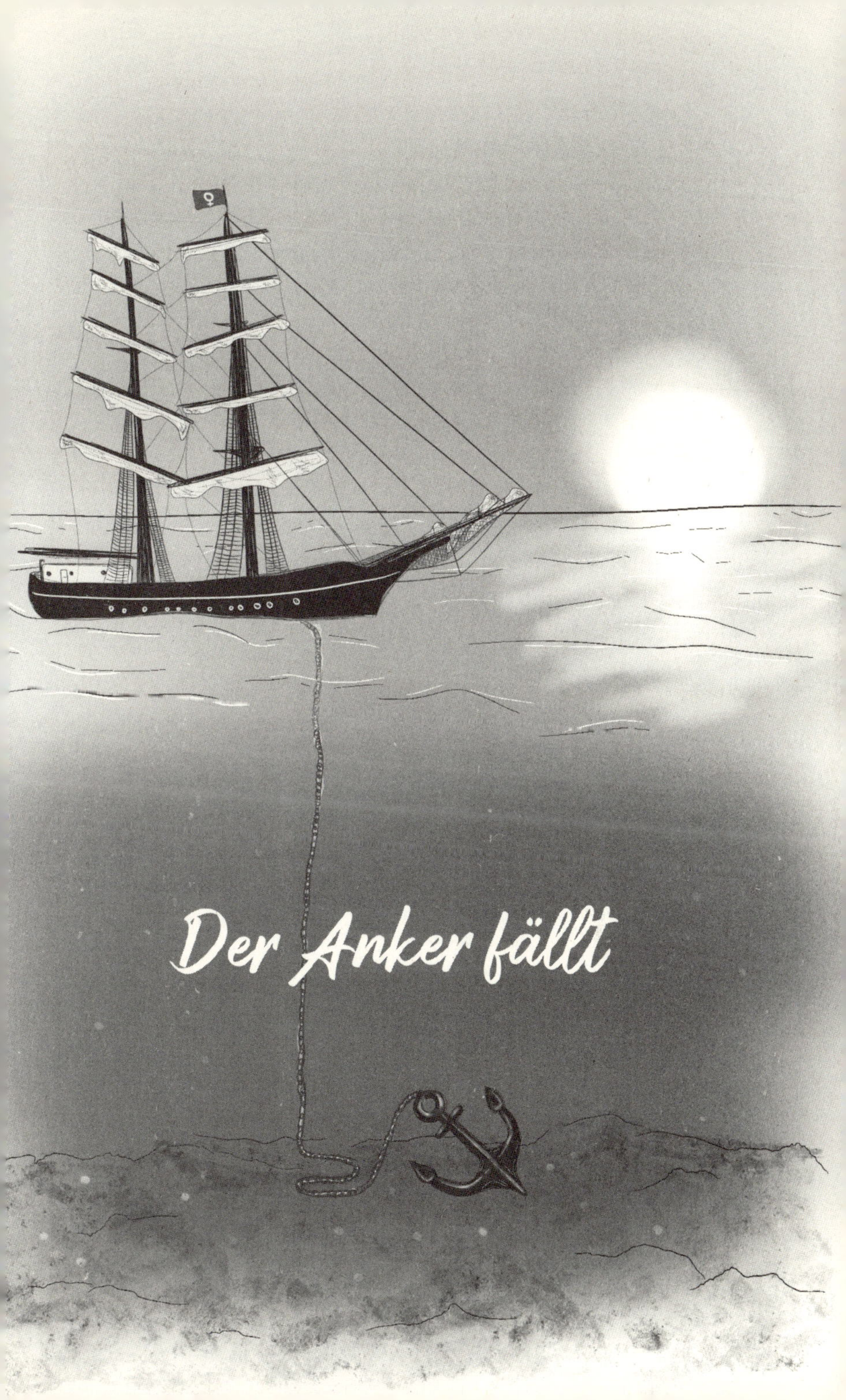
Der Anker fällt

# Land in Sicht

Eigentlich sollten wir noch eine Halse fahren, doch das hat die vorige Wache schon erledigt. Die Karo-Wache erzählt außerdem, dass Steuerfrau Meike Funkkontakt mit einem Solosegler hatte, der uns überholt hat. Der Mann, dessen Jacht *Tilo* heißt, kommt aus Stuttgart. Euphorisch habe Meike ihm erzählt, dass wir eine Crew aus 47 Frauen sind. Daraufhin meinte er wohl nur: »Okay.« Und: »Ich gehe jetzt ins Bett. Wir sehen uns auf Martinique.« Ich finde seine Reaktion lustig und bekomme mich kaum ein. Entweder bin ich albern, oder es stimmt: »Nach müde kommt doof.« Das sagen auch alle andere Wachen, die schon mal die 0-bis-4-Uhr-Wache hatten.

Gegen 2 Uhr sehen wir das erste Mal Lichter in weiter Ferne. Dort, wo der Horizont durch die Lichtverschmutzung hellgrau erscheint, muss die Karibik sein. Ist das schon Martinique? Jetzt schon? Tatsächlich. Es ist faszinierend. Sonst sitzen nachts immer alle, die nicht im Ausguck sind, auf der Brücke. Heute strömen wir alle immer wieder zum Bug.

Mit jeder Stunde werden die Lichter heller. Manche heben sich ab, stechen heraus wie die leuchtenden Sterne. Das muss wohl eine Stadt sein. Wenn ich nachher aufwache, wird der Ausblick ein ganz anderer sein. Es macht mich traurig, wie schnell die letzten Tage vergangen sind, in denen ich die meiste Zeit ja leider in der Koje verbracht habe.

Zum Sonnenaufgang werde ich wach. Pauline ruft »Land in Sicht«, und alle, die sich bereits an Deck befinden, jubeln. Ich drehe mich noch einmal in der Koje um. Möchte es nicht so ganz wahrhaben. Außerdem habe ich vor lauter Aufregung kaum geschlafen, vielleicht zwei Stunden, und mich immer hin und her gewälzt. Doch dann bin ich auch neugierig. Wie nah sind wir denn jetzt überhaupt?

Ich gehe durch das Messelogis an Deck, drehe mich um und sehe nach 24 Tagen auf hoher See das erste Mal wieder einen grünen Fleck in der Landschaft. Martinique. Karibik. Grün bewachsene Hügel, sogar ein paar Häuser sind aus der Ferne zu erkennen. Da erstreckt sich auch noch ein satter Regenbogen über die Bucht. Welch schöne Begrüßung.

Doris ist gerade im Ausguck und macht mich auf ein paar Basstölpel aufmerksam, die gerade am Fischen sind. Ein beeindruckendes Spektakel, wie sie hoch in die Luft fliegen und dann wie ein Speer ins Wasser schnellen und viele Meter weiter mit einem Fisch im Schnabel wieder auftauchen.

Beim Frühstück gibt es das beste Brot, das auf der gesamten Reise gebacken wurde. Ein Körnermischbrot, das innen ganz fluffig ist und außen eine harte Kruste hat. Dazu gibt es Guacamole aus den übrig gebliebenen Avocados und den obligatorischen Obstsalat. Während ich esse, kommt Kathrin in die Messe und setzt sich dazu. Ich frage sie, ob es sich lohnt, wenn ich mich gleich noch mal in die Koje lege.

»Kannst du machen. Es wird sicher noch ein paar Stunden dauern, bis wir im All-Hands fahren.« Und als hätte Conni es gehört, kommt sie genau in diesem Moment aus dem Tigergang und ruft: »Bereit machen zum All-Hands! Gleich geht es los!« Jetzt schon? Während ich mir den Gurt anziehe, kommen immer mehr Frauen in den Tigergang, sodass er ganz überfüllt ist. »Wir brauchen Ölzeug!«, ruft Anke voller Elan. »Es regnet!« Ihre Latzhose ist so nass, als hätte sie sich unter die Dusche gestellt. Dann ertönt die Schiffsglocke, damit wir uns an Deck versammeln. Alles geht so schnell.

Welch eine Ironie. Da hatten wir die ganze Zeit über nur schönes Wetter und kommen unter Starkregen in der Karibik an. Conni steht in unserer Mitte, in ihrer gelb-roten Regenjacke, und zeigt mit beiden Armen zur Insel.

»Da wollen wir hin. Wir haben jetzt Zeit, die Segel zu bergen und aufzugeien. Aber auch nicht zu viel Zeit.« Sie schaut sich um und teilt uns in zwei Gruppen ein. Ihre Arme, die sie wie eine Verkehrspolizistin ausstreckt, bilden die Trennlinie. Ich werde also von Karo angeleitet. Wir kümmern uns um die Segel des Vortopps. Das heißt, wir ziehen an den Tampen, die dafür sorgen, dass die Segel nach oben zum Rundholz gezogen werden und sich dabei zusammenraffen.

Ich bin an den Gordingen. Während ich ziehe, läuft das Wasser wie ein Sturzbach in meinen Ärmel hinein. Einfach weitermachen. Da wir alle gemeinsam anpacken, sind wir schneller mit allen Kommandos durch, als ich vermutet hätte.

Unter Motor fahren wir in die Bucht. Währenddessen bemerke ich, dass die Luft anders riecht und immer mehr Sinneseindrücke auf uns einprasseln. Straßenlärm, unzählige Formen, Farben und Strukturen. Die verschiedenen Palmengewächse, Gebäude, unzählige Jachten und bunte Fischerboote. Wie reizreduziert wir die letzten dreieinhalb Wochen verbracht haben, wird mir nun erst bewusst. Alles wirkt noch surreal.

Jetzt sind wir da, der Motor geht aus. Anna Bootsfrau lässt auf Connis Kommando den Anker fallen. Sie dreht an einem Rädchen, das wie ein kleines Lenkrad aussieht. In den letzten Wochen hat sich so viel Rost auf der Ankerkette angesetzt, dass eine orangene Wolke in unsere Richtung schwebt. Wie auf einem Holi-Festival. Ich habe Gänsehaut.

Wir haben es geschafft. Den Atlantik überquert. Conni hält eine Ansprache, bedankt sich bei der Schiffsführung und bei uns allen, ihrer Crew. Mir schießen die Tränen in die Augen, weil es so ein berührender Moment ist. Nora ist doll am Schluchzen, weshalb Lydia, Emilia und Maren sie ganz fest umarmen. Das wird zu einer Gruppenumarmung, denn ein paar andere Frauen und ich wollen uns anschließen. Viele von uns brauchen gerade eine Umarmung.

Auf der einen Seite bin ich stolz auf uns und auf die Seemeilen, die wir so erfolgreich hinter uns gebracht haben. Darauf, dass wir den Atlantik überquert haben. Aber dass die Zeit auf hoher See beendet ist, erinnert an Liebeskummer – so, wie wenn man im Guten auseinandergeht, weil Liebe allein nicht reicht.

Wie glücklich wir sein können, die Überfahrt so gut überstanden zu haben, wird uns klar, als ein Schoner kurze Zeit nach uns in derselben Bucht an uns vorbeisegelt. Kathrin und Konny sagen, dieses Schiff habe ebenfalls im Hafen von Teneriffa gelegen, und sie würden eine Seefrau dort kennen. Das, was bei uns am Rollentauschtag nur ein Spiel war, ist der Crew wirklich passiert. Die Osmoseanlage sei ausgefallen. Ein großer Stressfaktor, aber es ginge allen gut. So kann es eben auch sein.

Ich bin froh, dass unser Törn noch nicht ganz vorbei ist. Erst mal spannen wir die Sonnensegel, da die Schauer in der Karibik nur kurz anhalten, und stellen für das Mittagessen zum ersten Mal wieder Tische und Bierbänke auf.

In der Zeit, in der wir vor Anker liegen, haben wir nicht unseren regulären Wachzeitenrhythmus, sondern werden alle um 7:30 Uhr zum Frühstück geweckt. Großputz ist angesagt, wir schrubben alle Wände ab, auch außen am Deckshaus, da sich überall ein Salzfilm abgelagert hat, und auch das Messing wird mal wieder poliert. Unsere Schiffsglocke und Kompass sind an einigen Stellen schon grün angelaufen. Was soll die nächste Crew sonst von uns denken? Ein paar Seefrauen mischen eine

Politur aus Zitronensaft, Natron und Mehl an. Es hilft, dauert trotzdem ewig. Aber es ist auch großartig, dass wir nicht nur gelernt haben, wie wir ein Traditionsschiff segeln, sondern auch, wie wir es pflegen müssen.

Für die Ankerwache teilen wir uns in Zweierteams auf, die dann je für zwei Stunden aufpassen, dass die *Roald* ihre Position nicht verändert. So stellen wir sicher, dass sie nicht auf Grund läuft oder abtreibt. Dazu lesen wir ab, wie viele Meter Wasser wir laut Echolot noch unterm Kiel haben, peilen Fixpunkte in unterschiedlicher Entfernung an und schauen uns die Ankerkette an. Wäre das Schiff in Bewegung, würde die Kette durch den am Grund schürfenden Anker vibrieren. Wir machen die obligatorische Feuerrunde durchs Schiff, die wir auch sonst in jeder Wache mehrmals machen, und passen natürlich auf, dass niemand unbefugt unser Schiff betritt. Ansonsten haben wir richtig viel Zeit zum Schwimmen, für Landgänge und um ganz langsam wieder anzukommen. In unserem Tempo.

Jetzt, da wir zurück in der Zivilisation sind, gibt es wieder Handyempfang. Wir sind wieder erreichbar und können mit unseren Liebsten wieder Kontakt haben.

Ich stelle den Flugmodus meines Handys aus, weil ich jetzt unbedingt Michi schreiben will. Er ist sofort online, hat nur darauf gewartet, denn er hat die GPS-Daten, die unseren Standort anzeigen, bereits verfolgt. Mein Herz hüpft vor Freude. Ihm, Tilda, unserer Familie, Freund:innen, einfach allen geht es gut. Es habe sich eigentlich gar nichts verändert, meint Michi, und er sei überrascht, wie schnell die Zeit vergangen ist. Auch für mich ist die Zeit schnell vergangen, vor allem seit dem JWD-Fest. Aber zugleich fühlt es sich auch an, als wäre ich schon ein halbes Jahr unterwegs. Weil ich gemeinsam mit den anderen Seefrauen so viel erlebt habe. Ich habe Michi überhaupt nicht doll vermisst. Hatte keine große Sehnsucht. Dieser Mann ist ein Teil von mir. Mein Herz. Deswegen habe ich mich nie ganz von ihm getrennt gefühlt. Auch nicht, obwohl ein ganzer Ozean und Tausende Kilometer zwischen uns lagen und der Sternenhimmel, der über uns steht, ganz anders aussieht. Er freut sich, endlich wieder meine Stimme zu hören. Ich kann es kaum erwarten, ihn wiederzusehen, würde mich jetzt am liebsten sofort nach Hause beamen. Vor allem, weil ich keine Lust mehr auf Tage habe, an denen wir nur ankern. Doch da sind ja noch die Frauen.

Da ich nun weiß, dass zu Hause alle wohlauf sind, möchte ich noch ein wenig in meiner Bubble bleiben und melde mich bei niemandem sonst. Ich checke meine Mails noch nicht, lese noch keine Nachrichten, um zu erfahren, was während unserer Atlantiküberquerung alles auf dieser Welt passiert ist. Und Apps wie Instagram, Facebook, LinkedIn, Spotify und YouTube sind mir gleichgültig. Brauche ich gerade nicht.

Manche machen ihre Handys auch gar nicht erst an. Aus denselben Gründen oder aus Selbstschutz, weil wir ja trotzdem noch nicht sofort in den Flieger zurück nach Hause steigen könnten, auch wenn wir es unbedingt wollten. Der Papa von Meike war bei Törnbeginn sehr krank, und sie weiß nicht, ob sie noch einmal die Chance bekommen wird, ihn zu sehen. Als Meike für diesen Törn angefragt wurde, als erste Steuerfrau mitzusegeln, bekam ihr Papa seine Krebsdiagnose. Die Ärzte sagten damals, ihm blieben womöglich nur noch drei Monate zu leben. Niemand habe damit gerechnet, dass ihr Papa zu Törnbeginn noch leben würde, doch das tat er, allerdings ging es ihm gerade viel schlechter. Dass seine Tochter für ihn ihre Atlantiküberquerung absage, das hätte er nie zugelassen, erzählt Meike. »Das meiste, was er bereut hat, war, was er nicht gemacht hat.« Er habe sein Leben gelebt, das wünsche er ihr auch. »Vor unserem Törn habe ich mir erst mal ein paar Coaching-Sitzungen gegönnt«, sagt sie zu mir. »Ich wollte mich mental auf alles vorbereiten und habe meinen Frieden damit, wie es auch kommt.« Es habe sie auch sehr belastet, ihre Mutter und ihren Bruder allein zu lassen, erzählt sie. Aber sie sei dankbar, dass sie durch die Umstände ganz bewusst Abschied von ihrem Papa nehmen konnte.

Es gibt aber auch Frauen, die sich wünschten, das Handy ausgelassen zu haben. Weil nahestehenden Menschen etwas passiert ist, während wir auf hoher See schipperten, es ihnen gesundheitlich nicht gut geht. Oder weil die Beziehung durch die unausweichliche Funkstille in die Brüche gegangen ist. Das ist hart und tut mir sehr leid.

Mit den Landgängen ist es ganz ähnlich. Manche wollen erst wieder einen Fuß an Land setzen, wenn wir in ein paar Tagen in Fort-de-France sind, wohingegen einige es kaum erwarten können. Ich beschließe, heute erst mal in dieser neuen Situation anzukommen, und gönne mir ein bisschen Ruhe.

Am nächsten Morgen wollen Anke, Liane, Alicia, Maggie und ich mit dem ersten Dingi-Taxi direkt nach dem Frühstück nach Sainte-Anne übersetzen. Maren, die schon oft Motorboote wie unser Dingi gefahren hat, wird uns fahren, und Verena, die ebenfalls den entsprechenden Schein hat, begleitet uns. Sie möchte die Route vom Ankerplatz zum Pier ein paarmal mitfahren, bevor sie selbst das Steuer übernimmt. Dann würde auch Conni mitfahren, denn die Schiffsführung hat beschlossen, dass die Überfahrten auch als zusätzliche kleine Ausbildungseinheit genutzt werden können.

Wir Passagiere stehen in einer Reihe am Schanzkleid und tragen blaue Rettungswesten. Eine nach der anderen steigt über das Schanzkleid und die Strickleiter hinunter ins Schlauchboot. Ganz schön wackelig, das Boot bleibt durch den leichten

Wellengang ja leider nicht auf einem Fleck stehen. Ich lande mit meinem Hintern direkt auf der luftgepolsterten Seitenwand und kralle mich mit den Händen an den Griffen neben mir fest.

Maren fährt los und beschleunigt schnell. Ich fühle mich sicher mit ihr als Fahrerin, weil sie so routiniert dabei ist. Sie fährt nicht mit den Wellen, um zu vermeiden, dass wir zwischendurch Hopser machen. Stattdessen nimmt sie die Wellen seitlich. Trotzdem werde ich ganz vorne im Dingi so richtig nass, und die Jeanshose von Verena sieht mittlerweile nicht mehr hell-, sondern dunkelblau aus. Ich bereue, dass ich meinen Bikini nicht druntergezogen habe. Wenn ich das gewusst hätte. »Tut mir leid, das lässt sich leider nicht vermeiden«, sagt Maren trocken. Doch unsere Stimmung ist herrlich leicht. Das bisschen Nässe ist doch nicht schlimm. Bei den Temperaturen trocknen wir eh schnell wieder, und ändern können wir es auch nicht.

Links und rechts von uns schaukeln Hunderte Jachten. Durch das Spritzwasser auf meiner Sonnenbrille kann ich jedoch bald nicht mehr viel sehen. Ich mache die Augen zu und genieße die Fahrt. Da Maren langsamer wird, nehme ich die Brille ab und sehe einen Kirchturm. Gleich werde ich das erste Mal überhaupt einen anderen Kontinent betreten. Wir erreichen die Pier, und als ich mich am Holzsteg etwas unbeholfen hinaufziehe, wird mir sofort bewusst, dass der Boden unter mir seit 27 Tagen das erste Mal nicht mehr schwankt.

Viele von uns fürchten nach so vielen Tagen auf hoher See, ihr Gleichgewichtssinn könne etwas länger brauchen, um sich an das Gefühl an Land wieder zu gewöhnen. Sie haben Sorge, die Körperwahrnehmung könne ihnen einen Streich spielen, und die Übelkeit könne wieder einsetzen. Aber so schlimm ist es bei keiner von uns. Vorübergehend habe ich, wie viele, zwar etwas Schwindel, doch es legt sich schnell wieder. Lustig ist nur, dass wir uns angewöhnt haben, ständig breitbeinig zu stehen. Für einen sicheren Stand auf dem schwankenden Schiff. Immer wieder ertappe ich mich dabei, beim Warten an der Eisdiele oder im Souvenirshop, wo ich mir ein buntes Strandtuch kaufe. Ob das auch so eine Art vorübergehendes Erkennungszeichen unter Langstrecken-Segler:innen ist, die gerade erst wieder Land unter den Füßen haben? Smut Anna ist jedenfalls seit ihrem zweiwöchigen Törn zu den Azoren davon überzeugt.

Dann geht es endlich an den Strand. Ich habe so viel Vorfreude, denn im Grunde ist es das Einzige, was ich mir für die Zeit in der Karibik vorgenommen habe. Mich zieht es ins Wasser. Der feine, fast schon weiße Sand fühlt sich warm und weich unter meinen Füßen an. Das Wasser ist auch angenehm warm, glasklar und türkisblau. Um mich herum schwimmen viele kleine, fast durchsichtige Fische. Ich schwimme gemeinsam mit den anderen, lasse mich treiben und bin so zufrieden, als wäre ich den gesamten Tag wie in Watte gepackt.

Schade ist nur, dass wir beim Blick aufs Meer nicht mehr bis zum Horizont sehen können, denn da sind überall Jachten.

Wir teilen uns Pommes, bestellen Cocktails und Smoothies. Dieser Mai Tai ist der beste, den ich jemals getrunken habe. Hier am Karibikstrand, nach so einem Törn, ist die Geschmacksexplosion die beste Belohnung. Und eine richtige Zuckerbombe.

Bald verabschieden sich alle bis auf Liane. Sie müssen zur Ankerwache zurück zur *Roald*. Liane und ich hatten beide schon das Vergnügen und sind heute nicht eingeteilt. Während wir in der Sonne liegen, steigt ein paar Hundert Meter weiter eine Technoparty. Überall um uns herum wird gegrillt, auf Martinique ist das Grillen am Strand nämlich eine beliebte Freizeitaktivität mit Freund:innen und Familie.

Wir verlassen den Strand, gehen Mittag essen und bestellen beide das, wonach wir uns am meisten sehnen: einen großen bunten Salat. Der ist sogar vegan! Die Köpfe über die Salatschüsseln gebeugt, lassen wir die Reise gemeinsam Revue passieren. Liane ist eine richtige Abenteurerin. Sie hat mit ihren 63 Jahren schon viele Reisen und Retreats mitgemacht, bei denen sie über sich hinauswachsen musste. Ob Schweigekloster oder eine Nacht ganz allein in der Wüste mit dem Heulen der Wölfe als Hintergrundmusik. Doch »die Atlantiküberquerung ist für mich die heftigste und prägendste Erfahrung«. Auch bezogen auf die Gruppendynamik. »Wir spiegeln uns immer in anderen. In Gesprächen denkt man eben auch über sich selbst nach.« Stimmt. Man reflektiert automatisch, was man selbst zu einem Thema denkt, ob man Ähnliches erlebt hat, wie es einen geprägt hat, wie man etwas bewertet oder inwiefern man es heute vielleicht anders sieht. Ich finde den Gedanken schön, weil er auch bedeutet, dass wir gar nicht alle Erfahrungen selbst machen müssen. Wer offen ist und in Kontakt mit sich selbst bleibt, kann auch aus den Erfahrungen von anderen lernen. Kann es nicht auch sein, dass wir durch das Wirgefühl kollektiv viel mehr wachsen konnten, als hätten wir den Atlantik alleine oder mit einer viel kleineren Crew überquert?

Während wir essen und uns unterhalten, picken ein paar Hühner und ein weißer Gockel Brotkrümel zwischen den Tischen und Stühlen.

Wir spazieren durch das kleine Fischerdörfchen und geraten ganz unbedarft in eine Familienfeier. Sie haben die Boxen voll aufgedreht und winken uns zu sich. Wir werden in die Polonaise mitgerissen, sind mittendrin, hüpfen und lachen. Als das Lied zu Ende ist, bedanken wir uns für dieses überraschende Intermezzo. Danach geht es mit einem Eis in der Hand zurück zur Pier, und während wir auf unser Dingi-Taxi warten, dröhnt die Musik in der Bar gegenüber ganz laut. Generell habe ich heute das Gefühl, dass meine Sinne komplett reizüberflutet sind. Um die Wartezeit zu verkürzen, tanzen wir barfuß im Sonnenuntergang. So, als würde niemand zusehen. Und wenn doch, haben diese Leute entweder etwas zum Lachen oder Mitfreuen.

Auf der Rückfahrt sitzt Verena am Steuer des Dingis. Das macht sie gut, es spritzt sogar noch weniger Wasser. Dafür fängt es aber erneut an, stark zu regnen. Ich sitze wieder ganz vorne, habe eine Stirnlampe an der Hand, um ab und zu den Weg zu beleuchten. Zwischendurch schnellen Fische aus dem Wasser und springen über uns hinüber. Fliegende Fische? Hier? Ja, warum auch nicht?

Auf die *Roald* zurückzukommen, fühlt sich beruhigend an. Schon am nächsten Tag segeln wir weiter, zum neuen Ankerplatz in der Bucht direkt vor Fort-de-France, unserem Zielhafen. Ein letztes Mal dürfen wir die Segel hissen: die beiden Ober- und Untermarsen und zwei Segel auf dem Klüverbaum. Die zwanzig Seemeilen überwinden wir im Nu, und der Anker fällt am späten Nachmittag. Dann dürfen wir wieder schwimmen. Ich zögere, habe eigentlich keine Lust. Doch dann reißt die Stimmung mich doch mit, und ich bade ein letztes Mal nackt im Meer.

Und abends, als ich die Gitarre nur mal kurz halten sollte, während Anna Bootsfrau kurz unter Deck gehen wollte, sich dann aber doch mehr Zeit gelassen hat, spiele ich, ohne groß abzuwägen, einfach meine Lieblingssongs und singe. Konny und Anja wirken ganz ergriffen. Konny sagt, sie könne nicht verstehen, warum ich das die ganze Zeit zurückgehalten habe. »Ich habe versucht, Lieder zu spielen, die wir in der Gruppe singen können, bin aber meist für die Mehrheit zu langsam mit dem Akkordwechsel.« Ich spiele die Songs oft unabsichtlich ein bisschen abgewandelt, auf meine Art und Weise. »Vielleicht habe ich mich auch einfach nicht getraut.« Immerhin bin ich überzeugt davon, dass Singen das größte Selbstbekenntnis ist, das wir machen können. Jetzt fühle ich mich vollkommen befreit. Und hundemüde.

Im Grunde sind wir alle übermüdet. Niemand will schlafen. »Das können wir auch später noch.« Es ist, als würden wir versuchen, die Zeit auszutricksen, um die Zeit, die uns noch bleibt, ein kleines Stückchen zu dehnen. Von Mitternacht bis 2 Uhr morgens haben Anja und ich gemeinsam Ankerwache. Wir stellen uns die Frage, ob es etwas gibt, was uns 47 Seefrauen miteinander verbindet. In den unzähligen Gesprächen, die ich während des Törns geführt habe, erwähnten überraschend viele andere Frauen etwas, was ich selbst vor Törnbeginn erlebt habe: Viele Menschen aus unserem Umfeld erklärten unser Vorhaben, den Atlantik auf einem traditionellen Segelschiff zu überqueren, für verrückt, weil sie es sich selbst eher nicht zutrauen würden.

»Anja, meinst du, wir haben alle ein paar Schrauben locker?«

»Vielleicht haben wir keine Schrauben locker, sondern viele andere Menschen ihre Schrauben zu fest gedreht, sodass sie sich weniger trauen, aus ihren Mustern auszubrechen. Doch sind die Schrauben locker, hat das Leben mehr Spielraum.«

# Käpt'ns Dinner

Nach dem Frühstück an *Tag 29*, seit wir das Schiff für diesen Törn betreten haben, wird das Dingi ausgesetzt, und ein paar Frauen, unter anderem Nora, fahren schon zum Hafen und warten am Kai auf uns. Sascha schmeißt die Maschine an, und wir laufen kurze Zeit später unter Motor im Hafenbecken ein. Das allerletzte Manöver. Mit den Segeln haben wir nichts mehr zu tun, nur die Wurfleinen, die jeweils am Ende einer schweren Festmacherleine festgeknotet wurden, müssen geworfen werden. Nora und die anderen Seefrauen, die mit dem Dingi rübergefahren werden, schnappen sich die Wurfleinen an der Pier und ziehen die Festmacherleinen zu sich, die von uns als Menschenkette durchgegeben werden.

Alles klappt richtig gut, gleich beim ersten Versuch. Der Hafenmeister ist auch vor Ort und redet auf Nora ein, die ihn allerdings komplett ignoriert. Conni hat nämlich deutlich formuliert, dass Nora nur auf ihr Kommando hören soll. Schließlich wendet der Hafenmeister sich direkt an Conni und gibt ihr zu verstehen, dass wir in einer Sackgasse steckten und wenden müssten. Wenden ist eine gute Idee, so kann die nächste Crew den Hafen viel leichter wieder verlassen, selbst wenn direkt hinter uns an der Pier noch ein weiteres Schiff anlegen sollte.

Bis auf eine Achterleine werden alle Leinen gelöst. Der Wind drückt auf unser Schiff, sodass die *Roald* von der Schiffsspitze aus immer weiter von der Kaimauer abtreibt. Das Heck bleibt am Fleck und nur der Bug dreht sich langsam. Es dauert mehrere Minuten und ist unglaublich beeindruckend. Alle sind ganz ruhig und bestaunen, wie der Wind seine Arbeit ohne unser Zutun leistet.

Dann muss es allerdings schnell gehen. Ich stehe mit dem Fender schon am Schanzkleid und bin bereit, ihn hinüberzuhieven. Ein Fender kann zum Beispiel ein Autoreifen sein und funktioniert wie ein Puffer zwischen Schiffshaut und Kaimauer. Damit der Lack nicht leidet. An unseren Fendern, die zum Teil ganz schön deformiert aussehen, sind Zeiser befestigt, damit wir die sieben, acht Kilo leichter am Schanzkleid herunterlassen können.

Als ich den alten Autoreifen wieder über das Schanzkleid ziehe, bremse ich ihn mit meinem Bein ab. Dabei zwickt es im Unterschenkel. Ich schaue hinunter und sehe, dass etwas in meinem Bein steckt. Seitlich neben dem Schienbein ist eine Art dünne Nadel oder ein Dorn. Ich ziehe ihn heraus, und sofort schießt Blut nach. Ungefähr eineinhalb Zentimeter tief steckte er in meinem Muskel. Mir wird ganz schlecht. Aber was genau ist das? Ich kann es in den Fingern leicht zerbröseln. Eine Stelle ist fester, da wird mir klar, dass es ein Stückchen rostiger Draht ist. Ich inspiziere den Fender und sehe, dass er an einer Stelle aufgerissen ist. Ein paar dünne Drähte der Karkasse gucken heraus. Ob noch ein Stückchen rostiger Draht im Bein geblieben ist, so leicht, wie er sich zerbröseln ließ? Mir wird schwindelig. Anke steht neben mir.

»Das ist nicht schlimm, du bist doch sicher gegen Tetanus geimpft.«

»Hmm.«

»Bist du nicht? Oh.«

»Doch, schon. Aber die ist schon eine Weile her.«

Bei der nächsten Gelegenheit suche ich in der Kammer nach meinem Impfausweis, google und verurteile mich dann selbst. Vier Jahre bin ich mit der Auffrischung überfällig. Panik steigt in mir auf, mein Kopf wird heiß und rot. Wenn ich jetzt zu Meike gehe und ihr davon erzähle, mache ich dann aus einer Mücke einen Elefanten? Doch ich weiß, vor Meike muss ich mich dafür nicht schämen, und wenn sie mir sagt, dass das nicht schlimm ist, werde ich mich besser fühlen.

Meike desinfiziert die Stelle, mehr kann sie auch nicht tun. Um mich von meinen Selbstvorwürfen abzulenken, die noch immer präsent sind, helfe ich, die Gangway auszusetzen. Da ruft Meike mich zu sich.

»Bitte hol deinen Impfpass, nimm dir etwas zu essen und trinken mit und fahre mit Doris und Maggie ins Krankenhaus.«

»Meinst du wirklich, dass das nötig ist? Bei so einem kleinen Kratzer komme ich mir vor, als würde ich übertreiben.«

»Conni ist es lieber, du lässt dich jetzt nachimpfen. Sei so lieb und mach das, ja? Dann kannst du auch beruhigter sein.«

Im Krankenhaus beginnt eine Odyssee. Wir warten und warten, Doris immerhin wegen der Nachsorge ihres Daumens, Maggie zum Übersetzen, doch ich fühle mich wirklich unwohl hier in der Notaufnahme. Ich bin doch kein Notfall und wäre am liebsten einfach in eine normale Arztpraxis gegangen, zumal heute ein Wochentag ist. Und ich bin immer noch entsetzt über mich selbst, warum ich überhaupt nicht an die Auffrischung der Tetanus-Impfung gedacht habe.

Mein Arzt spricht Englisch, entnimmt Blut aus meinem Zeigefinger und tröpfelt es auf einen Schnelltest, um zu sehen, wie viele Antikörper durch den Wirkstoff noch in meinem Blut sind. Häufig halte der Schutz länger als zehn Jahre.

»Antikörper hast du keine mehr, es wird also höchste Zeit, dass du die Auffrischung bekommst.«

»Danke. Es tut mir leid, dass ich so nachlässig mit der Impfung war und deswegen unnötig hier bin.«

»Gar kein Problem. So ist es manchmal. Sollten noch Reste vom Draht in der Wunde sein, ist es jetzt nicht mehr schlimm.«

Als wir wieder vollzählig sind, ist es bereits dunkel. Zum Glück sagt Doris' Arzt, dass die Wundversorgung auf dem Schiff nicht hätte besser sein können. Er sei sehr zufrieden.

Nun aber schnell zurück. Doch es ist gar nicht so einfach für uns, ein Taxi zur Pier zu ergattern. Als Anke um 18:30 Uhr nachhakt, wo wir denn blieben, schlagen wir ihnen schweren Herzens vor, mit dem traditionellen Käpt'ns Dinner am letzten Abend des Törns schon einmal ohne uns anzufangen.

Kann ja niemand etwas dafür, dass wir so lange weg sind. Aber es deprimiert mich auch total. Ich will so gern dabei sein.

Der Taxifahrer fragt, ob wir unsere Krankenhausrechnungen bezahlt haben, und ich antworte ehrlich: »Die werden uns noch zugeschickt.« Da will er uns nicht mitnehmen und fährt einfach davon.

Wir gehen auch noch mal zur Rezeption, holen unsere Kredit- und EC-Karten heraus und Bargeld, falls wir doch etwas falsch verstanden haben. Doch das Personal beteuert, sie können überhaupt kein Bargeld annehmen und haben gar kein Kartenlesegerät. Es ginge wirklich nur per Rechnung.

Sie rufen uns erneut ein Taxi, und nach einer halben Stunde steht derselbe Fahrer vor uns. Plötzlich gibt er sich überraschend freundlich. Doch ich bin gedanklich nur noch dabei, mir auszumalen, dass die Tische jetzt um kurz vor 20 Uhr vermutlich längst abgeräumt wurden und manche vielleicht bald in die Koje möchten. Sonst kommt es mir jedenfalls um 20 Uhr bereits vor, als wäre es tief in der Nacht.

Der Taxifahrer bringt uns bis an unsere Gangway. Als wir aussteigen, stehen alle Seefrauen am Schanzkleid, trommeln von außen mit den Händen dagegen und jubeln. Mit so einem herzlichen Empfang habe ich nicht gerechnet. Was für eine

Überraschung! Ich kann es nicht unterdrücken und weine vor Überwältigung.

Alle waren richtig hungrig, deswegen haben sie schon die Vorspeise gegessen, doch für uns haben sie mit dem Hauptgang gewartet, damit wir trotzdem gemeinsam essen können. Auf gar keinen Fall hätten sie einfach ohne uns weitergemacht. Durch Gesten wie diese wird mir ein weiteres Mal deutlich, wie toll unsere Crew ist.

Es gibt verschiedene Salate und ein buntes Curry, das mit vielen Gewürzen gekocht wurde. Es ist ein wunderbares geselliges Zusammensein. Ein paar Frauen singen ein Lied, das sie umgeschrieben haben. Es ist humorvoll und beschreibt dennoch sehr herzlich, wie vermutlich wir alle Kapitänin Conni, Maschinistin Sascha und Smut Anna wahrgenommen haben. Ihr Auftritt ist so mitreißend, dass wir Frauen im Publikum schon ab der zweiten Strophe den Refrain mitsingen. Dann machen wir ein Ratespiel, bei dem wir auf eine Kreidetafel malen und in zwei Teams Wörter aus unserem Segelalltag erraten müssen, und die Toppsgastinnen eröffnen eine Cocktailbar am Spill. Die Musikbox schallt laut, bis sie mitten im Lied verstummt. Pia bittet kurz um Ruhe und trägt ein Gedicht vor, das sie für ihre Wache, die Julia-Wache, verfasst hat. Sie erwähnt darin auch, dass sie als introvertierter Mensch oft sehr ruhig war, dass sie sich aber extrem wohlgefühlt habe. Dann verpackt sie in kreative Reime, was sie an jeder einzelnen Wachkameradin schätzt.

Diana nimmt mich zur Seite und revidiert ihre Einschätzung zum Törn. »Ich fand es doch insgesamt sehr viel schöner, als ich mir zwischendurch eingestehen wollte. Ich bereue die Atlantiküberquerung nicht. Im Gegenteil, jetzt, wo wir morgen tatsächlich von Bord müssen, freue ich mich, dabei gewesen zu sein.« Das freut mich sehr für sie. Und auch Anna Trainee, die am liebsten viel länger unterwegs wäre, sagt: »Jetzt merke ich, dass ich mich doch auf bestimmte Sachen freue. Ich habe mir nur nicht zugestehen wollen, dass beide Gefühle gleichzeitig da sein dürfen: Abschiedsschmerz und Freude.« Am allermeisten freue sie sich aufs Alleinsein, sie möchte allein weiterreisen. »Davor hatte ich auch so eine große Angst. Nun denke ich, dass ich mich dazu jetzt auch selbst empowern kann, weil ich nach unserem Törn ganz viel inneren Frieden spüre.«

Wir tanzen ausgelassen, haken die Arme ein und wechseln die Tanzpartnerinnen. Es fließen auch mal ein paar Tränen. Ohrlöcher werden auch wieder genagelt, diesmal liegt Anna Bootsfrau jedoch auf der Backskiste mit einem Holzblock unterm Ohr.

Je später der Abend wird, desto einfallsreicher werden die Ideen. Kathrin möchte einen Plan schmieden, damit wir einfach an Bord der *Roald* bleiben können.

»Wir könnten ein paar Zeiser spannen, um die Gangway zu blockieren.«

»In der Bootsmannslast ist auch eine Stahlkette.« Anna Bootsfrau ist auch dabei. »Dann bräuchten wir nur noch ein Schloss.« Ich wünschte, wir könnten das Schiff tatsächlich kapern. Beim Tanzen versuche ich mich abzulenken. Conni lächelt mich an, und ich möchte ihr sagen, wie froh ich bin, dabei gewesen zu sein. Anke bekommt unser Gespräch mit.

»Ich bin auch so dankbar. Vor allem dafür, von so vielen mutigen Frauen umgeben zu sein.«

Conni kneift die Augen zusammen. »Hatte die Atlantiküberquerung für euch wirklich so viel mit Mut zu tun?«

»Ja, schon irgendwie«, sagt Anke.

»Erst dachte ich, ich sei mutig, weil mir vor unserem Törn alle zu verstehen gegeben haben, dass sie dieses Vorhaben mutig finden«, überlege ich laut. »Ich finde deine Frage spannend.

Wenn ich in mich gehe, hatte ich immer weniger das Gefühl, dass ich überhaupt besonders viel Mut aufbringen muss.«

»Was bedeutet mutig sein denn für euch?«, fragt Conni.

»Offen an neue Situationen heranzugehen, ohne zu wissen, ob man erfolgreich sein wird oder scheitert. Wo ich noch nicht weiß, wie es ausgeht. Und Mut ist für mich auch die Überwindung von Ängsten oder inneren Einstellungen, die uns klein halten.«

»Das finde ich auch. Einfach mal Seiten an sich zeigen, die man sonst aus Unsicherheit gerne versteckt, um dann zu merken, dass es gar nicht so schlimm ist«, sagt Anke dazu.

»Ja, okay, da stimme ich euch zu, dass das mutig sein kann.«

»Und was macht Mut für dich aus, Conni?«

»An sich selbst zu glauben und dann einfach zu machen. Auch wenn man Gegenwind bekommt.« Wir nicken zustimmend. »Wisst ihr, hier auf dem Schiff habe ich das Mindset, dass alles möglich ist.« Genau diesen Spirit hat sie auch an uns weitergegeben, und ich glaube, den Effekt werden wir nicht nur spüren, wenn wir das nächste Mal ein traditionelles Segelschiff betreten, sondern auch auf unseren Alltag übertragen können.

Mir fällt auf, dass sich viele mit geschlossenen Augen im Takt der Musik bewegen. So, als würden sie sich wünschen, dass diese Nacht nie endet, und die Atmosphäre an Bord ein letztes Mal wie ein Schwamm aufsaugen. Zufrieden und glücklich gehe ich um 3:30 Uhr in die Koje. Unser Käpt'ns Dinner war das perfekte Abschiedsritual für unseren Törn.

Geweckt werden wir von den Frauen, die die Nacht durchgefeiert haben und gemeinsam singend durch die Flure stürmen. Das letzte Mal stehe ich in der Schlange für die Klos. Das letzte Mal putze ich mit den anderen gemeinsam im Flur meine Zähne. Das letzte Frühstück fühlt sich eigenartig und fremd an. Der letzte Obstsalat. Meine Tasche ist schnell gepackt und liegt an Deck irgendwo mittendrin in einem Berg an Reisetaschen und Trekkingrucksäcken.

Meine Wache hätte gestern Feedbackrunde machen wollen, doch als ich auf dem Festland feststeckte, haben sie beschlossen, den Austausch in der Gruppe auf heute zu verlegen. Wir sitzen im Schneidersitz im Kreis und sagen, wie es uns gefallen hat. Es wird sehr emotional. Wir sind uns einig, dass wir alle in diesem Törn über uns hinauswachsen konnten. Wir wünschen uns, dass es weitere Frauentörns geben wird, am besten auch Flinta-Törns und queere Törns. Damit noch mehr Menschen so einen Safe Space erleben, wie wir ihn hatten.

Wir tauschen die Klettergurte gegen unsere Reisepässe zurück, begleichen unsere Kioskrechnungen und treffen uns zum letzten All-Hands an Deck. Dort bekommen wir unseren Seemeilen-Nachweis. Auf der Urkunde steht, dass wir 3167 Seemeilen von Santa Cruz de Tenerife nach Fort-de-France auf der Brigg *Roald Amundsen* zurückgelegt haben. Davon sind wir nur sechzehn Seemeilen mit laufendem Motor gefahren. »Das ist nichts«, sagt die Stammcrew.

Wir verabschieden uns. Herzlich und mit strahlenden Gesichtern. Conni sagt, dass sie es so schön fand, dass ich immer wie eine Sonne gestrahlt habe, und drückt mich. Meike und ich verabschieden uns herzlich, und Laura sagt etwas, was mich überrascht. »Ich weiß, das hast du gar nicht mitbekommen, aber immer wenn ich mich ein wenig verloren oder unwohl gefühlt habe, habe ich mich neben dich gestellt, weil du mich immer in irgendein schönes Gespräch abgeholt hast.« Das berührt mich sehr. Na, weil ich mich auch in ihrer Nähe immer sehr wohl gefühlt habe.

Die Verabschiedung tut gar nicht so weh, wie ich erwartet habe. Mein Bauchgefühl sagt mir, dass wir uns nicht zum letzten Mal sehen.

Jede von uns bekommt noch eine »Warme Dusche« – ein in der Mitte zusammengefaltetes weißes Blatt mit Stempel von der *Roald*, auf dem die Mitseglerinnen aufgeschrieben haben, was sie an der jeweiligen Seefrau schätzen. Das lese ich mir während der Taxifahrt nach Sainte-Anne durch. Ich bin überrascht, wie die anderen mich sehen, da ich meinen Charakter auf unserem Törn ja wirklich alles andere als gut verstecken konnte. Viele schätzten mich als Zuhörerin, aber auch meine sensible Art und Unverstelltheit. Und sie schreiben, dass ich sie berührt habe, weil ich so viel fühle. Herzlich lachen muss ich allerdings, als ich die letzte Botschaft lese.

»Rattenscharf, dass du auch in belastenden Momenten Wale und Delfine anlocken kannst.«

# Hafenkneipengespräche

In unserer Unterkunft in Sainte-Anne waschen Verena und ich erst mal alle unsere Kleidungsstücke. Für mich ist der allergrößte Luxus, dass wir beide jeweils ein Zimmer für uns allein haben, mit Doppelbett und einem eigenen Bad. »Ist das schön, mal wieder etwas länger duschen zu können, ohne schlechtes Gewissen«, schwärmt Verena, und mir fällt auf, dass ich schnell, schnell geduscht habe, wie auf dem Schiff, so sehr habe ich das »Wassersparen« verinnerlicht.

Dann gehe ich allein in den Supermarkt und bin zunächst ganz überfordert von der Auswahl. Zum Abendessen koche ich uns in der Küche unseres Apartments Spaghetti mit Tomatensoße aus Tomaten, die ich am Strand gekauft habe. Dazu gibt es einen bunten Salat. Selbst zu kochen, hat mir so gefehlt, ich zelebriere es regelrecht. Währenddessen wird Verena bereits von ihrem Arbeitsalltag eingeholt.

Tagsüber erkunden wir unsere Bucht, wandern und kehren abends in einer Hafenkneipe ein, zu deren Musik Liane und ich vor ein paar Tagen an der Pier getanzt haben. Wir wurden sofort als Seglerinnen erkannt. Vielleicht an unserer Kleidung? Oder doch am breitbeinigen Stand? Auf Nachfrage eines älteren Franzosen berichten wir, dass wir mit einer reinen Frauencrew den Atlantik überquert haben. Schon zum zehnten Mal fragt er mich, was denn mit dem Kapitän sei. Aber die Barkeeperinnen reißen beide euphorisch die Fäuste hoch und rufen: »Feministinnen, yeah!«

»Das sind die Hafenkneipengespräche, die ich echt vermisst habe«, sagt Verena.

»Ich dachte die ganze Zeit, dass ich eine Nichtseglerin bin. Jetzt merke ich, wie sehr das Meer mir fehlen wird.«

»Ich vermisse es auch schon«, sagt Verena.

»Vermutlich muss ich mir eingestehen, dass ich mein Herz doch ans Meer verloren habe.«

Aber ich habe auch den Eindruck, dass ich jetzt ein ganz anderes Selbstbild habe. Diese Erkenntnis inspiriert mich dazu, mir selbst etwas zu schwören. Egal, vor welcher Herausforderung ich in Zukunft mal stehen werde, ich möchte mich immer daran erinnern, wie viel innere Stärke ich auf hoher See dazugewonnen habe. Und weil dieser Seefrauentörn so eine tolle Erfahrung war, nehme ich mir vor, mir in Zukunft mehr zuzutrauen, um keine Erfahrung zu verpassen, aus Angst, etwas noch nicht perfekt zu können.

Jetzt will ich aber nur noch nach Hause. Um mir den Flug von Fort-de-France nach Paris zu versüßen, schickt Michi mir ein dreißigseitiges PDF mit einem Tagebuch, das er aus Tildas Sicht geschrieben hat und das mich zum Lachen und Weinen bringt. Ich lese es in einem Stück und schlafe die restliche Zeit.

Auf meinem Rückflug muss ich in Paris in ein anderes Flugzeug nach Hamburg umsteigen. Der Anschlussflug kommt mir wie eine erste Bestandsprobe vor. So, wie die Wellen auf hoher See unser Schiff ins Wanken gebracht haben, treffen jetzt Luftwellen auf das kleine Passagierflugzeug. »Lesen Sie sich die Sicherheitsvorkehrungen durch, und lassen Sie Ihre persönlichen Gegenstände im Falle einer Evakuierung zurück«, tönt es wiederholt auf Englisch, Französisch und Deutsch durch die Lautsprecher. Die Lage ist ernst, wir haben Turbulenzen.

Babys und Kleinkinder schreien, viele Passagiere müssen sich übergeben oder sitzen stocksteif auf ihren Plätzen und krallen sich an den Armlehnen fest. Ich schaue aus dem Fenster und erkenne die Mundsburg-Türme, da wir bereits im

Landeanflug sind. Wir haben schon einiges an Höhe verloren. Die Flügel flattern wie die eines Vogels. Die Passagierkabine vibriert und bebt, dabei quietschen die Gepäckklappen über uns, da das Handgepäck von innen dagegen knallt.

Die Turbinen werden laut, der Pilot zieht das Flugzeug nach oben. Verblüfft schaue ich zu meinem Sitznachbarn, ein Mann in den Vierzigern, der sich im Urlaub in seiner alten Heimat Südafrika den Fuß gebrochen hat. Er spricht aus, was ich die ganze Zeit denke:

»Obwohl ich schon oft geflogen bin, habe ich noch nie so starke Turbulenzen erlebt. So können wir nicht landen. Ich denke, wir fliegen jetzt entweder nach Paris zurück oder landen woanders, vielleicht in Lübeck oder Bremen.«

Ich nicke und starre wieder aus dem Fenster, obwohl wir im Wolkennebel stecken. Doch dann erreichen wir einen Punkt, an dem die Sicht wieder besser ist.

»Schau mal, wie schön die Wolken aussehen.« Wie in einem Ölgemälde türmen sich die Schäfchenwolken auf und lassen die Sonnenstrahlen fächerartig erstrahlen. Es sieht gigantisch aus, fast so schön wie am Tag der Atlantiktaufe.

»Ja, richtig friedlich. Bis auf die Würgegeräusche. Manchen gehts hier ja echt gar nicht gut«, sagt er. Plötzlich sind die Turbulenzen weg, das Flugzeug dreht. Dann geht es wieder nach unten. »Anscheinend versucht der Pilot jetzt doch zu landen.«

Die Turbulenzen werden wieder stärker, schütteln uns durch. Das macht mir Angst.

»Ich habe gerade den Atlantik auf einem traditionellen Segelschiff überquert, dann überstehe ich diesen Flug erst recht«, versuche ich mich affirmativ selbst zu beruhigen und merke gar nicht, dass ich meinen Gedanken laut ausspreche.

»Echt? Erzähl mir mal davon. Ich war mal bei der Marine.« Während wir uns über die Zeit auf hoher See unterhalten, wie faszinierend und anders das Leben dort ist, wird mir bewusst, dass diese Situation mit der Atlantiküberquerung vergleichbar ist. Ich muss jetzt einfach unserem Piloten vertrauen. Der weiß, was er macht. Das wird schon.

Erst als ich die Landebahn erkennen kann und die Turbulenzen noch immer so stark sind, dass sich die Flügel biegen, frage ich meinen Sitznachbarn, ob er meine Hand halten würde. »Natürlich«, sagt er ohne Zögern. Dann prallt die Maschine hart auf, hopst hin und her, findet aber ins Gleichgewicht, und wir rollen.

»Danke, das tat gut«, sagt er. Und nach kurzem Zögern fügt er hinzu: »Eben hatte ich auch Angst, wollte aber nichts sagen.« Ich lächle, weil mir auffällt, wie sehr ich verinnerlicht habe, alles besser gemeinsam durchzustehen, und freue mich, dass es ihm auch irgendwie geholfen hat.

Mein Körper zittert vor Adrenalin, ich bin so glücklich, dass die Landung glimpflich verlaufen ist. Jetzt möchte ich so schnell wie möglich zu Michi und Tilda, die schon im Flughafen auf mich warten. Tilda scheint es gar nicht zu interessieren, dass ich wieder da bin. Erst mal muss meine Tasche abgeschnüffelt werden, dann der Fußboden. Michi endlich wieder umarmen zu können, das fühlt sich an wie Nachhausekommen. So als würde ich mich vor den Kamin kuscheln. Den Kamin, den Michi sofort anmacht, nachdem wir tatsächlich in unserem Häuschen angekommen sind. Dann backt er meine Lieblingspizza auf, wir machen es uns gemütlich und reden bis tief in die Nacht hinein, während Hamburg langsam einschneit. Michi sagt, ich sehe so entspannt und glücklich aus, wie er mich lange nicht gesehen hat, auch auf den Schnappschüssen auf meinem Handy. Das bin ich auch. Auch wenn ich mich selbst manchmal gewundert habe, wie das überhaupt möglich sein kann, denn dieser Törn war alles andere als ein entspannender Urlaubstrip, vielmehr harte körperliche Arbeit und Fremdbestimmung. Aber es tat gut, wirklich mal Pause vom Alltag zu haben. So sehr im Hier und Jetzt zu sein.

# Epilog

Die nächsten Tage über scheint es, als würde mein Körper all den Schlaf nachholen, den ich während des Törns zu wenig abbekommen habe.

In den fast fünf Wochen, die ich insgesamt weg war, hat sich zu Hause wirklich nicht viel verändert. Alles ist beim Alten. Ein bisschen sauer bin ich, dass ein paar Lebensmittel immer noch genauso im Kühlschrank liegen wie vor meiner Abreise.

»Michi, was soll das denn? Jetzt komme ich mir vor, als wäre ich gar nicht weg gewesen.« Wir lachen und scherzen herum. Mir selbst kommt es eben vor, als wäre ich ein halbes Jahr weg gewesen.

Ich erinnere mich daran, dass Anna Trainee unseren Törn und das, was wir erlebt haben, mit dem Jahreszyklus verglich. Der Frühling repräsentiere für sie die Vorbereitungszeit und Vorfreude auf die Reise, die Zeit auf hoher See sei für sie der Hochsommer, die Zeit auf Martinique, vor Anker, der Herbst. »Der Winter ist die Zeit nach dem Törn. Wenn wir alles in Ruhe reflektieren und die Erkenntnisse ins Leben integrieren.«

Die Atlantiküberquerung hat mich verändert. Jetzt habe ich den festesten und tiefsten Schlaf, den ich mir je vorstellen konnte. Ohne Scherz! Ich habe vorher auch schon gut geschlafen, aber wenn Michi nach mir ins Bett gegangen ist oder Tilda laut geträumt hat, wurde ich immer wach oder schreckte hoch. Jetzt lege ich mich abends ins Bett, schlafe sofort ein und werde erst wach, wenn mein Wecker klingelt, den ich seit meiner Rückkehr nicht mehr allzu häufig auf »Schlummern« stelle.

Ansonsten fühle ich mich seit dem Törn immer noch viel befreiter und glücklicher. Wenn ich auf hoher See mit alten Glaubenssätzen konfrontiert wurde, dachte ich oft an mein siebzehnjähriges Ich zurück – die selbstbewussteste Version meiner Selbst. Dann kam eine Zeit, in der ich mich vielleicht zu sehr angepasst habe, in der ich zu leise und zurückhaltend war, meine Vergangenheit erst mal aufarbeiten musste. Jetzt habe ich das Gefühl, dass das Selbstbewusstsein und die Stärke, die die ganze Zeit über in mir schlummerten, zu mir zurückgefunden haben, wie auch die Leichtigkeit im Leben.

Das Verhältnis zu meiner Mutter ist sehr gut. Wie ich es schon geahnt habe, tat der Abstand uns wirklich gut. Unsere Rollen sind auch nicht mehr vertauscht. Für das Lebensglück meiner Mutter fühle ich mich nicht mehr verantwortlich, und ich habe auch nicht mehr das Gefühl, dass ich sie beschützen oder vor drohendem Unheil bewahren muss. Und wenn es Themen gibt, die meiner Mutter Ärger oder Sorgen bereiten, übernimmt sie schneller selbst die Verantwortung und ändert wirklich etwas. Sie kommt mir jetzt viel stärker vor.

Michi und ich wagen auch einen kleinen Neustart. Wir ziehen in ein anderes Mietshaus, in die Region, in der wir in Ruhe nach einem Eigenheim Ausschau halten wollen, das wir bestenfalls nach und nach selbst sanieren. Im Sommer 2024 finden wir genau das, wovon wir lange geträumt haben: ein kleines, altes Häuschen mitten im Wald, unweit der Nordsee.

Veränderungen gibt es auch jede Menge bei den anderen Seefrauen. Direkt nach dem Törn haben wir eine WhatsApp-Gruppe gegründet und halten seitdem Kontakt. Wir haben uns schon mehrmals in kleiner oder auch ganz großer Runde getroffen, etwa ein dreiviertel Jahr später beim dreitägigen Revival-Treffen. Wir haben gesungen, es gab Obstsalat, Irma und Anna haben wieder Gingerbeer gebraut wie beim JWD-Fest – und es fühlt sich an, als wäre unser Törn erst gestern gewesen. Unsere Gemeinschaft ist voller Verbundenheit, wie auf hoher See.

Unsere Abiturientinnen haben alle etwas gefunden, wofür sie wirklich brennen. Lydia beispielsweise beginnt eine Ausbildung als Bootsbauerin und Nora als Tischlerin. Ein paar Studierende haben ihr Studium abgebrochen oder das Hauptfach gewechselt, weil sich dieser Weg nicht mehr stimmig für sie angefühlt hat. Und mehrere Frauen haben den Schritt in die Selbstständigkeit gewagt. Viele von uns versuchen Routinen des Bordalltags, die sich gut für sie bewährt haben, beizubehalten. Machen häufiger Yoga, gehen jetzt zum Chor. Oder essen jeden Morgen eine kleine Schale Obstsalat. Und tatsächlich haben einige jetzt ihr erstes Tattoo, einen Anker. Überraschend viele von den Älteren. Und Doris' Daumen ist so gut verheilt, dass er aussieht wie vorher, sogar der Nagel ist komplett nachgewachsen.

Es ist wirklich schön mitzuerleben, wie die Geschichte nach der Atlantiküberquerung für alle weitergeht, weiterhin ein Teil dieser Gruppe zu sein und zu hören, wie alle davon schwärmen, wie viel unser Törn ihnen bedeutet hat. »Das gab es noch nie, dass die ganze Crew nach einem Törn so lange in Kontakt geblieben ist«, sagen die Stammcrewmitglieder. Ich glaube, wir sind halt einfach Menschen, die einander wirklich gesehen und kennengelernt haben, in Facetten, die wir im Alltag sonst lieber verstecken würden. Schön, wie das Leben spielt und welche schönen Überraschungen es für uns alle bereithält. Seit 2023 gehört das Segeltraining auf traditionellen Segelschiffen wie der Brigg *Roald Amundsen* sogar zum immateriellen Kulturerbe der UNESCO.

Und während ich die letzten Seiten dieses Buches schreibe, passiert etwas, wovor ich mich mein Leben lang fürchte.

Meine Oma ruft an. »Ach mein Kind, mein Kind. Ich weiß gar nicht, wie ich es sagen soll.« Mein Herz knüllt sich bei ihrer

Wortwahl zusammen, es ist wie ein Déjà-vu. »Mama hatte einen sehr schweren Autounfall.«

»Nein. Das kann nicht sein.« Doch Oma weint bitterlich. »Lebt Mama?«

»Sie musste eineinhalb Stunden lang aus dem Auto geschnitten werden und wurde mit dem Hubschrauber ins Krankenhaus geflogen.«

»Oma, bitte warte kurz.« Ich hole tief Luft. »Lebt Mama? Überlebt Mama das?«

»Ja. Ich hoffe es, mein Kind. Sie ist im OP, ich weiß leider gar nichts. Wir müssen das Beste hoffen und jetzt Geduld haben.«

Mein ganzer Körper zittert, als ich auflege. Tausende Gedanken schießen durch meinen Kopf. Werde ich je wieder mit ihr sprechen können? Die ersten Stunden bin ich mit Tilda allein, weil Michi an diesem Tag nicht im Homeoffice arbeitet. Ich lese den Pressebericht der Polizei über den Unfall. »Eine Frau wurde schwer verletzt«, steht da. Diese Frau ist meine Mama! Das kann nicht wahr sein. Als ich durch die Fotos klicke, ihr komplett zerstörtes Auto sehe, kommt Tilda mich trösten, presst ihren Kopf sanft gegen meine Schläfe, schnüffelt vorsichtig mein Gesicht ab, sodass ihr Schnurrbart kitzelt. Dann presst sie ihren Kopf auf der anderen Seite gegen meinen, und dieser 23 Kilo schwere Labrador krabbelt auf meinen Schoß. Zwar habe ich hier keinen Wal, den ich zur Ablenkung beobachten kann, dafür aber eine sensible Labradorhündin, die für gedankliche Zerstreuung sorgt. Und ich kann endlich weinen.

Es vergehen fünf Stunden, bis wir erfahren, dass meine Mutter die OP gut überstanden hat und was überhaupt Sache ist. Dass sie lebt, sei ein Wunder. Das sagen alle. Und dass sie wohl mehr als nur einen Schutzengel bei sich gehabt habe.

Jeden Tag geht es ihr ein kleines bisschen besser. Sie ist hoch motiviert, jammert überhaupt nicht und ist so tapfer, wie ich sie nie zuvor erlebt habe.

»Geschützt durch eure Liebe – das habe ich mir doch mal tätowieren lassen«, sagt meine Mutter und zeigt mir ihren Unterarm. »Ich glaube, ich lebe noch, weil ich für euch stark sein will.« Dieses Tattoo habe ich ganz vergessen. Oder vielleicht wollte ich es nicht sehen, weil es mich daran erinnert, dass dieser Satz bis zur Atlantiküberquerung für mich bedeutet hat, ich müsste immer auf Mama aufpassen. Jetzt fällt es mir wie Schuppen von den Augen. Meine Schwester und ich haben Mama in ihren dunkelsten Stunden Kraft gegeben. Und zwar nicht, weil wir auf sie aufgepasst haben, sondern weil die Liebe einer Mutter zu ihren Kindern so stark ist.

Für meine Mutter bin ich da, weil ich es will, und nicht, weil ich mich aufgrund von Ängsten und alten Glaubenssätzen dazu gezwungen fühle. Ich weiß nicht, wie ich diese Zeit überstehen würde, hätte ich auf dem Atlantik nicht so viel innere Stärke dazugewonnen.

Ich schäme mich nicht im Geringsten dafür, dass der Unfall meiner Mutter nach den Schicksalsschlägen, die ich schon miterlebt habe, mich vorübergehend ein wenig aus der Bahn wirft. Weil ich mir diese Gefühle endlich zugestehen kann und so in der Lage bin, das Ruder für mein Wohlbefinden wieder in die Hand zu nehmen. Ich weiß ganz intuitiv, was mir guttut und was ich brauche.

Was mir auch hilft, ist, was ich auf hoher See über die Gleichzeitigkeit von Dingen gelernt habe. Im Alltag bin ich viel empfänglicher für die kleinen Momente, die Glücksgefühle in mir wecken, egal, wie schwer der Sturm tobt.

Eine Freundin hat mir ein Gedicht für die Atlantiküberquerung mit auf den Weg gegeben, das ich wie einen Talisman immer bei mir getragen habe. Es ist das Gedicht »Unbezwungen« von William Ernest Henley. Besonders die letzten beiden Zeilen habe ich sehr verinnerlicht und ein wenig für mich umgeschrieben. Weil sie genau die Klarheit widerspiegeln, die ich auf unserem Seefrauentörn für mich gefunden habe:

*»Ich bin die Meisterin meines Loses.*
*Ich bin die Kapitänin meiner Seel.«*

# Glossar

*Achtern* hinterer Teil des Schiffes
*All-Hands* Treffen der gesamten Gruppe
*ankern* Anker auswerfen oder vor Anker liegen, Schiff wird auf Position gehalten
*aufgeien* zusammenraffen des Segeltuchs
*Ausguck* Position am **Bug** des Schiffes zum Ausschauhalten nach anderen Schiffen, Treibgut, Walen und Delfinen und Beobachten von Wetterveränderungen
*Backbord* linke Seite des Schiffs in Fahrtrichtung
*Backschaft* Küchendienst, je sechs Stunden vormittags und nachmittags
*belegen* festmachen von **Leinen** an dafür vorgesehenen Stellen, z. B. **Belegnagel**
*Belegnagel* abgerundeter Holzstab, an dem die **Tampen** festgemacht werden
*Belegplan* Plan, wo die 130 **Leinen** an **Deck** zu finden sind
*Block* ändert die Zugrichtung des **Tampens** oder **Taus**
*Bootsfrau* erledigt Instandhaltungs- und Reparaturarbeiten am Schiff
*brassen* ändern der Ausrichtung von Segeln
*Brigg* Segelschiff mit zwei **Masten** und Briggsegel
*Brücke* brückenartiger Steg, mit Navigationsgeräten, Kompass und Ruder
*Bug* vorderer Teil des Schiffes
*Crew* Schiffsmannschaft
*Deck* Unterteilung des Schiffs aus waagerechter Perspektive; an Deck = draußen

*Deckshand* führen Arbeiten an **Deck** und im **Rigg** aus oder leiten sie an, unterstützen die **Toppsgastinnen** und **Trainees**

*Deckshaus* Aufbau, der über das Schiffs**deck** hinausragt

*Dingi* auch »Dinghi« oder »Dinghy« geschrieben, Beiboot mit Außenbordmotor

*Eselshaupt* Verbindung zwischen unterem **Mast** und Verlängerung des Mastes

*Fall* Leine zum Hochziehen der **Stagsegel** und der **Rahen**

*Fender* dämpft Stöße des Schiffes gegen die **Kaimauer**

*fest* Anweisung, **Leine** in Position halten

*Festmacherleine* **Leine** zur Befestigung des Schiffes an der **Kaimauer** oder der **Pier**

*fieren* Anweisung, kontrolliertes Nachlassen des **Tampens** = »lose geben«

*Flaute* Windstille

*Fußpferd* auf dem zum Arbeiten gestanden wird, verläuft parallel zur **Rah** oder dem **Klüverbaum** und ermöglicht Arbeiten

*Gangway* Steg zwischen Schiff und **Kaimauer** zum An- und Von-Bord-Gehen

*Geitau* **Leine**, Gegenpart zu den **Schoten**

*Gordinge* **Leinen**, an den Seiten des Segels befestigt, um das Segel zu raffen

*Großmast* (umgangssprachlich *Großtopp*) Spitze des hinteren **Mastes**

*Gode Ruh* Schönen Feierabend, gute Nacht!

*Gode Wach* Gute Wachzeit!

*holen* Anweisung, an der **Leine** oder am **Tampen** ziehen

*Kaimauer* Mauer im Hafenbecken

*Kammer* Zimmer

*Kapitänin* trägt die Verantwortung und leitet die **Schiffsführung**

*Klardeck machen* **Leinen** ordentlich zusammenwickeln

*Klüverbaum* Rundholz, das am **Bug** über die Schiffsspitze ragt

*Koje* Bett
*Kombüse* Küche
*Kühllast* gekühlter Lagerraum
*Längsfraß* jederzeit erlaubte Nahrungsmittel
*Lee* dem Wind abgewandte Seite
*Leebrett* Holzbrett zur Erhöhung der Bettkante in der **Koje**
*Leine* eine Art Seil
*Luke* verschließbare Bodenöffnung
*Luv* dem Wind zugewandte Seite
*Manöver* Maßnahme, um das Schiff in eine andere Position zu bringen
*Maschinistin* bedient und überwacht alle technischen Anlagen
*Mast* senkrechtes Rundholz, das an **Deck** befestigt ist
*Messe* Aufenthalts- und Speisesaal
*Messelogis* großer Schlafsaal im vorderen Teil des Schiffes mit Lagermöglichkeiten
*Mole* Wellenbrecher im Hafen
*Nagelbank* hölzerne Vorrichtung zum Befestigen der **Belegnägel** und **Leinen**
*Niedergang* Weg ins Schiffsinnere und hinaus
*Niederholer* **Leine** zum schnellen Bergen von **Stagsegeln** und den beiden **Obermarsen**
*Obermars* Bezeichnung für ein bestimmtes **Rahsegel**
*Ölzeug* Arbeitskleidung für Regen und Sturm
*Pier* Anlegestelle
*Querfraß* unrechtmäßige Aneignung von Lebensmitteln
*Quergang* Flur zwischen den beiden Türen des **Deckshauses**
*Rah* horizontale Holzstange am **Mast**
*Rahsegel* rechteckiges Segel, das an der **Rah** befestigt ist
*Rigg* Überbegriff für Mast- und Tauwerk eines Segelschiffes
*Saling* plattformähnliche Konstruktion aus Metall zur Umleitung der **Wanten**

*Schanzkleid* (Außenhaut des Schiffs) seitlicher Aufbau des Schiffs oberhalb der Wasserlinie

*Schoner* ursprüngliches Segelschiff mit mindestens zwei **Masten**

*Schoten* **Leinen**, um die Segel in Position zu bringen und zu spannen

*Seewasserdusche* kollektives Duschfest an **Deck** mit Meerwasser und hohem Spaßfaktor

*Segel bergen* Segeltuch packen/zusammenbinden

*Segel einholen* reffen, **Manöver**, um die Angriffsfläche des Segels für den Wind zu verkleinern

*Segel setzen* Segeltuch auseinanderziehen, damit es den Wind einfangen kann

*Smut* Küchenchefin

*Spill* drehbare Vorrichtung, zum Beispiel zum Ein- und Aussetzen des **Dingis**

*Stagsegel* parallel zur Längsachse des Schiffes gespannte dreieckige Segel

*Stammcrew* ausgebildete ehrenamtliche Besatzung des Schiffes/Vereins

*Steuerbord* rechte Seite des Schiffs in Fahrtrichtung

*Steuerfrau* nautische Leitung während der **Wache**. 1. Steuerfrau ist Stellvertreterin der **Kapitänin**, Ausbildung der **Stammcrew**

*Strecktau* an Deck gespanntes **Tau** oder **Leine**, an dem sich bei starkem Wellengang festgehalten wird

*Tampen* Endstück der **Leine**, an dem sie festgehalten werden kann

*Tau* **Leine**

*Tigergang* Gang zwischen **Messe** und **Kammern**, in dem das **Ölzeug** hängt

*Topp* Mastspitze

*Toppnant* Stahlseil, das die **Rah** in der Horizontalen trägt

*Toppsgastin* Leitung der **Wache**, Ausbildung der **Crew**
*Törn* Reise mit einem Segelboot oder Segelschiff
*Trainee* tatkräftig mitsegelnde Gäste, nicht Teil der ausgebildeten **Stammcrew**
*Vorsegel* Segel, die sich vor dem ersten **Mast** befinden
*Vortopp (*umgangssprachlich für *Fockmast)* Mastspitze des vorderen **Mastes**
*Wache* eingeteilte Gruppe, die zweimal täglich für vier Stunden für den Schiffsbetrieb zuständig ist
*Wanten* Drahtseile zur Spannung des **Mastes** Richtung **Schanzkleid**
*Webeleine* über die **Wanten** gespannte **Leine**, die sich bestens zum Klettern eignet
*Wurfleine* beschwerte **Leine** an **Festmacherleine**, um dieses auf die Pier ziehen zu können
*Zeiser* **Leine** mit einer Öse, perfekt zum Einpacken der Segel